全球创新网络发展报告 2023
——数字技术引领创新发展

Global Innovation Network Development Report 2023
—Digital Technology Leads Innovation and Development

李计广　刘灿雷◎著

中国商务出版社
·北京·

图书在版编目（CIP）数据

全球创新网络发展报告. 2023 / 李计广，刘灿雷著
. —北京：中国商务出版社，2023. 12
ISBN 978-7-5103-4935-5

Ⅰ.①全… Ⅱ.①李…②刘… Ⅲ.①技术革新—研
究报告—世界—2023 Ⅳ.①F113.2

中国国家版本馆 CIP 数据核字（2023）第 235651 号

全球创新网络发展报告 2023

李计广 刘灿雷◎著

出版发行：中国商务出版社有限公司
地 址：北京市东城区安定门外大街东后巷 28 号 邮 编：100710
网 址：http://www.cctpress.com
联系电话：010—64515150（发行部） 010—64212247（总编室）
　　　　　010—64515164（事业部） 010—64248236（印制部）
责任编辑：云 天
排 版：北京天逸合文化有限公司
印 刷：宝蕾元仁浩（天津）印刷有限公司
开 本：787 毫米×1092 毫米 1/16
印 张：13 字 数：195 千字
版 次：2023 年 12 月第 1 版 印 次：2023 年 12 月第 1 次印刷
书 号：ISBN 978-7-5103-4935-5
定 价：79.00 元

前　言

    技术进步是经济增长的根本动力，创新则是技术进步的源泉。当前，创新活动日益呈现出全球化和网络化的发展趋势。首先，数字技术和信息通信技术的飞速发展使得人们可以轻松地跨越地域界限开展交流与合作，这为创新活动的全球化和网络化提供了基础条件。其次，经济活动的全球化也必然会推动创新活动的全球化和网络化。具体来说，跨国公司在全球范围内开展业务，其研发创新活动也自然跨越国界，在全球范围内配置创新资源。这些全球化公司在不同国家设立研发中心，建立跨国合作伙伴关系，开展广泛而深入的跨国创新合作，成为推动全球创新网络形成与发展的主力军。最后，在全球化时代，知识和技术的流动与共享对于创新活动也变得至关重要。科技发展到今天，不同知识和技术领域之间的关联越发紧密而复杂，各个领域对前沿的推进和创新越来越需要不同领域之间的协同，这往往也需要进行国际合作。具体而言，技术领域之间的关联性促进了跨领域创新活动的兴起，不同领域的技术相互融合，创造出更加复杂和多样化的创新成果；研发创新人才不仅可以跨越领域和国界获取最新的前沿动态、开展交流与合作，甚至可以更加自由地在全球范围内流动；前沿知识和先进技术可以在不同国家之间快速传播，更加便捷地在全球范围内共享，所有这些都极大促进了全球创新网络的形成与发展。

    然而，近年来，一些发达国家民粹主义盛行，单边主义、贸易保护主义和反全球化趋势抬头，经济全球化遭遇逆流。在这样的背景下，各国越来越意识到科技竞争对国际政治经济格局以及大国竞争与博弈的关键性影响，倾向于以零和博弈的思维来看待国际创新竞争与合作，这无疑增加了创新活动全球化和全球创新网络发展的不确定性。自中美贸易战爆发以来，美国越发加紧对中国的技术封锁，限制中国企业在美国的并购活动，把包括华为在内的一系列科技企业和科研单位列入"实体清单"，劝阻或直接干预盟国对中国的技术转移，这无疑破坏了我国创新发展的外部环境。党的二十大报告将创新驱动发展，特别是科技自立自强和关键核心技术实现突破摆在突出位置，同时也强调更加主动融入全球创新网络。这充分体现了科技自立自强与全球创新合作之间微妙而深刻的辩证关系。全球化的时代潮流不可逆转，一国的创新更不可能脱离全球创新网络而闭门造车。因此，外部环境和国际形势越是严峻，更加积极地融入全球创新网络以发展自身、进而塑造我国在全球创新网络中的主动地位就越显得关键和可贵。

有鉴于此，为了全面深入地把握和理解全球创新网络的演进过程、发展趋势和结构特征，我们基于对全球专利数据的系统分析，撰写了这本全球创新网络发展报告，以期为我国更加主动地融入全球创新网络、参与国际创新竞争与合作提供参考和支持。在分析视角上，本报告基于专利申请量和授权量数据全面呈现了全球以及各地区创新发展的总体趋势和现状，在此基础上我们从跨国创新合作和创新引用网络两个角度对全球创新网络的发展态势和结构特征进行了全景式刻画和分析。在分析层次上，本报告既关注全球整体发展趋势和特征，也包含对各大洲和主要经济体状况的具体分析和比较，力求做到层次清晰、系统翔实。特别地，为了凸显本报告的主题性和时效性，我们还在全球篇和地区篇的常规分析的基础上设立专题篇，聚焦当前与全球创新发展的相关的重要热点议题。考虑到近年来数字技术发展突飞猛进，对全球经济发展和创新格局都产生了深刻影响，因此本报告的专题篇聚焦于数字技术领域的创新发展。以下是本报告各篇章结构和内容的具体介绍。

　　由于时间紧张，本报告可能存在不足之处，希望各位同仁不吝赐教，在今后的报告中，我们将不断加以改进。

作者

2023.12

目　录

全球篇

地区篇

专题篇：数字技术

全球篇

第1章 创新发展

创新水平是提升一国或地区核心竞争力的重要因素，各国都把建设科技创新强国作为重要发展战略。本章以专利申请量和授权量两个数据指标来衡量地区的创新水平，从长期趋势和区域分布两个层面系统分析 20 世纪以来创新趋势变化的特征事实。

本章主要分为三个部分。第一，从全球视角出发，阐述 20 世纪以来全球专利申请和授权的绝对数量和增长率，并分析专利的地区分布演进特征。第二，将研究视角聚焦到大洲维度，进一步考察各大洲专利申请和授权的变动趋势，剖析创新能力变化的原因，同时刻画各大洲在全球创新中的地位变化。第三，关注以 OECD 为代表的发达国家群体和以金砖五国为代表的新兴经济体，分析 21 世纪以来发达国家和新兴经济体在全球创新中的角色和地位变化及其原因。

1.1　长期趋势

整体来看，全球创新产出呈现上升趋势，但该趋势在近年来又有所下降。图 1-1-1 和图 1-1-2 分别呈现了 20 世纪以来全球专利申请数量和授权数量的变化趋势。数据显示，全球专利申请数量和授权数量在早期表现出较低水平，随后逐渐增长且在战争爆发前后波动显著。这一变化趋势表明，战争的爆发、科技革命等因素会带来专利申请和授权情况的显著波动。进入 21 世纪后，全球专利申请和授权尽管在总量上仍不断上升，但是在波动变化上其增长率和授权率变化情况都有所减缓。这一变化可能与 2008 年全球金融危机、各国和各地区对知识产权的立法保护加强、经济周期波动等多种因素所带来的全球创新不确定性增加有关。

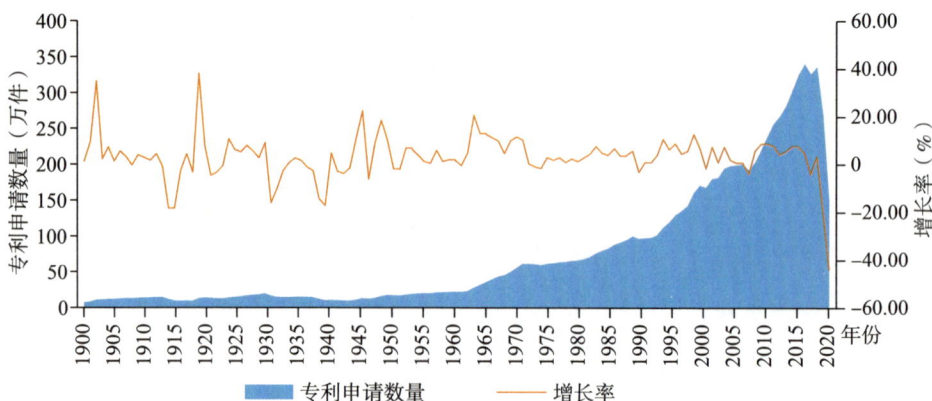

图 1-1-1　全球专利申请趋势①

数据来源：European Patent Office，PATSTAT Global 2023。

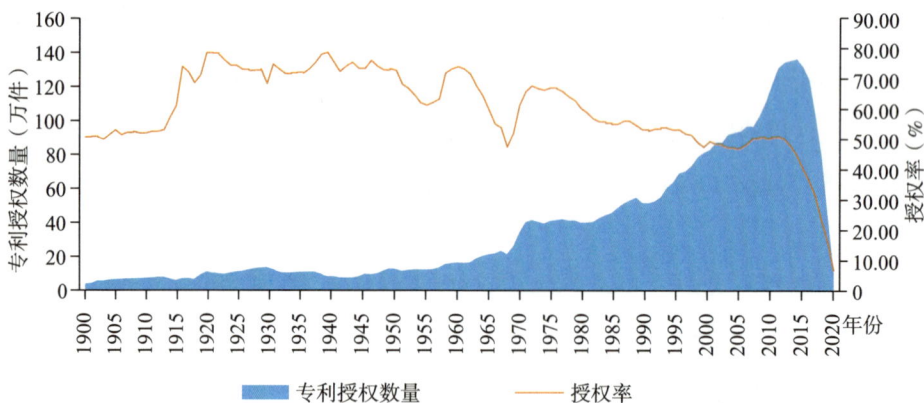

图 1-1-2　全球专利授权趋势

数据来源：European Patent Office，PATSTAT Global 2023。

（刘灿雷、杜婕）

———————

① 披露数据滞后导致 2021 年与 2022 年数据存在偏误，所以全球总体分布部分数据分析截至 2020 年。

1.2　区域分布

1.2.1　总体分布

从全球创新发展的区域分布来看，专利申请的主导地区已完成从欧美地区向亚洲地区的过渡。图 1-2-1 和图 1-2-2 分别呈现了 20 世纪以来全球各地区整体的专利申请和授权趋势。数据显示，在 20 世纪初，全球专利申请数量排名显示欧洲是世界的创新领导者，北美洲在这一时期专利申请也保持较高水平，且北美洲作为世界经济和技术创新中心，专利授权数量占比较高。自 20 世纪 70 年代开始，亚洲崛起，专利申请数量和授权数量逐年提高，其申请数量在 80 年代开始赶超欧美，授权量于 90 年代开始赶超欧洲，随后一直处于全球领先地位。非洲和南美洲的全球创新能力较弱，专利申请占比总和在各年均未超过 3.1% 的水平，专利授权占比总和在各年均未超过 2.15% 的水平。

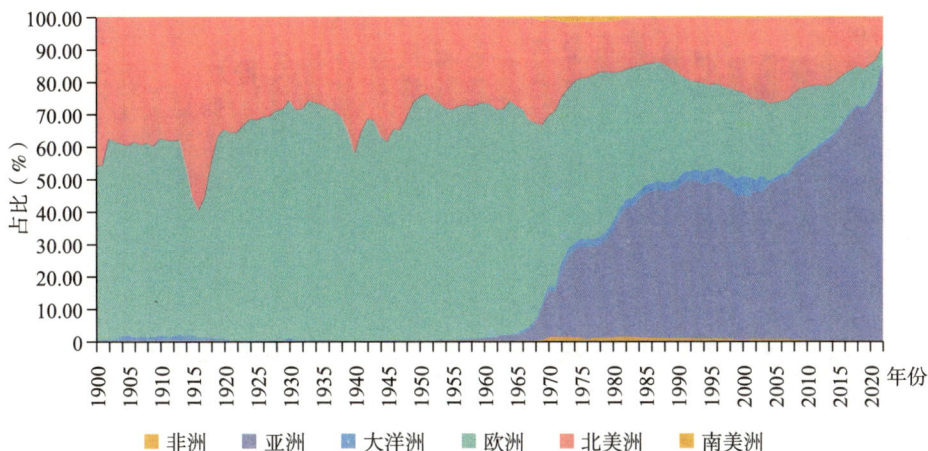

图 1-2-1　全球各地区专利申请占全球比重趋势

数据来源：European Patent Office，PATSTAT Global 2023。

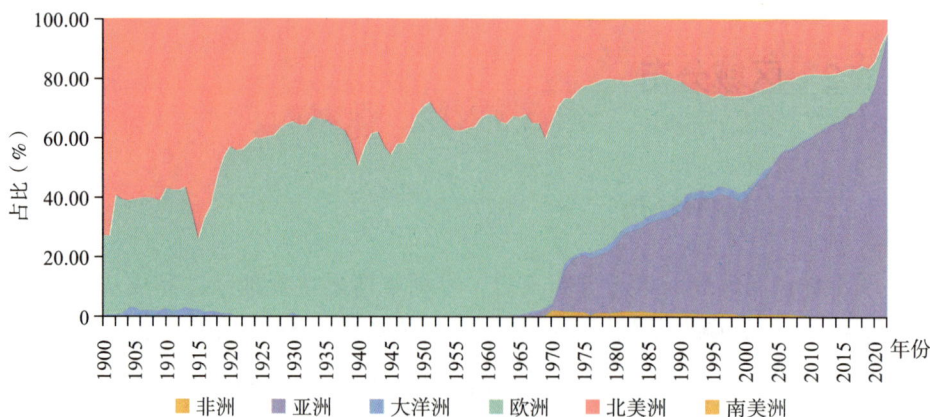

图 1-2-2　全球各地区专利授权占全球比重趋势

数据来源：European Patent Office，PATSTAT Global 2023。

（刘灿雷、杜婕）

1.2.2　欧洲

从专利数量来看，欧洲地区创新产出总体呈现下降趋势。图 1-2-3 和图 1-2-4 分别呈现了 21 世纪以来欧洲整体的专利申请和授权数量趋势。数据显

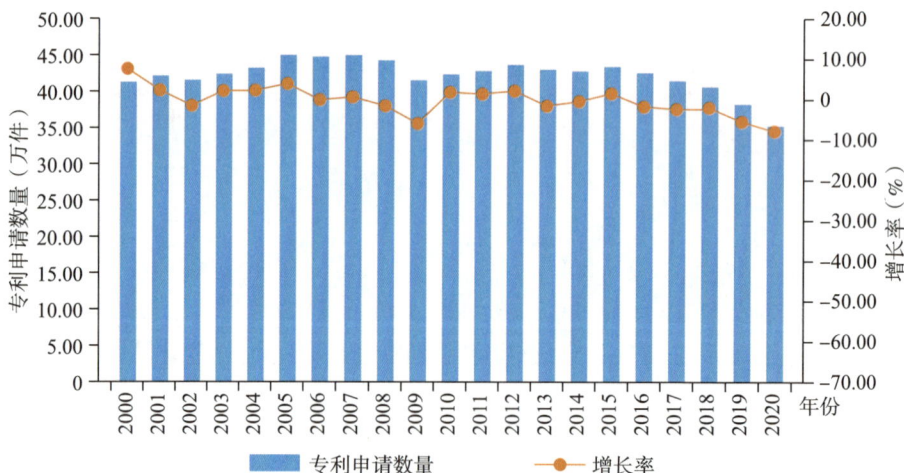

图 1-2-3　欧洲专利申请趋势①

数据来源：European Patent Office，PATSTAT Global 2023。

---

① 披露数据滞后导致 2021 年与 2022 年数据存在偏误，所以欧洲部分数据分析截至 2020 年。

示，欧洲的专利申请数量和授权数量在2000—2015年基本保持稳定，且未出现明显变化；2016年开始直至2020年专利数量尤其是授权数量出现快速下滑。其中2009年欧债危机时期专利的申请数量和授权数量出现小幅下降，但并未引起较大冲击，并且其申请数量高于2000年的41.39万件，展现出极强的经济韧性。

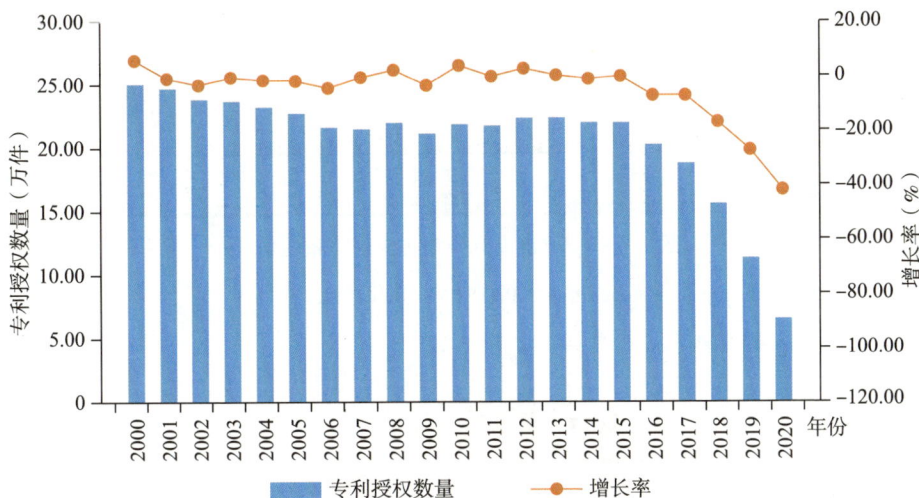

图1-2-4　欧洲专利授权趋势

数据来源：European Patent Office，PATSTAT Global 2023。

从专利占比来看，欧洲地区专利数量占全球比重整体呈现先上升后下降的趋势，并且上升阶段有两次明显滑落。图1-2-5和图1-2-6分别呈现了20世纪以来欧洲整体的专利申请和授权占比变化趋势。数据显示，1900—1913年欧洲专利申请数量和授权数量在全球的比重基本稳定在40%~60%，体现出欧洲在第二次工业革命时期强大的创新能力。1914—1918年，即第一次世界大战时期欧洲专利申请和授权占比均出现明显缺口，于1916年跌至低谷。1919—1937年申请和授权占比呈稳步增长，其中1929—1933年平均占比分别高达72.16%和64.84%，可以看出，这段时期的欧洲经济并未受到大萧条的冲击。1938—1948年再次出现局部缺口，受第二次世界大战影响，1940年专利申请和授权占比分别仅为57.53%和50.46%。第二次世界大战结束后直至1965

年，欧洲抓住了第三次工业革命带来的红利，专利申请和授权占比有所回稳。但从 1966 年开始占比逐渐下降直至 2020 年，年均分别下降 1.07% 和 1.08%。

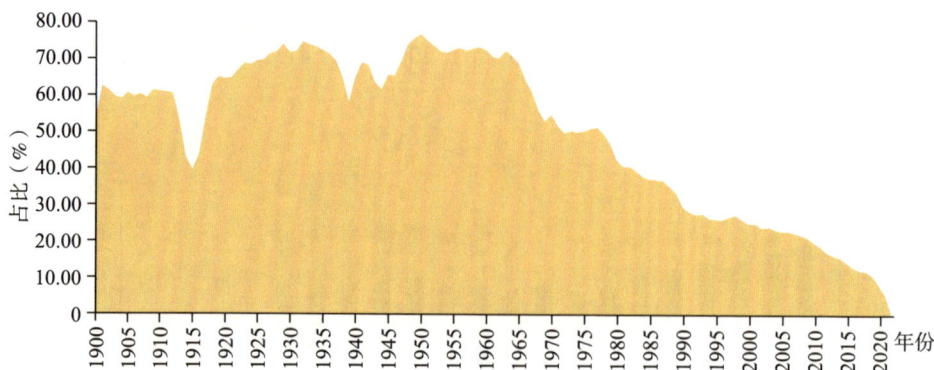

图 1-2-5　欧洲专利申请占全球比重趋势

数据来源：European Patent Office，PATSTAT Global 2023。

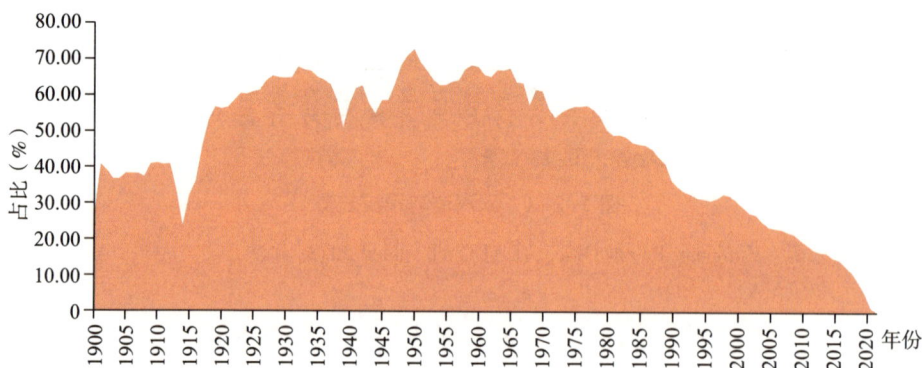

图 1-2-6　欧洲专利授权占全球比重趋势

数据来源：European Patent Office，PATSTAT Global 2023。

（李计广、周宇腾）

1.2.3　北美洲

从专利数量来看，北美洲创新产出情况整体表现相对稳定。图 1-2-7 和图 1-2-8 分别为 2000—2020 年北美洲专利申请和授权趋势。由图 1-2-7 可见，北美洲专利申请量在 21 世纪以来总体保持稳定，平均为 48.02 万件，个别年份存在大幅波动。2006 年以前，得益于信息技术和互联网行业的革命性变化，促使创新成果竞相涌现，北美洲专利申请均保持正增长率，专利授权情况相对平稳。随后受 2008 年全球金融危机的影响，北美洲专利申请和授权数量有所下降。到了 2010 年，随着数字技术和互联网领域的快速发展，北美洲专利数量有所回暖。但是自 2014 年以来，专利数量呈现持续走低态势。

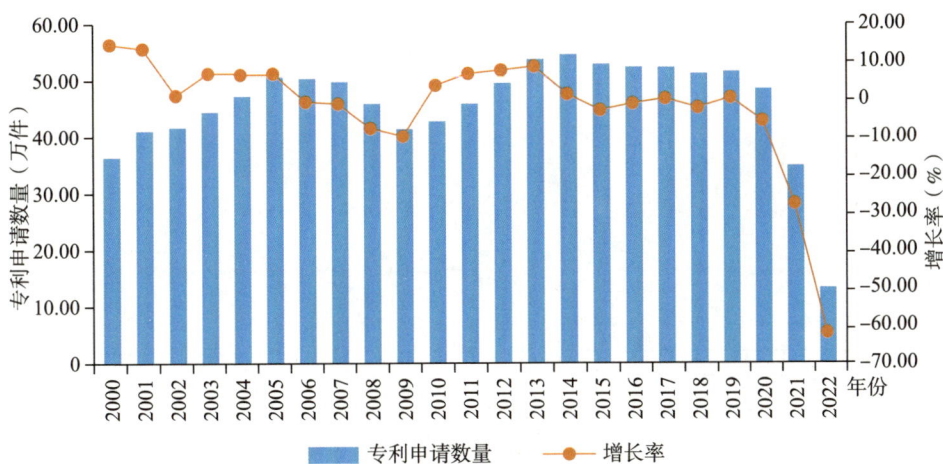

图 1-2-7　北美洲专利申请趋势①

数据来源：European Patent Office，PATSTAT Global 2023。

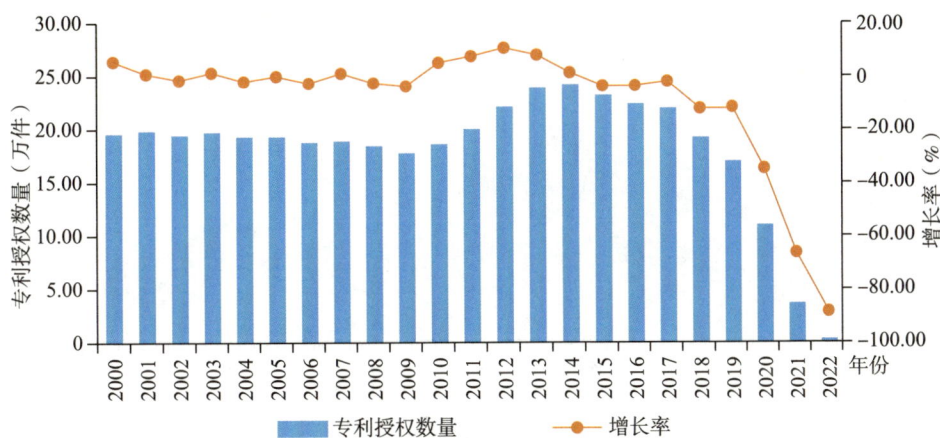

图 1-2-8　北美洲专利授权趋势

数据来源：European Patent Office，PATSTAT Global 2023。

---

① 披露数据滞后导致 2021 年与 2022 年数据存在偏误，所以北美洲部分数据分析截至 2020 年。

从专利占比来看，北美洲专利数量占全球比重自 1896 年以来整体呈下降趋势[①]。图 1-2-9 和图 1-2-10 分别为 1896 年以来，北美洲专利申请和授权占比变化情况。具体来看，北美洲专利在 1896—1926 年所占的全球份额较高，

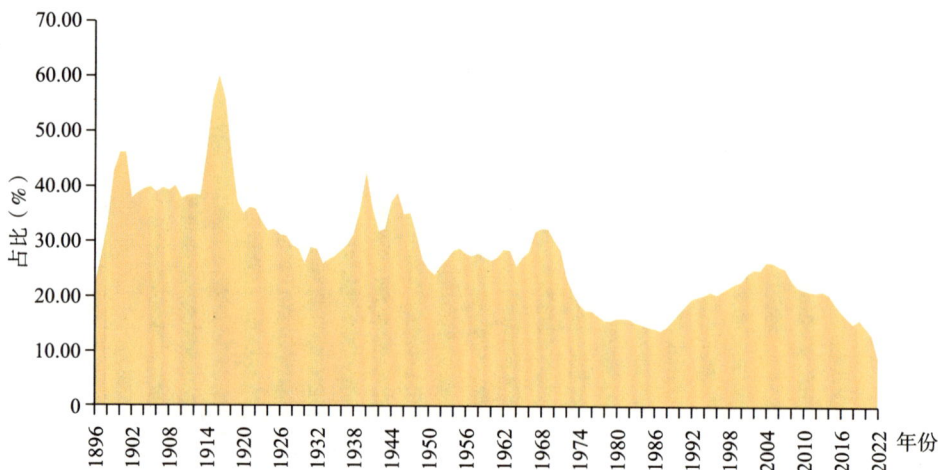

图 1-2-9　北美洲专利申请占全球比重趋势

数据来源：European Patent Office，PATSTAT Global 2023。

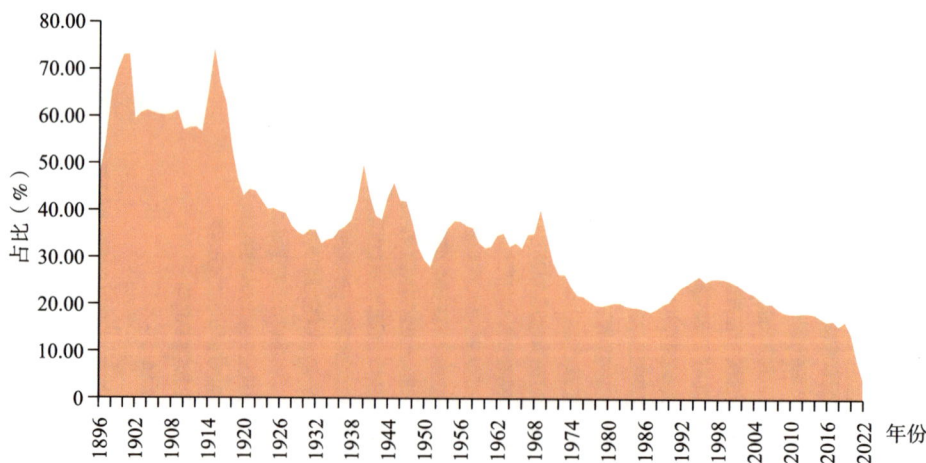

图 1-2-10　北美洲专利授权占全球比重趋势

数据来源：European Patent Office，PATSTAT Global 2023。

---

① 分析从 1896 年开始的原因是该年北美洲主要国家（美国、加拿大、墨西哥）均开始进行专利申请。

平均申请数量占比 39.14%，平均授权数量占比 56.40%。1916 年前后和 1940 年前后受战争的影响，专利申请和授权在全球的比重大幅增加。随后，又受亚洲专利创新激增的影响，北美洲专利变化在全球占比情况开始稳步下降，1977 年以来专利申请和授权的平均占比均维持在 20% 这一相对稳定的水平。

（刘灿雷、杜婕）

1.2.4　亚洲

从专利数量来看，亚洲创新产出在近 20 年间整体呈上升趋势。图 1-2-11 和图 1-2-12 分别展示了 2000—2020 年亚洲专利申请和授权趋势。如图 1-2-11 和图 1-2-12 所示，亚洲的专利申请和授权数量在 2009 年之前都保持缓慢增长的态势。2009 年后，随着 2008 年全球金融危机的结束，专利数量稳步攀升，科技创新为亚洲经济复苏创造动能。

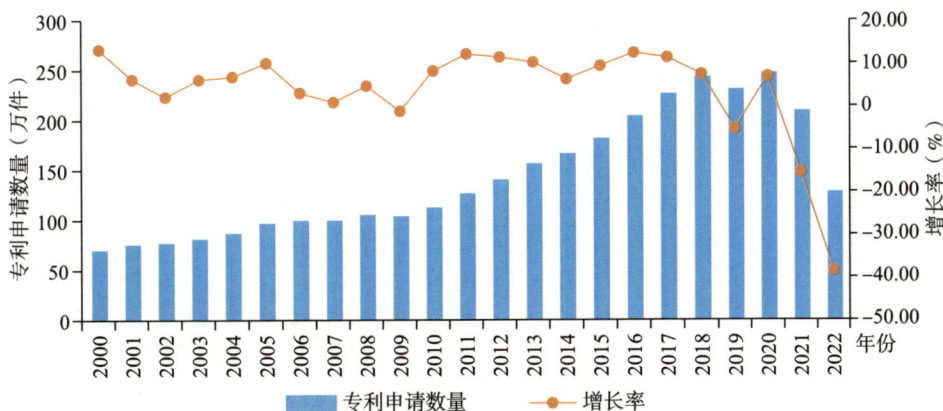

图 1-2-11　亚洲专利申请趋势①

数据来源：European Patent Office, PATSTAT Global 2023。

从专利占比来看，亚洲专利数量在全球的比重整体呈现波动上升的趋势。图 1-2-13 和图 1-2-14 分别展示了 20 世纪中期以来亚洲整体专利申请和授权的全球占比变化。1949—1970 年亚洲专利申请和授权占比一直处于缓慢增

———————————

① 披露数据滞后导致 2021 年与 2022 年数据存在偏误，所以亚洲部分数据分析截至 2020 年。

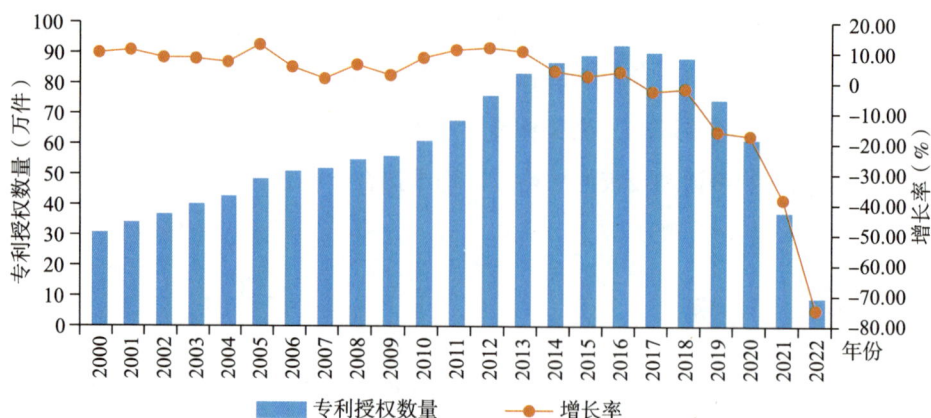

图 1-2-12 亚洲专利授权趋势

数据来源：European Patent Office，PATSTAT Global 2023。

长阶段。1971—1996 年占比开始显著提高并迅速增长，最高超过了 40%。1997 年之后的三年到四年，占比经历了短暂的下降。2002—2020 年总体呈现波动上升趋势。截至 2020 年，亚洲专利申请和授权占比分别达到了 73.67% 和 77.34%，其中 2005 年占比首次超过了 50%。

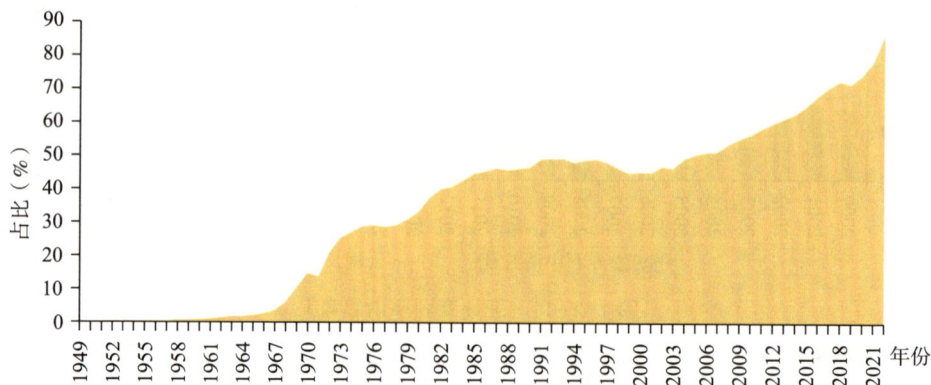

图 1-2-13 亚洲专利申请占全球比重趋势

数据来源：European Patent Office，PATSTAT Global 2023。

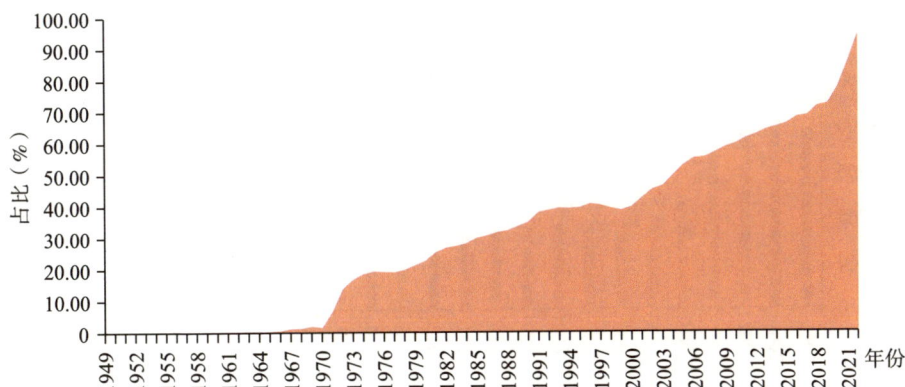

图 1-2-14　亚洲专利授权占全球比重趋势

数据来源：European Patent Office，PATSTAT Global 2023。

（李计广、宫方茗）

1.2.5　南美洲

从专利数量来看，南美洲 2000—2020 年专利数量均呈现先增后降趋势。如图 1-2-15 和图 1-2-16 所示，专利申请数量和授权数量分别在 2003 年和 2001 年达到峰值，随后均经历了断崖式下降，并在此后的十年内趋于稳定。此后专利申请数量和授权数量开始呈现不同的趋势，申请数量从 2012 年开始呈现波动下降的趋势，降幅较小；而授权数量从 2013 年开始逐年下降，2018 年专利授权数量首次低于 1000 件的水平，且存在持续下降趋势。

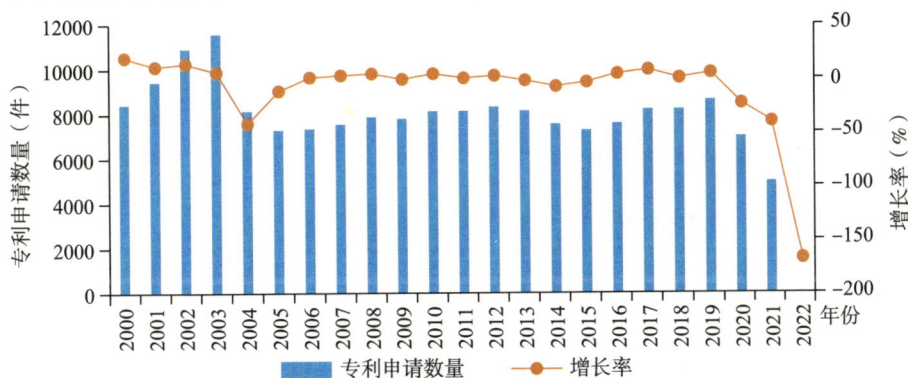

图 1-2-15　南美洲专利申请趋势①

数据来源：European Patent Office，PATSTAT Global 2023。

① 披露数据滞后导致 2021 年与 2022 年数据存在偏误，所以南美洲部分数据分析截至 2020 年。

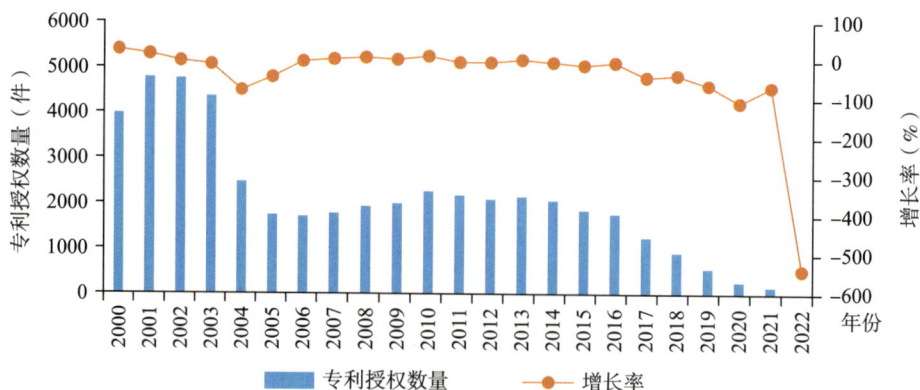

图 1-2-16　南美洲专利授权趋势

数据来源：European Patent Office，PATSTAT Global 2023。

　　从专利占比来看，1961—2020 年南美洲专利数量占全球比重整体呈现先增后降的趋势，但波动幅度较大。如图 1-2-17 和图 1-2-18 所示，自 1961 年后，南美洲专利申请和授权比重均自一个较低水平开始上升，并在十年后达到峰值。而自 20 世纪 80 年代开始，南美洲专利申请比例呈断崖式下降并趋于稳定，而授权比例在经历了几轮波动后不是 0.1%。整体而言，南美洲专利的全球占比较低。

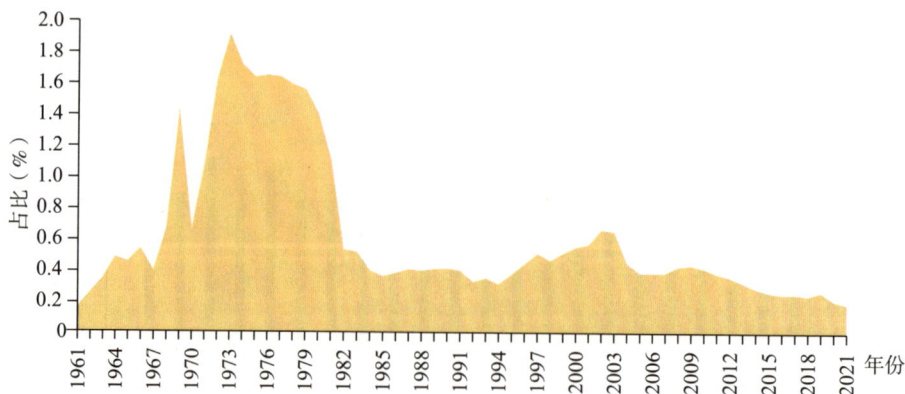

图 1-2-17　南美洲专利申请占全球比重趋势

数据来源：European Patent Office，PATSTAT Global 2023。

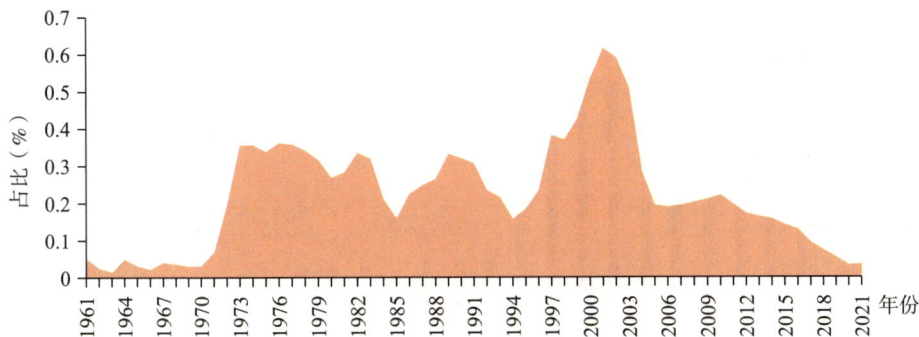

图 1-2-18 南美洲专利授权占全球比重趋势

数据来源：European Patent Office，PATSTAT Global 2023。

（李计广、苏小莹）

1.2.6 非洲

从专利数量来看，非洲在 2000—2020 年专利数量呈现先稳后降再逐渐平稳的趋势。如图 1-2-19 和图 1-2-20 所示，在 2008 年全球金融危机之前，非洲专利的申请数量和授权数量分别维持在 8000 件和 7000 件左右的水平。而自 2008 年全球金融危机之后，申请数量和授权数量大幅下降，特别是在 2010 年以后专利申请数量已下降至 4000 件以下水平，专利授权数量下降至 2000 件以下水平，且近几年仍存在缓慢下降的趋势。

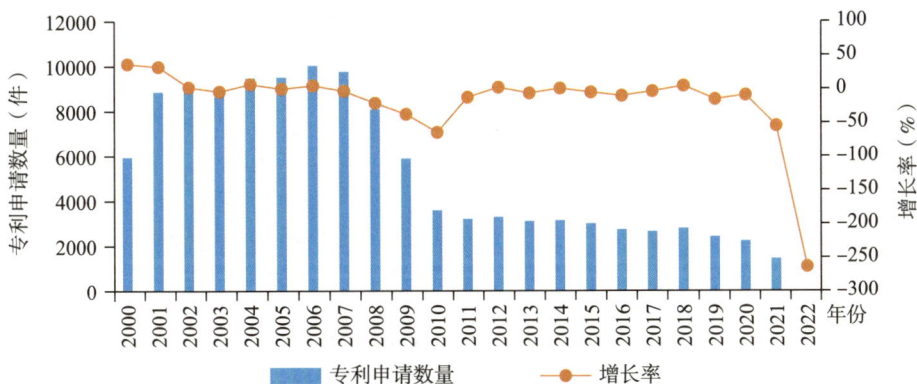

图 1-2-19 非洲专利申请趋势[①]

数据来源：European Patent Office，PATSTAT Global 2023。

① 披露数据滞后导致 2021 年与 2022 年数据存在偏差，所以非洲部分数据分析截至 2020 年。

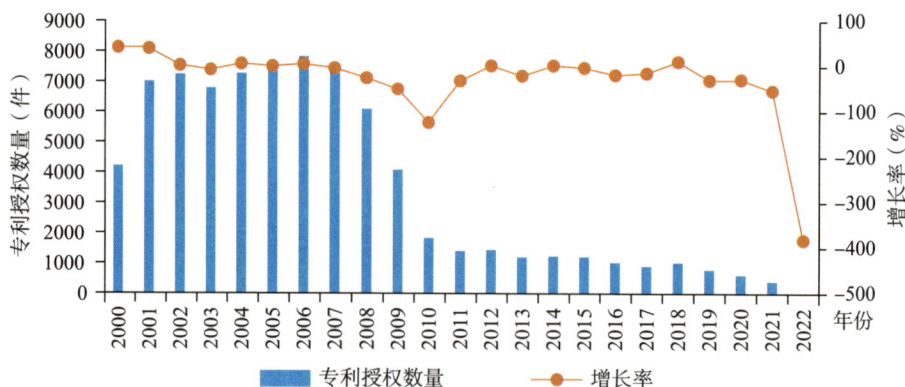

图 1-2-20　非洲专利授权趋势

数据来源：European Patent Office，PATSTAT Global 2023。

从专利占比来看，非洲专利数量占全球比重整体呈现先升后降的趋势，经历了较大波动。根据图 1-2-21 和图 1-2-22 显示，自 20 世纪 70 年代初起，非洲多个国家（地区）相继获得独立，结束了殖民统治，开始着手国家建设和经济发展，专利创新水平相较于此前大幅提升，专利申请和授权占比迅猛增加，并在 70 年代中期经历了一次骤降和回升。到 80 年代后期，非洲专利数量不断下降，直到 2010 年，非洲专利的全球占比几乎接近零。

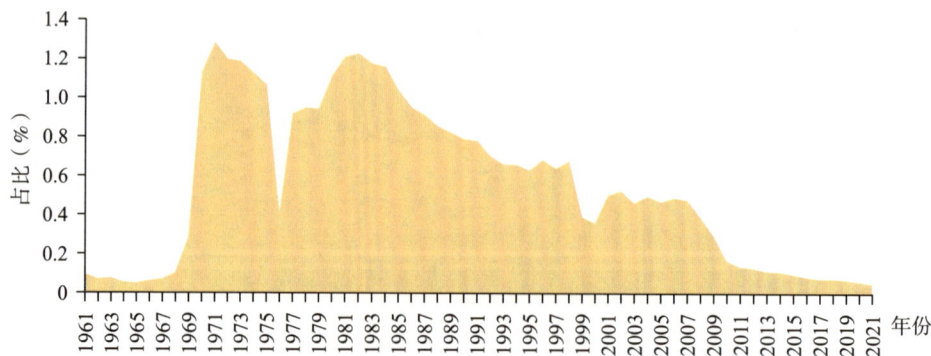

图 1-2-21　非洲专利申请占全球比重趋势

数据来源：European Patent Office，PATSTAT Global 2023。

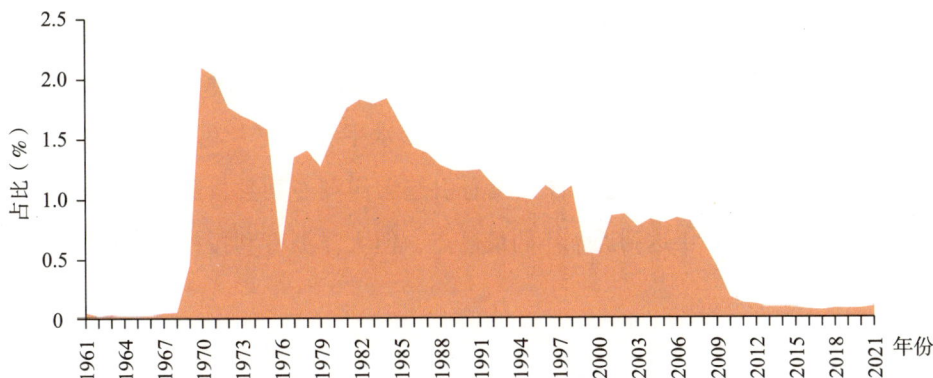

图 1-2-22　非洲专利授权占全球比重趋势

数据来源：European Patent Office，PATSTAT Global 2023。

（李计广、苏小莹）

1.2.7　大洋洲

从专利数量来看，21 世纪初大洋洲地区专利数量出现大幅下跌，随后保持相对稳定。如图 1-2-23 和图 1-2-24 所示，2001—2002 年大洋洲专利申请

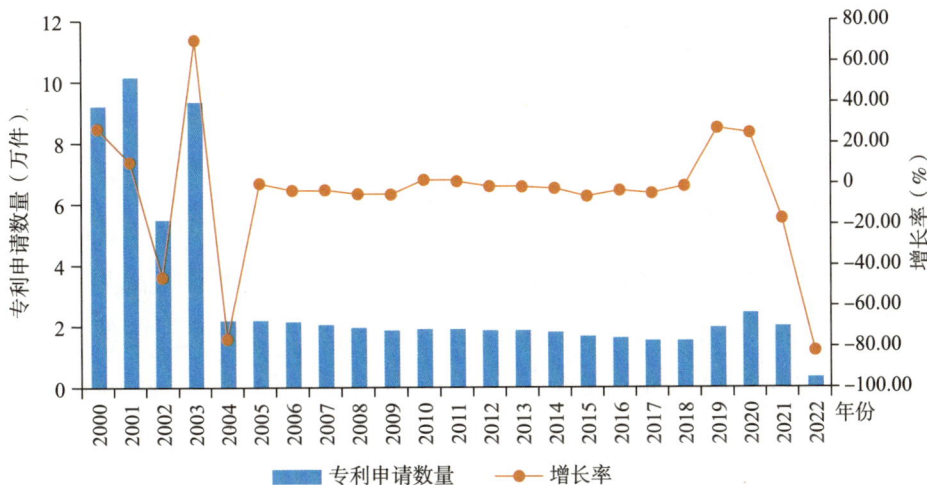

图 1-2-23　大洋洲专利申请趋势①

数据来源：European Patent Office，PATSTAT Global 2023。

---

①　披露数据滞后导致 2021 年与 2022 年数据存在偏误，所以大洋洲部分数据分析截至 2020 年。

和授权数量均大幅下降，2003 年专利数量短暂回调。2004 年大洋洲专利申请数量骤降，由 2003 年的 9.4 万件专利申请下降至 2.2 万件，增长率为-76.24%。2004 年后，大洋洲创新活动一直稳定在较低水平，年均专利申请数量为 1.9 万件。2020 年全球公共卫生事件并没有引起大洋洲专利数量的下跌，大洋洲专利申请量在 2020 年达到近十年的最高点，但大洋洲专利授权数量仍呈现下降趋势。

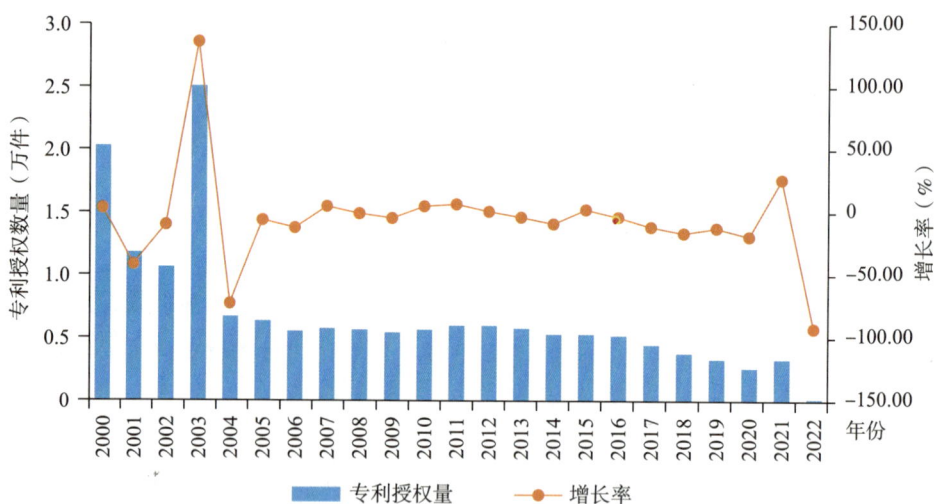

图 1-2-24　大洋洲专利授权趋势

数据来源：European Patent Office，PATSTAT Global 2023。

从专利占比来看，大洋洲并不是全球创新网络中的主要贡献者。自 1960 年以来，大洋洲地区专利数量全球占比呈现增长趋势，直至进入 21 世纪后专利数量全球占比不断缩减。结合图 1-2-25 和图 1-2-26 可知，自 1960 年以后，大洋洲地区专利申请数量占比从 0.14% 增长至 5.71%。但在 2003 年之后，大洋洲专利申请和授权数量在全球占比均呈现不同程度的缩减。直至 2020 年两者才较之前有所增长，大洋洲专利申请数量全球占比约 0.7%，授权数量占比约 0.3%。

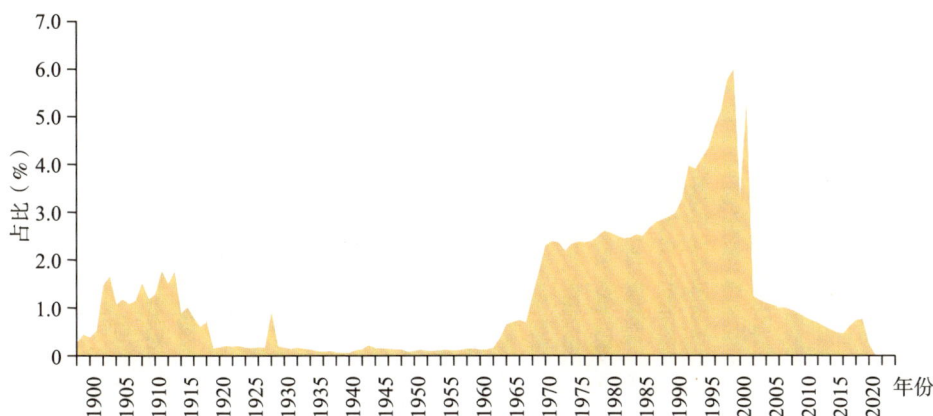

图 1-2-25 大洋洲专利申请占全球比重趋势

数据来源：European Patent Office，PATSTAT Global 2023。

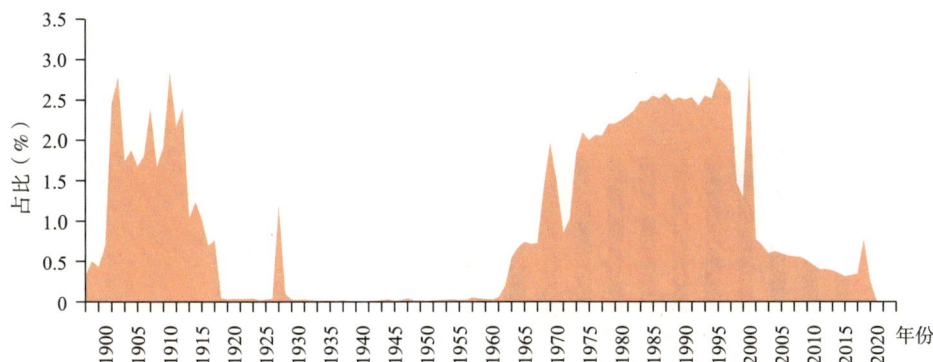

图 1-2-26 大洋洲专利授权占全球比重趋势

数据来源：European Patent Office，PATSTAT Global 2023。

（李计广、李冬晴）

1.2.8 OECD 国家

从专利数量来看，OECD 国家在近 20 年的专利数量整体呈现先稳后降的趋势。如图 1-2-27 和图 1-2-28 所示，2017 年前，除受全球金融危机影响而产生小幅波动外，专利申请和授权数量整体均保持相对稳定。其中，专利申请数量在 160 万件左右波动，授权数量维持在 75 万件左右。而在 2017 年以后，专利申请和授权数量的变动趋势开始产生差异，专利申请仍保持相对稳定，但授权数量却呈大幅下降趋势，直到 2020 年专利授权数量下降至 34 万件。

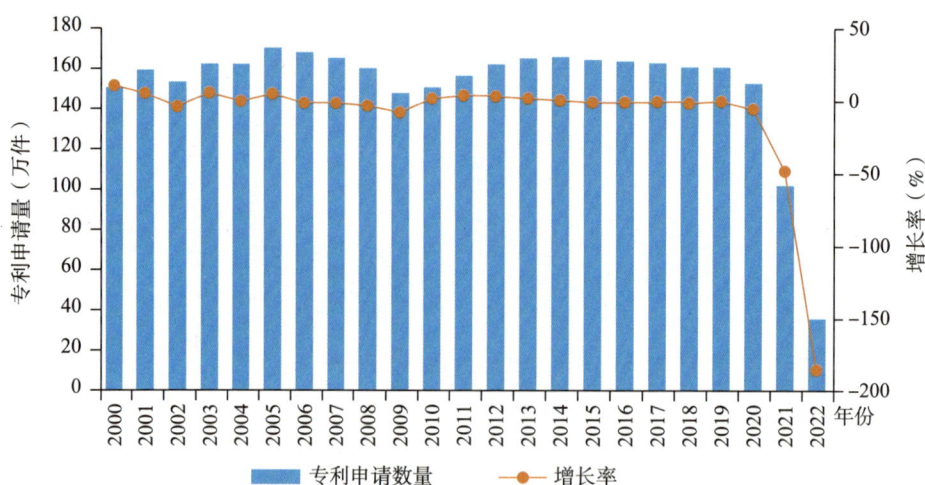

图 1-2-27　OECD 国家专利申请趋势①

数据来源：European Patent Office，PATSTAT Global 2023。

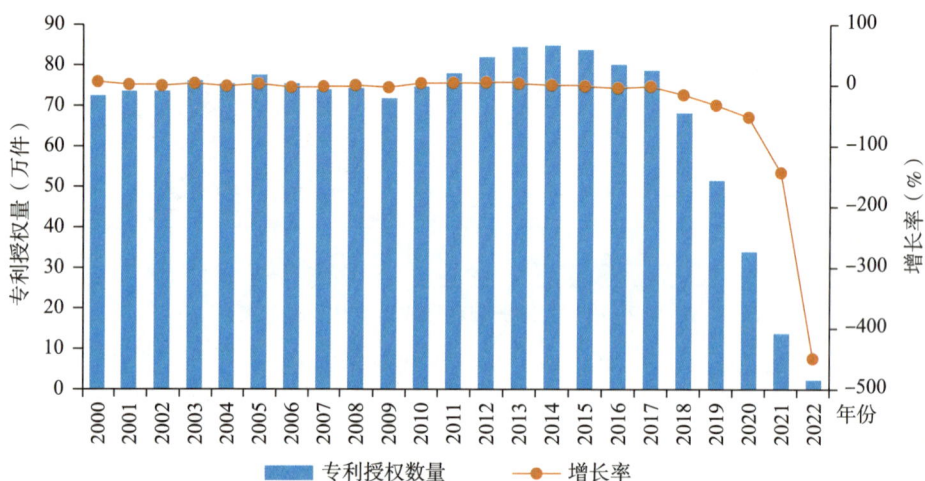

图 1-2-28　OECD 国家专利授权趋势

数据来源：European Patent Office，PATSTAT Global 2023。

从专利占比来看，OECD 国家专利数量全球占比在 21 世纪前一直保持稳定，进入 21 世纪后呈大幅下降趋势。从图 1-2-29 和图 1-2-30 可以看出，20 世纪 70 年代之前，OECD 国家的专利申请和授权占比均处于绝对领先地

---

① 披露数据滞后导致 2021 年与 2022 年数据存在偏误，所以 OECD 国家部分数据分析截至 2020 年。

位，基本维持在90%以上的水平。20世纪70年代至90年代，OECD国家专利数量占比受到石油危机的影响，第一次出现明显下滑。到90年代信息技术革命期间，OECD国家的创新水平出现短暂回暖，专利申请和授权比例均快速回升至90%左右。从21世纪开始，OECD国家专利数量全球占比不断下降。近5年来，OECD国家与非OECD国家和地区的专利数量占比开始出现持平，2018年OECD国家专利申请占比首次低于50%。

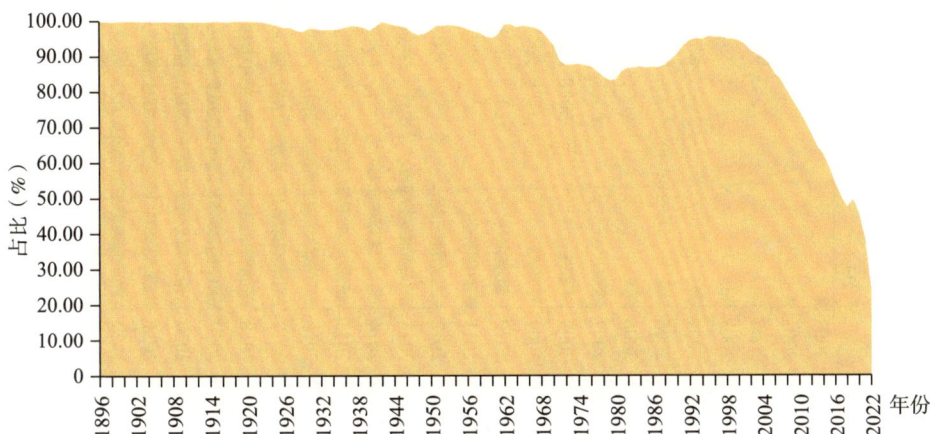

图1-2-29　OECD国家专利申请占全球比重趋势

数据来源：European Patent Office，PATSTAT Global 2023。

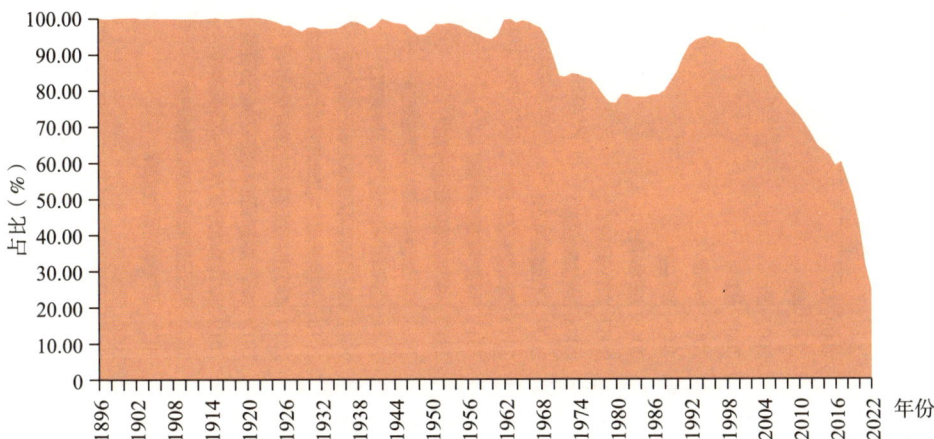

图1-2-30　OECD国家专利授权占全球比重趋势

数据来源：European Patent Office，PATSTAT Global 2023。

（李计广、张华）

1.2.9　金砖国家

从专利数量来看，2000—2022 年，金砖国家专利申请和授权数量整体呈快速上升趋势。图 1-2-31 和图 1-2-32 显示，2000 年，金砖国家专利申请和授权数量分别为 5.76 万件和 3.68 万件；2020 年，专利申请数量增长到 176.66

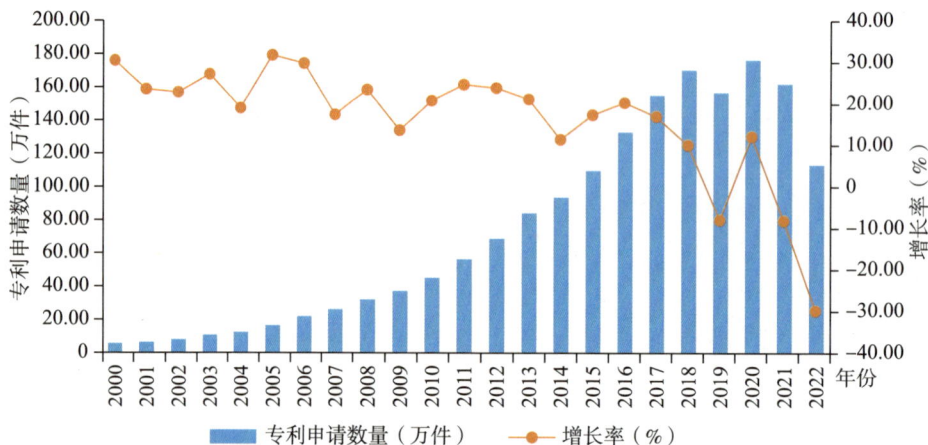

图 1-2-31　金砖国家专利申请趋势①

数据来源：European Patent Office，PATSTAT Global 2023。

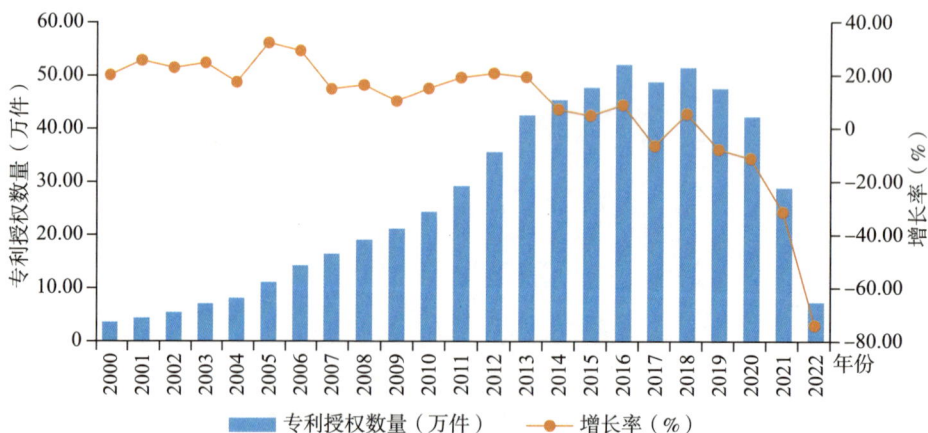

图 1-2-32　金砖国家专利授权趋势

数据来源：European Patent Office，PATSTAT Global 2023。

---

①　披露数据滞后导致 2021 年与 2022 年数据存在偏误，所以金砖国家部分数据分析截至 2020 年。

万件，授权数量增长到 42.51 万件。2000—2020 年，金砖国家专利申请和授权数量平均增长率较高，呈波动下降趋势。如图 1-2-31 和图 1-2-32 所示，2000 年，金砖国家专利申请增长率高达 30.51%，授权增长率为 20.36%。2020 年，专利申请增长率下降到 12.12%，授权增长率下降到-11.06%。

从专利占比来看，2000—2020 年，金砖国家专利申请和授权数量占全球比重呈现快速上升趋势。如图 1-2-33 和图 1-2-34 所示，2000 年，金砖国家专利申请和授权数量占全球比重分别仅为 3.57% 和 4.93%；2020 年，金砖国家专利申请和授权数量占全球比重分别攀升到 52.42% 和 53.4%，呈快速增长态势。

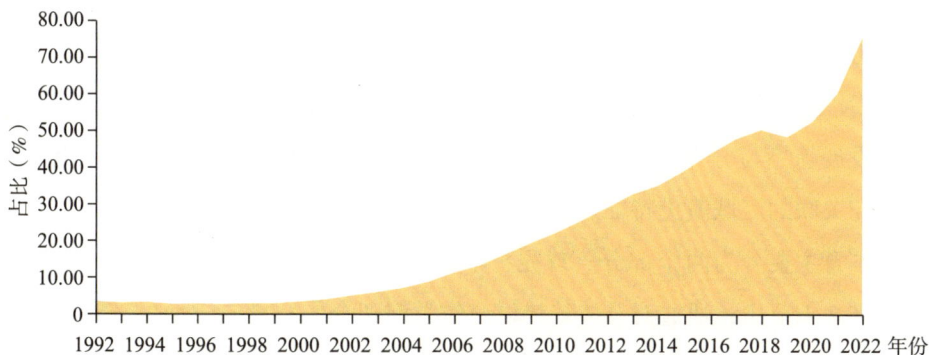

图 1-2-33　金砖国家专利申请占全球比重趋势

数据来源：European Patent Office，PATSTAT Global 2023。

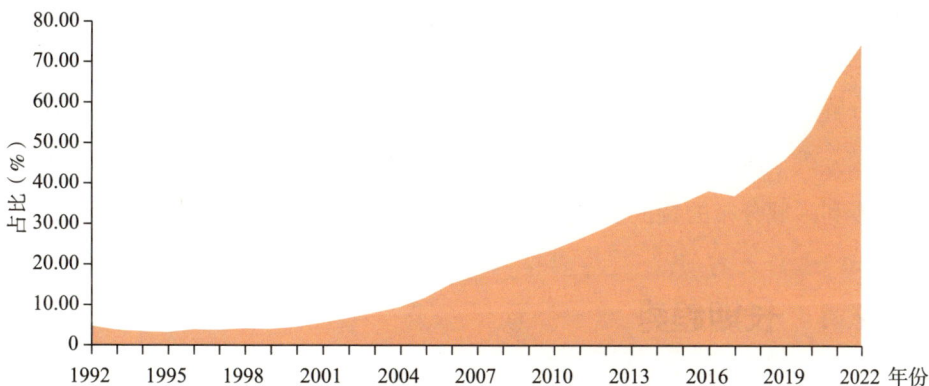

图 1-2-34　金砖国家专利授权占全球比重趋势

数据来源：European Patent Office，PATSTAT Global 2023。

（刘灿雷、王晓航）

第 2 章　创新合作

　　随着全球化的不断深化和科技创新的蓬勃发展，创新合作在当今世界中扮演着越发重要的角色。本章将基于统计数据，从长期趋势、合作类型、合作规模以及区域分布等多个方面系统展现创新合作的三组特征事实，即全球长期发展趋势与分布特征、主要经济体的对比与动态演化特征、合作类型、规模与关联的区域演进特征。

　　本章主要分为两个部分。首先，本章从全球视角审视创新合作的长期趋势。在 2.1 节中，通过对总体趋势、合作类型和合作规模三方面的统计分析，归纳出全球合作专利申请数量不断增长、合作方式趋于多样的长期演变特征。其次，本章将地理统计口径缩小至大洲维度，从六大洲的视角进一步考察区域层面的创新合作情况。在 2.2 小节中，本章在呈现各洲合作专利分布情况的基础上，进一步区分合作类型、规模与关联，对全球范围的合作专利特征进行分解与呼应。同时，本章对主要经济体、OECD 和金砖国家的创新合作进行比较分析，深入刻画不同合作体系的动态变化趋势，更为全面地展现创新合作专利区域分布的特征事实。

2.1　长期趋势

2.1.1　总体趋势

　　整体来看，全球创新合作专利数量日益增多，占比不断增大。图 2-1-1

和图 2-1-2 分别呈现了 20 世纪以来全球合作专利申请和授权趋势，包括合作专利申请（授权）数量、合作专利申请（授权）占全球专利申请（授权）总量的比重、合作专利申请（授权）增长率的长期变化。在 1970 年以前，全球合作专利申请和授权数量相对较少，增长率波动较大；相比之下，在 1970 年之后，全球合作专利申请和授权数量及占比出现明显激增，增长率持续为正，

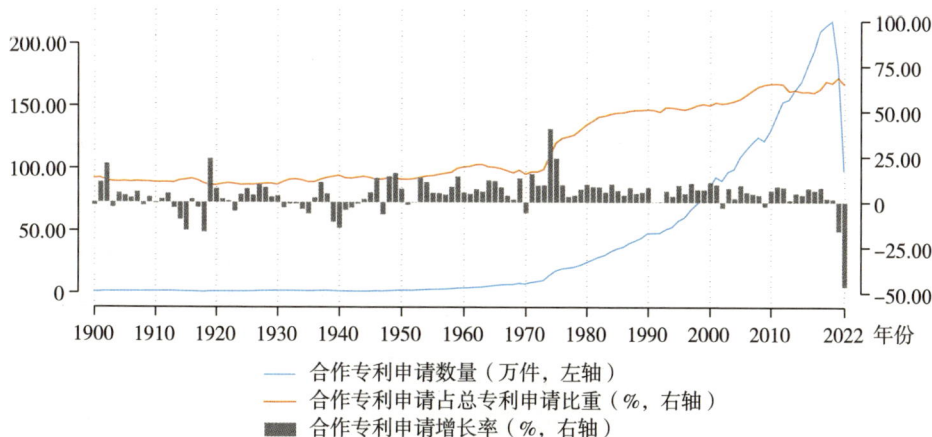

图 2-1-1　全球合作专利申请趋势

数据来源：European Patent Office，PATSTAT Global 2023。

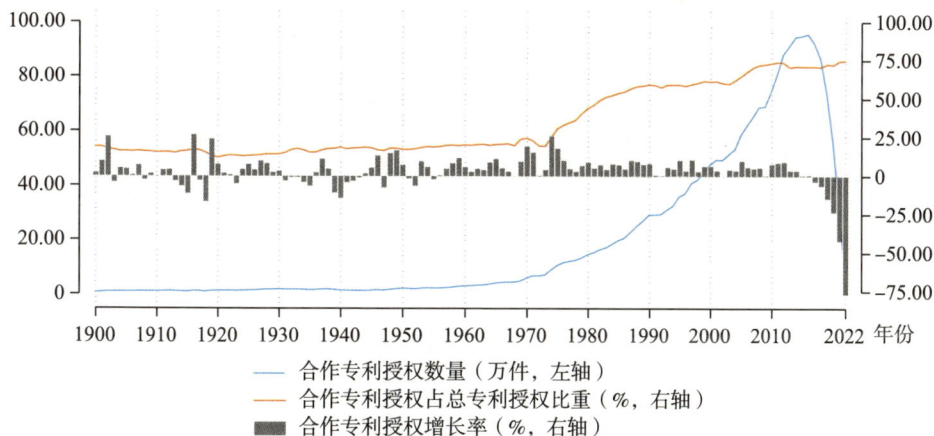

图 2-1-2　全球合作专利授权趋势

数据来源：European Patent Office，PATSTAT Global 2023。

1970—2020 年的 50 年间，全球合作专利申请数量由 7.37 万件增加到 218.39 万件，授权数量由 5.89 万件增加到 56.31 万件，反映了这个时期科学研究和技术创新合作活动的显著增长，而这种增长可能反映了技术进步、全球化、知识产权保护强化以及更广泛的国际合作趋势。

2.1.2　合作类型

从合作类型的视角来看，国际合作占比有增加趋势，而国内合作是目前全球创新合作中的主要合作类型。2020 年全球专利申请数量达到 333.96 万件，其中近三分之二为合作专利申请，国内合作专利申请占比为 62.48%，国际合作专利申请占比为 2.92%。就总体演变趋势来看，如图 2-1-3 和图 2-1-4 所示，国内合作专利申请和授权比重在 20 世纪 70 年代至 80 年代出现大幅增加。以专利申请为例，如图 2-1-3 所示，在 20 世纪 60 年代，合作专利申请

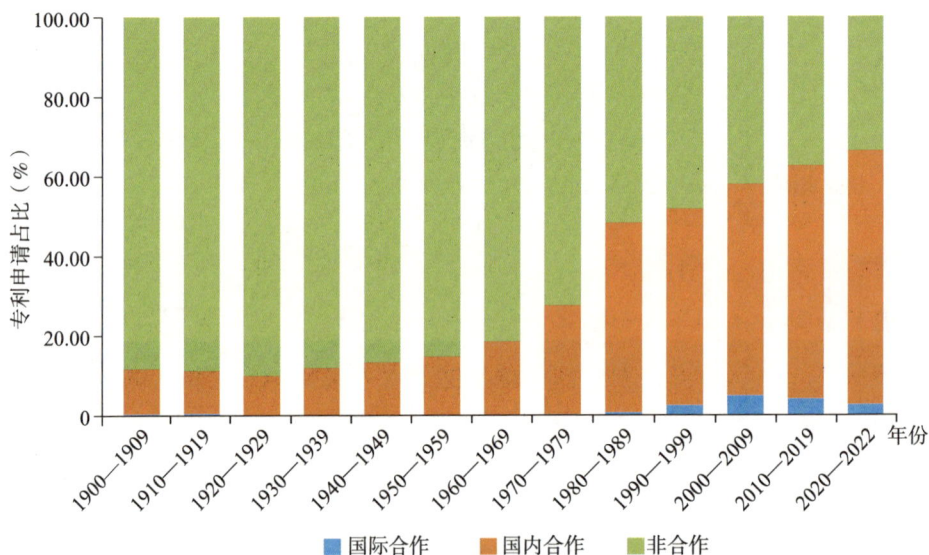

图 2-1-3　区分合作类型的全球合作专利申请趋势

数据来源：European Patent Office, PATSTAT Global 2023。

注：国际合作是指多名专利发明人不属于同一国家（地区）或者多名专利申请人不属于同一国家（地区）；国内合作是指多名专利发明人属于同一国家（地区）或者多名专利申请人属于同一国家（地区）；非合作是指仅有一名专利发明人并且仅有一名专利申请人。

仅占专利申请总数的 18.45%，而到 80 年代，这一占比上升到 48.20%。细分合作类型来看，20 世纪 70 年代至 80 年代创新合作增长可以主要归因于国内创新合作增多。国内合作专利申请占比由 60 年代的 18.36%增长至 80 年代的 47.59%；而国际创新合作的增加则在 1980 年以后更为明显，国际合作专利申请占比由 80 年代的 0.61%增长至 21 世纪 00 年代的 4.84%。

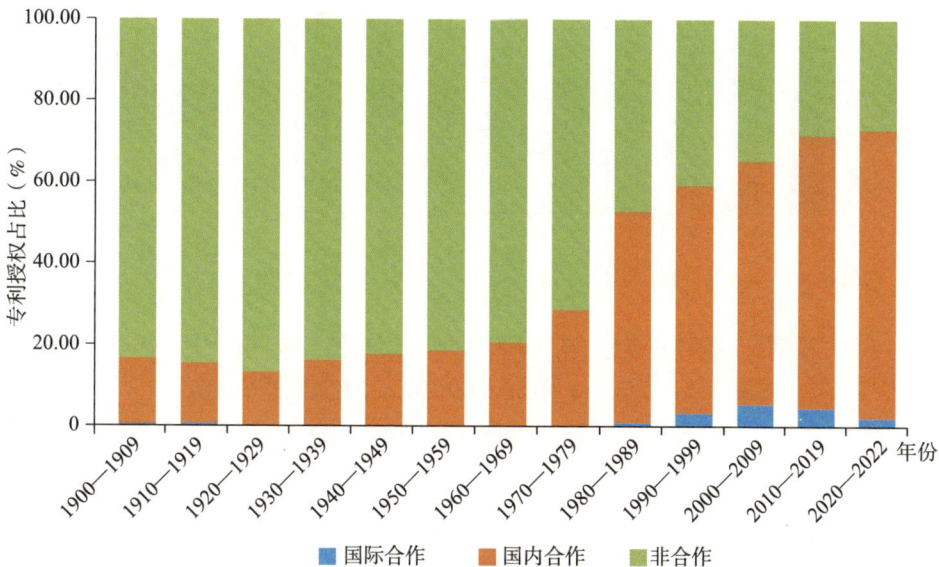

图 2-1-4　区分合作类型的全球合作专利授权趋势

数据来源：European Patent Office，PATSTAT Global 2023。

注：国际合作是指多名专利发明人不属于同一国家（地区）或者多名专利申请人不属于同一国家（地区）；国内合作是指多名专利发明人属于同一国家（地区）或者多名专利申请人属于同一国家（地区）；非合作是指仅有一名专利发明人并且仅有一名专利申请人。

2.1.3　合作规模

从合作发明人数量的视角来看，创新团队的规模也在逐渐扩大。图 2-1-5 和图 2-1-6 分别呈现了 1900—2022 年区分发明团队规模的全球合作专利申请和授权趋势。如图 2-1-5 所示，尽管自 1900 年以来仅由 1 名发明人提交的专利申请数量始终占比较高，但专利申请的发明团队规模构成已经发生了巨大

的变化。与创新合作活动刚刚兴起的 20 世纪 70 年代相比，2020 年以来仅由

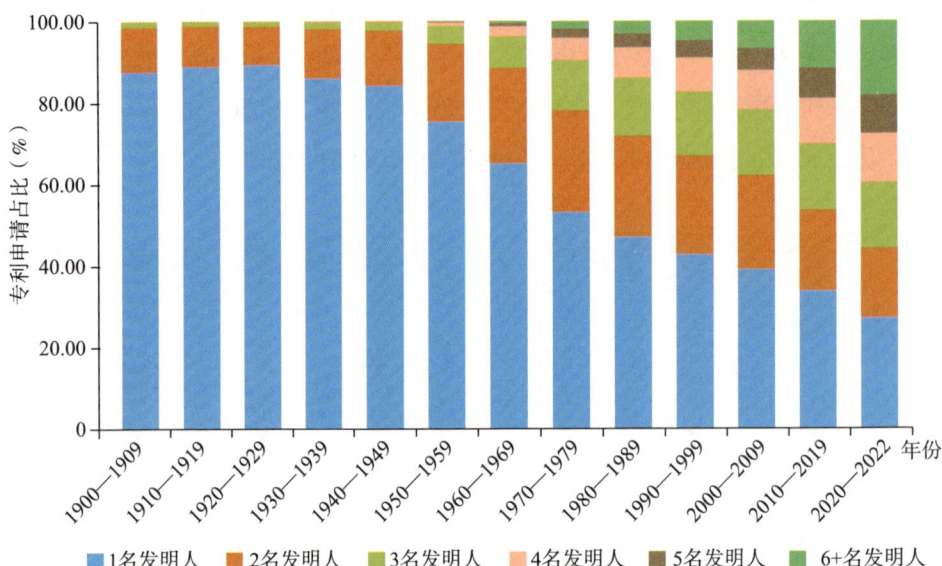

图 2-1-5　区分发明团队规模的全球合作专利申请趋势

数据来源：European Patent Office，PATSTAT Global 2023。

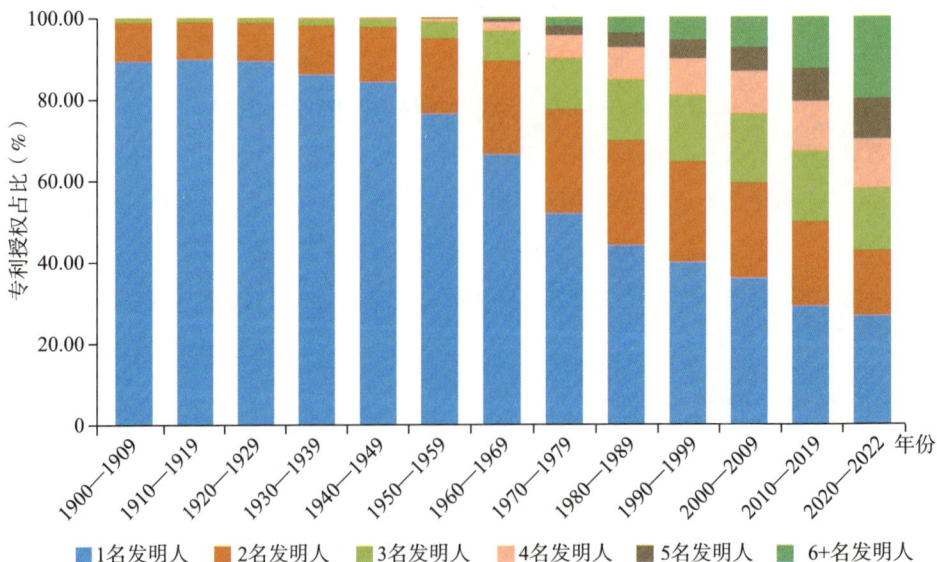

图 2-1-6　区分发明团队规模的全球合作专利授权趋势

数据来源：European Patent Office，PATSTAT Global 2023。

1 名发明人提交的专利申请占比已经从原来的 53.02% 降至 26.92%，而由 6 名及以上发明人团队提交的专利申请占比则从原来的 1.91% 上升至 18.28%，同时由 3 名发明人及以上团队提交的专利申请数量已经超过全球合作专利申请总数的一半。不难看出，协同创新已经成为研发活动中的重要趋势和主要特征，随着现代科技问题复杂化，发明团队更需要扩大规模以共同开展创新项目。

（刘灿雷、姜丽）

2.2　区域分布

2.2.1　总体分布

从地区分布来看，亚洲国家（地区）在全球创新格局中的重要地位进一步强化，全球创新中心有向亚洲转移的趋势。图 2-2-1 和图 2-2-2 分别展示了各大洲专利申请和授权数量占全球比重的分布。可见，亚洲份额逐渐扩大，而除亚洲外其他地区专利申请和授权占比相对下降，其中降幅最大的是北美洲和欧洲地区。2010—2020 年，亚洲始终是全球合作专利申请和授权数量最多的地区，占比明显上升，其专利申请占比从 2010 年的 53.15% 增长为 2020年的 73.95%，专利授权占比从 2010 年的 55.14% 增长至 2020 年的 75.28%；

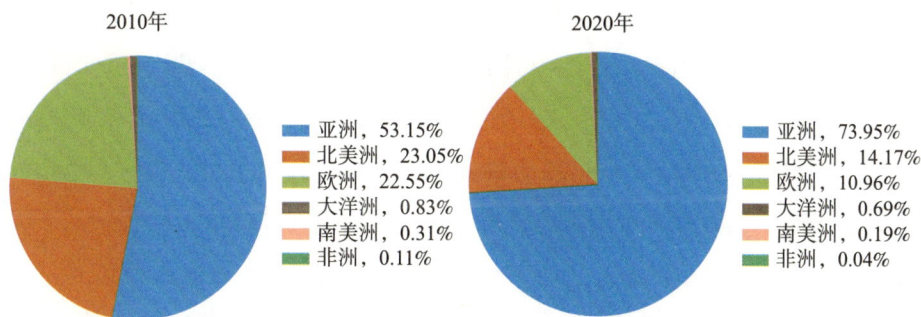

2010年

亚洲，53.15%
北美洲，23.05%
欧洲，22.55%
大洋洲，0.83%
南美洲，0.31%
非洲，0.11%

2020年

亚洲，73.95%
北美洲，14.17%
欧洲，10.96%
大洋洲，0.69%
南美洲，0.19%
非洲，0.04%

图 2-2-1　全球合作专利申请数量的地区分布特征

数据来源：European Patent Office，PATSTAT Global 2023。

北美洲和欧洲紧随其后，2020 年合作专利申请分别占全球合作专利申请总数的 14.17% 和 10.96%，与 2010 年相比分别下降了 8.88% 和 11.59%；最后依次是大洋洲、南美洲和非洲，2020 年的专利申请占比相加不足 1%，与 2010 年相比分别下降了 0.14%、0.12% 和 0.07%。

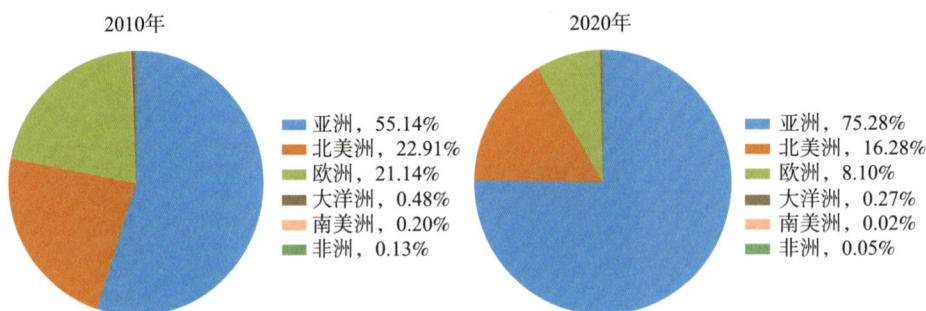

图 2-2-2　全球合作专利授权数量的地区分布特征

数据来源：European Patent Office，PATSTAT Global 2023。

2.2.2　主要经济体比较

从主要经济体来看，中国的合作专利申请和授权数量在 2010—2020 年实现了强劲增长，其专利申请数量在 2020 年显著高于美国、日本、韩国等发达国家和地区。2020 年合作专利申请数量排名前 10 位的经济体依次为中国（122.25 万件）、美国（29.38 万件）、日本（23.28 万件）、韩国（13.62 万件）、德国（7.59 万件）、法国（3.10 万件）、英国（2.05 万件）、瑞士（1.88 万件）、澳大利亚（1.41 万件）和荷兰（1.37 万件），共占全球合作专利申请总数的 94.31%；其中，中国的合作专利申请数量与 2010 年相比增加了 94.69 万件，美国增加了 1.22 万件，韩国增加了 3.70 万件，澳大利亚增加了 0.74 万件，而其他 6 个国家的合作专利申请数量则经历了不同程度的下降（见图 2-2-3）。在专利授权方面，2020 年合作专利授权数量排名前 10 位的经济体依次为中国（31.43 万件）、美国（8.81 万件）、韩国（5.75 万件）、日本（4.64 万件）、俄罗斯（1.17 万件）、德国（0.98 万件）、法国（0.60 万件）、英国（0.29 万件）、荷兰（0.24 万件）和加拿大（0.24 万件），共占全球合作专利授权总数的 96.14%；其中，只有中国的合作专利授权数量与 2010 年相比增加了 14.73 万件，其余 9 个国家的合作专利授权数量均有所下降（见图 2-2-4）。

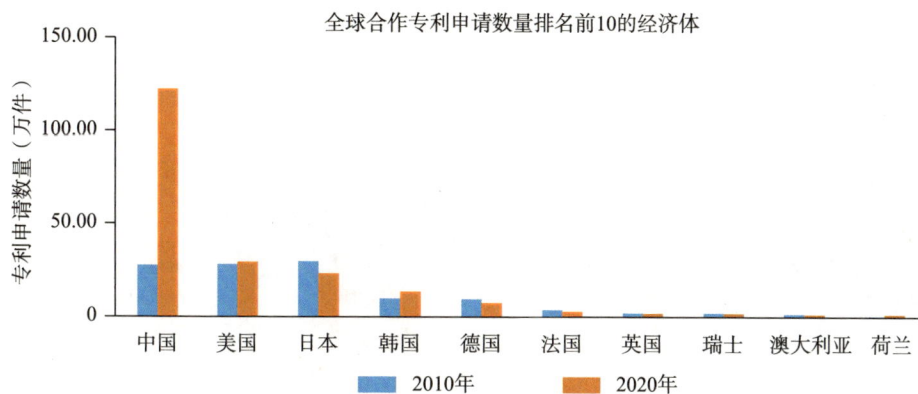

全球合作专利申请数量排名前10的经济体

图 2-2-3　全球主要经济体合作专利申请数量

数据来源：European Patent Office，PATSTAT Global 2023。

全球合作专利授权数量排名前10的经济体

图 2-2-4　全球主要经济体合作专利授权数量

数据来源：European Patent Office，PATSTAT Global 2023。

（刘灿雷、姜丽）

2.2.3　OECD 国家

从 OECD 国家全球合作专利分布来看，OECD 国家合作专利申请和授权占比均呈下降趋势，而非 OECD 国家和地区逐渐成为全球创新合作的新动力。

如图 2-2-5 和图 2-2-6 所示，2010 年，OECD 国家的合作专利申请占比和合作专利授权占比分别为 73.81% 和 71.79%，2020 年分别下降至 41.49% 和 39.01%。OECD 国家合作专利占比的下降反映出全球科技创新格局正在发生变化，非 OECD 国家和地区正在崛起，逐渐成为全球科技创新的重要力量。

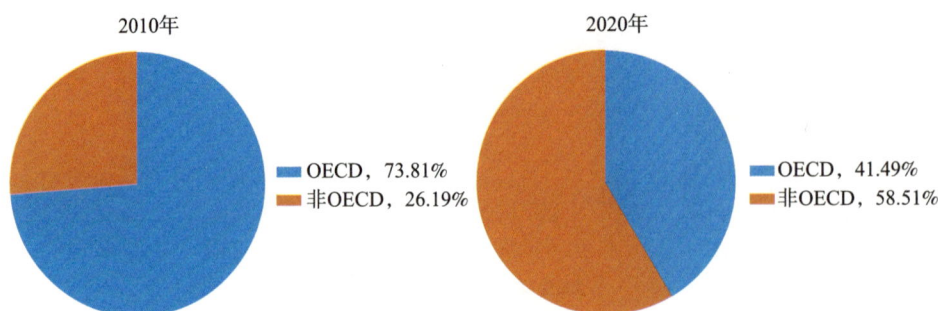

图 2-2-5　OECD 国家全球合作专利申请数量的分布特征

数据来源：European Patent Office，PATSTAT Global 2023。

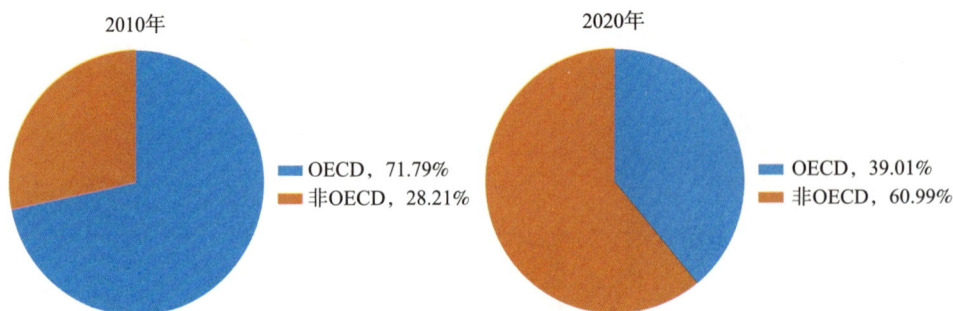

图 2-2-6　OECD 国家全球合作专利授权数量的分布特征

数据来源：European Patent Office，PATSTAT Global 2023。

2.2.4　金砖国家

从金砖国家全球合作专利分布来看，金砖国家逐渐超越非金砖国家和地区，成为全球开展创新合作的主导力量。如图 2-2-7 和图 2-2-8 所示，2010 年金砖国家的合作专利申请和授权比重都小于非金砖国家和地区，仅有非金砖国家（地区）的约三分之一。而 2020 年，金砖国家的合作专利申请和授权占比反超非金砖国家和地区，占比均达 50% 以上，由此也可以看出全球一半以上的专利合作都发生在金砖国家。

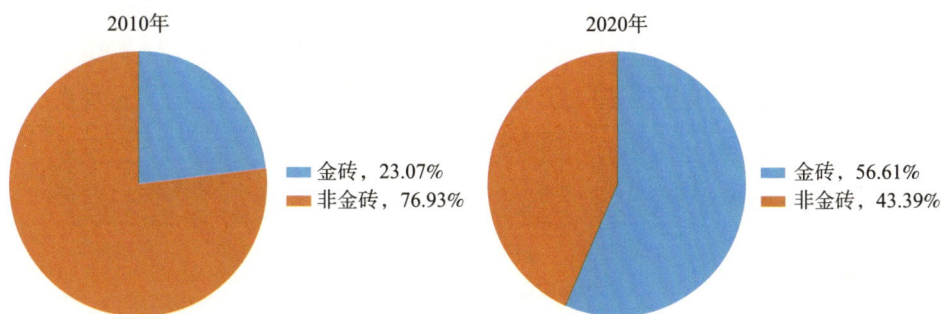

图 2-2-7　金砖国家全球合作专利申请数量的分布特征

数据来源：European Patent Office，PATSTAT Global 2023。

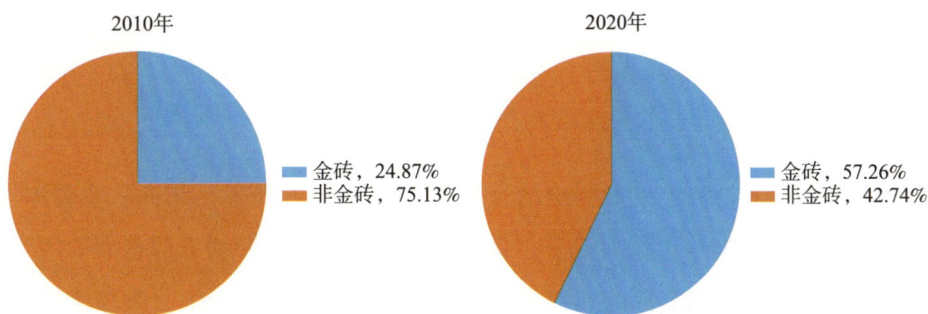

图 2-2-8　金砖国家全球合作专利授权数量的分布特征

数据来源：European Patent Office，PATSTAT Global 2023。

（李计广、李云婷）

2.2.5　合作类型

从专利合作类型来看，各地区均呈现协同创新趋势，国内合作与国际合作比例不断增加。20 世纪 70 年代以来，除非洲以外的各个地区都呈现出协同创新的趋势，其中北美洲和欧洲的国际创新合作趋势尤为明显。图 2-2-9 和图 2-2-10 分别刻画了 1970—2022 年不同地区合作专利申请和授权的合作类

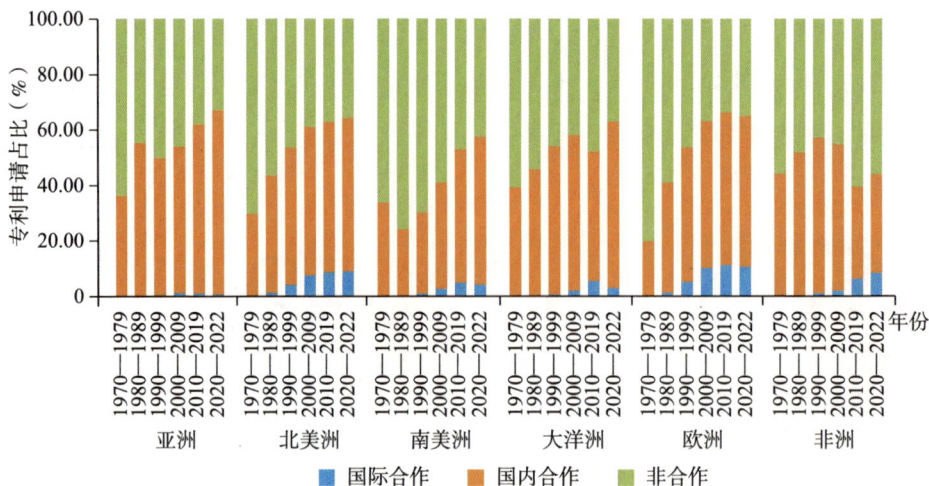

图 2-2-9　区分合作类型的不同地区合作专利申请趋势

数据来源：European Patent Office，PATSTAT Global 2023。

注：国际合作是指多名专利发明人不属于同一国家（地区）或者多名专利申请人不属于同一国家（地区）；国内合作是指多名专利发明人属于同一国家（地区）或者多名专利申请人属于同一国家（地区）；非合作是指仅有一名专利发明人并且仅有一名专利申请人。

型构成及其演变趋势。以专利申请为例，如图 2-2-9 所示，亚洲、北美洲、欧洲和大洋洲 2020 年以来的合作专利申请数量都在地区专利申请总数的四分之三左右，南美洲和非洲的相关占比则在二分之一左右。在细分类型中，各地区的演变特征也存在一定差异。亚洲是目前国内合作专利申请数量占比最高的地区，但是其国际合作专利申请数量占比却最低。北美洲和欧洲的合作类型构成比较相似，2020 年以来国内合作专利申请占比分别从 20 世纪 70 年代的 29.49%、19.54% 增长至 2020 年以来的 55.32%、54.27%，同时期国际合作专利申请占比分别从 20 世纪 70 年代的 0.23%、0.18% 增长至 2020 年以来的 8.87%、10.59%。另外值得注意的是，尽管非洲地区的国内创新合作占比在此期间无明显变化甚至有所下降，但其国际创新合作占比显著增加。

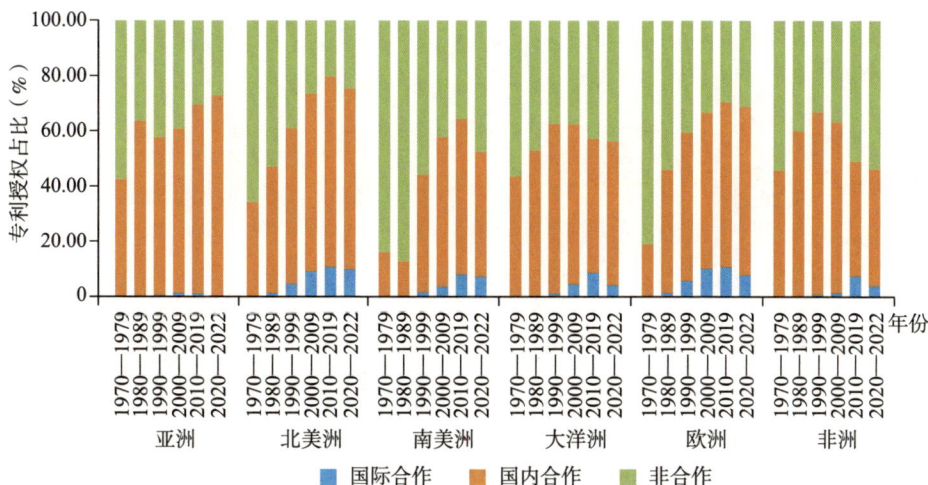

图 2-2-10　区分合作类型的不同地区合作专利授权趋势

数据来源：European Patent Office，PATSTAT Global 2023。

注：国际合作是指多名专利发明人不属于同一国家（地区）或者多名专利申请人不属于同一国家（地区）；国内合作是指多名专利发明人属于同一国家（地区）或者多名专利申请人属于同一国家（地区）；非合作是指仅有一名专利发明人并且仅有一名专利申请人。

2.2.6　合作规模

从合作规模来看，亚洲、北美洲、欧洲和南美洲合作专利申请及授权的发明团队规模逐渐扩大，但这一趋势在大洋洲和非洲并不明显。图 2-2-11 和图 2-2-12 分别刻画了 1970—2022 年不同地区合作专利申请和授权的发明团队规模构成及其演变趋势。以专利申请为例，如图 2-2-11 所示，在 2020—2022 年，仅由 1 名发明人提交的专利申请在各个地区仍然占比较高，其中占比最高的是非洲（48.98%），占比最低的是北美洲（22.47%）。同时，由 6 名及以上发明人团队提交的专利申请占比在大部分地区变化最大，其中占比最高的亚洲由 20 世纪 70 年代的 2.48% 增长至 2020 年以来的 20.12%，占比最低的非洲由 20 世纪 90 年代 12.42% 的峰值下降至 2020 年以来的 4.56%。

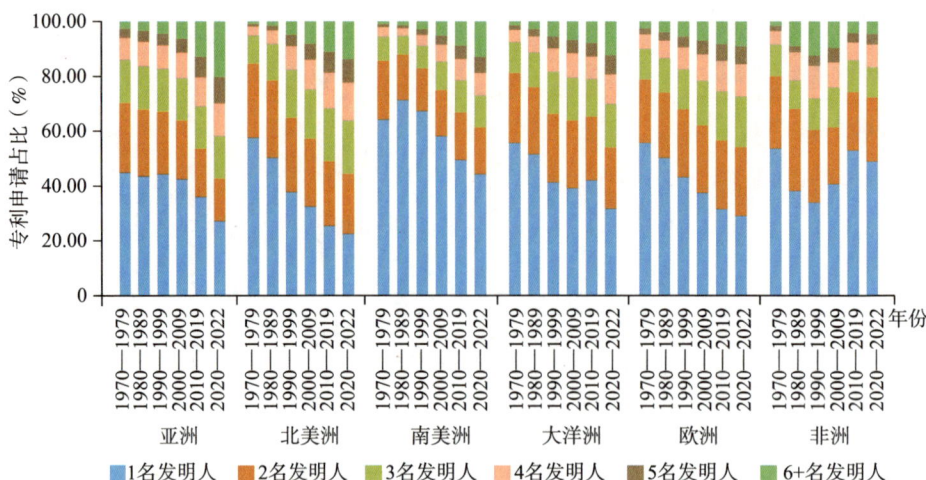

图 2-2-11　区分发明团队规模的不同地区合作专利申请趋势

数据来源：European Patent Office，PATSTAT Global 2023。

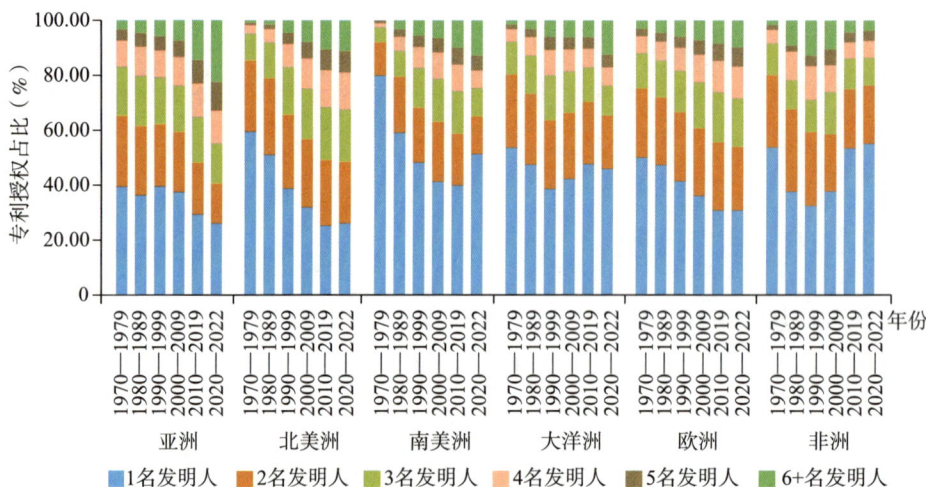

图 2-2-12　区分发明团队规模的不同地区合作专利授权趋势

数据来源：European Patent Office，PATSTAT Global 2023。

2.2.7　区域间合作关联

从地区间的创新合作关联来看，地区内合作在各地区合作专利申请和授权中占主导地位。如表 2-2-1 和表 2-2-2 所示，1900—2022 年，所有地区的绝大多数专利合作都来自地区内部，但地区内合作专利数量占总量的比重在地区间存在差异。具体而言，亚洲地区内合作专利申请和授权数量占地区合作专利申请和授权总数的比重最高，分别为 95.75% 和 95.98%，非洲最低，分别为 71.87% 和 69.83%。

表 2-2-1　地区间合作专利申请关联（1900—2022 年）

排序	亚洲		北美洲		欧洲	
1	亚洲	95.75%	北美洲	94.03%	欧洲	94.98%
2	北美洲	2.89%	欧洲	3.58%	北美洲	3.81%
3	欧洲	1.27%	亚洲	2.12%	亚洲	0.97%
4	大洋洲	0.06%	大洋洲	0.15%	大洋洲	0.13%
5	非洲	0.02%	南美洲	0.08%	南美洲	0.07%
6	南美洲	0.01%	非洲	0.04%	非洲	0.04%
排序	南美洲		大洋洲		非洲	
1	南美洲	82.15%	大洋洲	83.50%	非洲	71.87%
2	北美洲	8.95%	北美洲	8.10%	欧洲	13.27%
3	欧洲	7.42%	欧洲	6.02%	北美洲	10.67%
4	亚洲	1.25%	亚洲	2.21%	亚洲	3.56%
5	大洋洲	0.17%	南美洲	0.09%	大洋洲	0.46%
6	非洲	0.06%	非洲	0.08%	南美洲	0.17%

数据来源：European Patent Office，PATSTAT Global 2023。

表 2-2-2　地区间合作专利授权关联（1900—2022 年）

排序	亚洲		北美洲		欧洲	
1	亚洲	95.98%	北美洲	94.48%	欧洲	95.23%
2	北美洲	2.82%	欧洲	3.29%	北美洲	3.68%
3	欧洲	1.12%	亚洲	1.98%	亚洲	0.88%
4	大洋洲	0.05%	大洋洲	0.14%	大洋洲	0.11%
5	非洲	0.02%	南美洲	0.07%	南美洲	0.06%
6	南美洲	0.01%	非洲	0.04%	非洲	0.04%

续表

排序	南美洲		大洋洲		非洲	
1	南美洲	76.66%	大洋洲	81.62%	非洲	69.83%
2	北美洲	11.55%	北美洲	9.31%	欧洲	14.17%
3	欧洲	9.87%	欧洲	6.74%	北美洲	11.41%
4	亚洲	1.63%	亚洲	2.17%	亚洲	4.05%
5	大洋洲	0.21%	南美洲	0.08%	大洋洲	0.37%
6	非洲	0.08%	非洲	0.08%	南美洲	0.17%

数据来源：European Patent Office，PATSTAT Global 2023。

从跨地区的合作专利申请和授权关联的视角来看，北美洲是亚洲、欧洲、南美洲、大洋洲的最主要合作地区，欧洲则是北美洲和非洲的最主要合作地区。图 2-2-13 呈现了 1900—2022 年跨地区的合作专利申请和授权关联，图 2-2-13（a）为专利申请的统计结果，图 2-2-13（b）为专利授权的统计结果。可以看出，各地区合作关系相互交织，而亚洲、北美洲、欧洲显然在跨

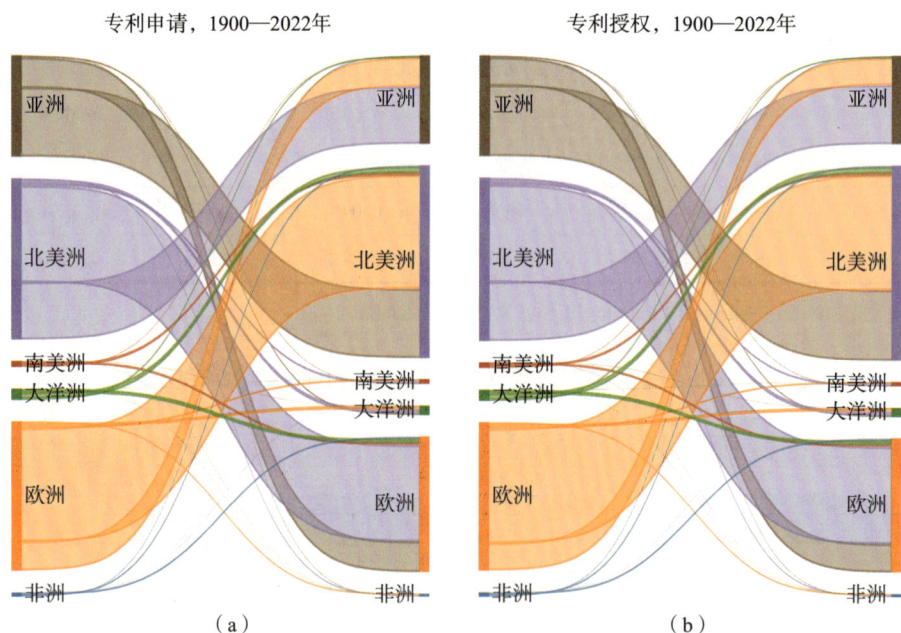

图 2-2-13　跨地区合作专利申请和授权关联

数据来源：European Patent Office，PATSTAT Global 2023。

地区合作专利申请和授权中参与度更高。以专利申请为例，对于亚洲而言，北美洲和欧洲分别占其跨地区合作专利申请的 68.08% 和 29.91%；对于北美洲而言，欧洲和亚洲分别占其跨地区合作专利申请的 59.91% 和 35.44%；对于欧洲而言，北美洲和亚洲分别占其跨地区合作专利申请的 75.97% 和 19.36%。

（刘灿雷、姜丽）

第 3 章　创新引用

　　在全球经济一体化和科技快速进步的当下，创新已经成为一个全球性的互动过程。本章通过深入分析全球专利引用网络的变化，旨在揭示技术知识如何在不同国家和地区间流动，从而映射出全球创新格局的演变。

　　首先，从宏观视角探讨全球专利引用网络的动态变化，揭示各大洲创新影响力的时间变化和科技交流合作的趋势。其次，将视角聚焦于主要经济体，对美国、中国、德国、日本等主要经济体的创新引用网络进行详细分析，探讨这些经济体在全球创新引用网络中的地位及其演变过程。最后，将 OECD 国家和金砖国家作为一个整体进行了特别关注，分析它们在全球创新引用网络中的集体影响力和作用。通过对全球专利引用网络的全面分析，可以更深入理解不同国家和地区在科技创新领域的竞争与合作关系及其演变趋势，为国家经济发展、政策制定乃至全球创新生态系统的合作方向提供了重要的借鉴意义。

3.1　总体分布

　　洲际专利引用关系代表了科技交流的一个重要方面，揭示了各大洲在特定时间段内的科技影响力与互动性。通过对 1970 年之前、1971—2000 年、2001—2020 年三个时段的洲际创新引用网络进行分析，我们可以深入了解全球的科技进步与交流情况，具体来看：

　　从创新引用网络地位角度来看：如图3-1-1、图3-1-2和图3-1-3所示，通过网络图中线的粗细可以观察到，亚洲专利逐渐受到欧洲和北美洲的广泛认可，其对非洲、南美洲和大洋洲的影响力亦不断增强。欧洲作为全球创新引用网络的主要输出者，对其他大洲的影响力虽有所波动，但总体上实力较强。北美洲作为创新引用的主要输出者，对欧洲和亚洲的影响较为显著。随着时间的推移，北美洲引用亚洲专利的比例增加，反映了亚洲在全球创新引用网络中地位的提升。非洲、南美洲和大洋洲则主要担任专利引用方的角色。

　　从引用强度角度来看：如图3-1-1、图3-1-2和图3-1-3所示，亚洲从主要的专利引用方转变为重要的被引用方，尤其是非洲、南美洲和大洋洲对其专利的引用近年来更加显著。欧洲对其他大洲的影响力虽在早期较强，但21世纪初开始受到亚洲和北美洲专利的影响更大。北美洲专利引用输出始终较强，但亚洲对北美洲的引用强度不断增强，表明两大洲间的专利引用正趋向平衡。

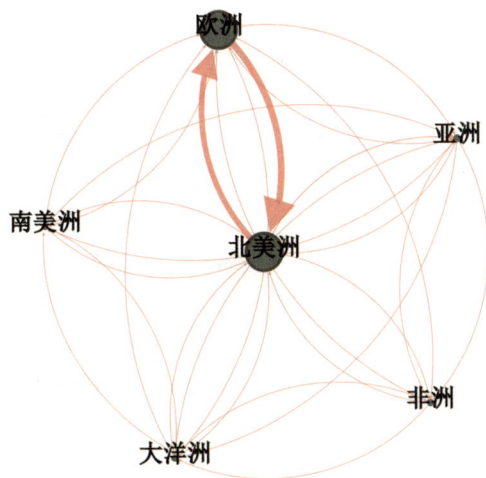

图3-1-1　1970年之前各大洲专利引用和被引用情况

　　数据来源：European Patent Office，PATSTAT Global 2023。

　　注：创新引用网络结构图根据专利引用数据计算出的度中心性和强度中心性绘制而成，节点越大表明其在创新引用网络中的地位越重要，线条越粗表明两个经济体之间的专利引用强度越大。

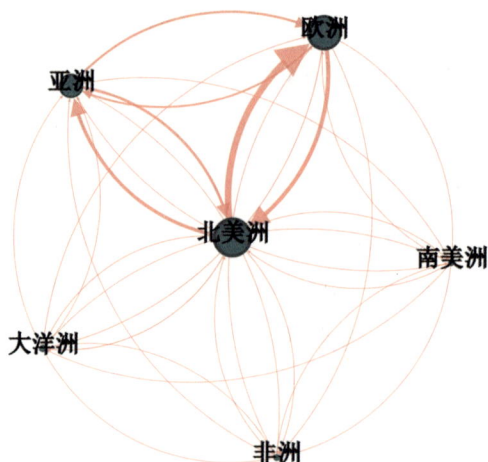

图 3-1-2　1971—2000 年各大洲专利引用和被引用情况

数据来源：European Patent Office，PATSTAT Global 2023。

注：创新引用网络结构图根据专利引用数据计算出的度中心性和强度中心性绘制而成，节点越大表明其在创新引用网络中的地位越重要，线条越粗表明两个经济体之间的专利引用强度越大。

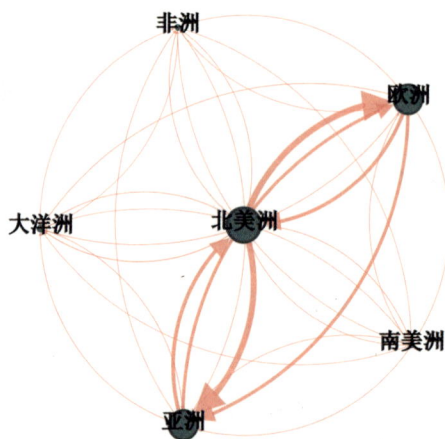

图 3-1-3　2001—2020 年各大洲专利引用和被引情况

数据来源：European Patent Office，PATSTAT Global 2023。

注：创新引用网络结构图根据专利引用数据计算出的度中心性和强度中心性绘制而成，节点越大表明其在创新引用网络中的地位越重要，线条越粗表明两个经济体之间的专利引用强度越大。

总体来看，1971—2020 年，全球创新引用网络变化显著。最初，北美洲和欧洲是技术扩散中心，亚洲的崛起推动了全球创新引用网络格局的变化。各大洲间的创新引用日益频繁，亚洲在专利引用网络中的地位和影响力逐渐增强。欧洲和北美洲继续保持强大的输出地位，而非洲、南美洲和大洋洲则开始逐步在全球创新产出中发挥作用。

3.2　主要经济体比较

随着全球化的深入发展，技术扩散在各个主要经济体创新行为中起到了至关重要的作用。专利引用网络，作为评估技术扩散的重要指标，可以为我们揭示不同经济体在技术创新和交流领域的地位及其变化趋势。因此，本部分将通过图 3-2-1、图 3-2-2 和图 3-2-3 对 1971—2020 年主要创新经济体的创新引用网络进行详细的描述和分析。

从创新引用网络地位角度来看，美国一直保持着其在全球创新引用网络中的核心地位。在 1970 年之前，美国的节点显著大于其他主要经济体，专利被引占比高达 47.82%，远超其他国家（地区），凸显出其在全球科技创新领域的领导地位。1971—2000 年，其他经济体如日本和德国在全球专利引用网络中的地位迅速攀升。2001—2020 年，中国专利被引量迅猛增长，开始对美国在全球创新引用网络中的主导地位构成挑战。中国在 1970 年之前在全球创新引用网络中处于边缘地位，但其节点从 1971—2000 年开始显现增长，这表示中国的专利开始得到更多的国际引用。2001—2020 年中国的节点迅速增大，这一时期中国专利被引用量占全球总数的 11.45%，反映了中国在全球创新引用网络中地位显著提升，已经成为其中的一个重要枢纽。专利被引用的增加反映了中国在全球创新引用网络中的地位得到显著提升。日本的网络地位在 1970 年前相对较低，但其节点在 1971—2000 年显著增大，表明日本的专利质量受到了国际社会的广泛认可。2001—2020 年，日本专利被引量占全球总数的 20.89%，其创新网络地位维持不变。德国在 1970 年以前就在全球创新引用网络中占据重要地位，但在 1971—2000 年其节点和引用强度都有所减小，

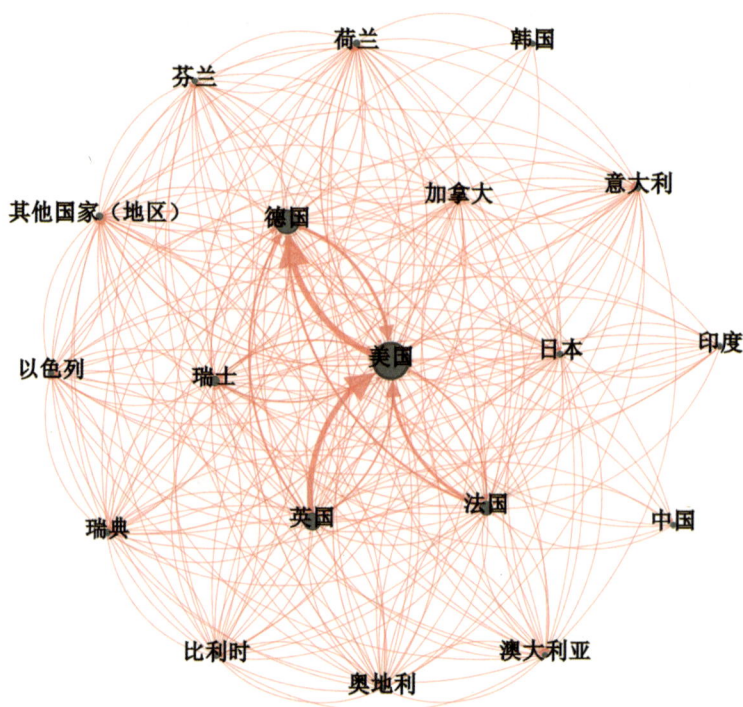

图 3-2-1 1970 年之前主要国家（地区）创新引用网络结构图

数据来源：European Patent Office, PATSTAT Global 2023。

注：创新引用网络结构图根据专利引用数据计算出的度中心性和强度中心性绘制而成，节点越大表明其在创新引用网络中的地位越重要，线条越粗表明两个经济体之间的专利引用强度越大。

德国专利在全球被引用专利占比由 1970 年之前的 38.98% 下降到 19.39%。进入 21 世纪，德国在全球创新引用网络中的地位进一步下降至 12.38%。英国和法国两个欧洲传统工业强国在全球创新引用网络中呈现出相同的变化趋势：两国在 1970 年之前的专利引用占比分别为 5.8% 和 4.54%，1971—2000 年分别上升至 10.37% 和 10.76%，但在 2000 年后所占比重分别下降至 7.62% 和 6.25%。其他主要经济体，如加拿大、意大利和瑞士，在全球创新引用网络中的地位各有千秋。在 1970 年之前，这些经济体在全球创新网络中的影响力虽不如美国，但在 1971—2000 年，这些经济体全球创新引用网络中的地位有所提升。进入 2001—2020 年，虽然它们的中心性有所波动，但依然担任着在

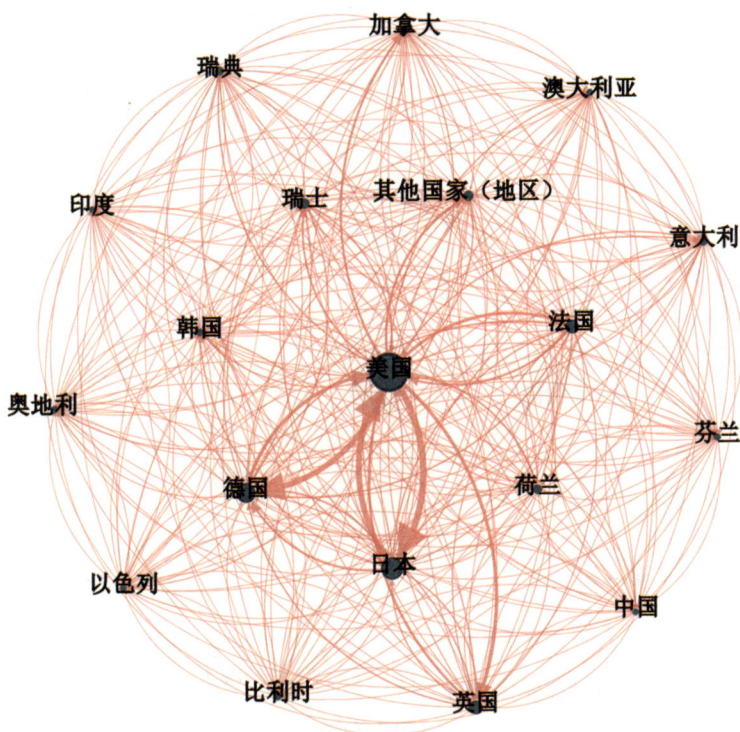

图 3-2-2　1971—2000 年主要国家（地区）创新引用网络结构图

数据来源：European Patent Office，PATSTAT Global 2023。

注：创新引用网络结构图根据专利引用数据计算出的度中心性和强度中心性绘制而成，节点越大表明其在创新引用网络中的地位越重要，线条越粗表明两个经济体之间的专利引用强度越大。

全球创新引用网络中的重要角色。

从引用强度角度来看，美国的专利被引用强度在整体保持领先优势，显示出其创新成果在全球的广泛影响。中国专利的被引用强度在 1971—2000 年逐渐上升，在 2001—2020 年显著跃升，反映出中国的专利和技术创新在全球范围内得到了极大认可。日本的被引用强度从 1970 年之前就开始上升，在 1971—2000 年更是大幅提高，其专利的国际影响力和认可度显著提升。进入 21 世纪后，日本继续保持这一趋势，显示出其技术的连续性和创新的持久性。德国的专利被引用强度在 1970 年之前就较高，此后继续保持稳定的增长态

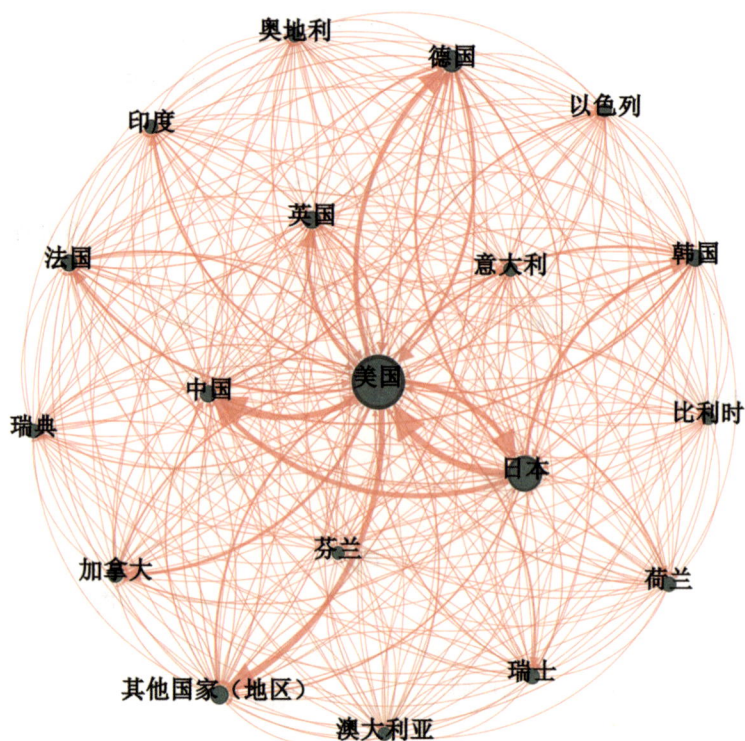

图 3-2-3　2001—2020 年主要国家（地区）创新引用网络结构图

数据来源：European Patent Office，PATSTAT Global 2023。

　　注：创新引用网络结构图根据专利引用数据计算出的度中心性和强度中心性绘制而成，节点越大表明其在创新引用网络中的地位越重要，线条越粗表明两个经济体之间的专利引用强度越大。

势，表明德国的专利质量和技术影响力在全球范围内得到长期认可。进入 21 世纪，德国的专利依然在全球创新引用网络中占有一席之地。法国的专利引用强度在 1970 年之前较小，但在 1971—2000 年有所增加，反映出其科技和创新在全球范围内开始受到更多关注。在 2001—2020 年，法国的引用强度保持相对稳定，其在全球创新引用网络中的地位未受到明显动摇。英国的专利引用强度在整个时间段内都相对较高，尤其在 1971—2000 年，其在全球创新引用网络中的位置显著提升。进入 21 世纪，英国的专利仍然受到频繁引用，其创新成果在国际上保持着高度影响力。

总体来看，通过分析 1971—2020 年全球主要创新国家（地区）的专利互引网络，可以看到美国在全球创新引用网络中的中心地位虽然面临着挑战，但其地位依然坚固，始终保持在世界前列。中国、日本和韩国在全球创新引用网络中地位的稳步提升，体现了亚洲在全球技术创新中的重要性。欧洲国家如德国、英国和法国也维持了其在全球创新引用网络中的重要位置。这些变化不仅对各国及地区的经济发展和政策制定至关重要，也深刻影响着全球创新生态系统的发展方向。

3.3　OECD 国家和金砖国家比较

从创新引用网络地位角度来看，如图 3-3-1 所示，OECD 国家在全球创新引用网络中占据核心地位，其专利引用网络覆盖广泛，标志着其科技成果的广泛认可和应用，这一点在 OECD 国家节点和其连接线条中得到了充分体现。金砖国家在全球科技创新引用网络中同样占有一席之地，总体份额为5.74%，表明其在全球范围内的科技创新中具有一定的影响力。

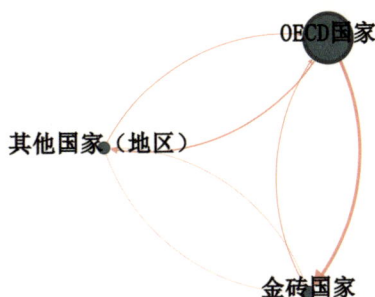

图 3-3-1　OECD 国家和金砖国家之间的专利引用

数据来源：European Patent Office，PATSTAT Global 2023。

注：创新引用网络结构图根据专利引用数据计算出的度中心性和强度中心性绘制而成，节点越大表明其在创新引用网络中的地位越重要，线条越粗表明两个经济体之间的专利引用强度越大。

从引用强度的角度来看，OECD 国家的专利在全球范围内被广泛引用，金砖国家的专利引用份额虽然在全球范围内不占主导地位，但其成员国如中国和印度的创新产出正快速发展，表明其在全球创新引用网络中的地位有望进一步提升。

（刘灿雷、冯敬宇）

地区篇

第 4 章　创新发展

创新的溢出效应使得同一地区的创新能力不断增强，而禀赋优势的差异导致不同地区的创新能力和水平存在较大差异，因而分析各大洲内部创新水平的特征十分必要。本章将在前文的基础上，进一步将研究视角细化至各大洲内部的创新发展趋势，并着重分析各主要经济体的创新能力差异及其原因。

一方面，本章从时间维度进行纵向分析，描述各大洲主要经济体近 20 年专利申请和授权数量的变化；另一方面，对主要经济体进行横向比较，刻画专利在地区内部的分布情况和主要经济体创新地位的演进。

4.1　欧洲

4.1.1　主要经济体总体趋势

从 2020 年欧洲主要经济体专利申请排名情况来看，排名前十的国家分别为德国、法国、英国、意大利、瑞士、荷兰、瑞典、奥地利、西班牙和比利时。

就德国而言，其在 2000—2020 年的专利数量整体呈现下降趋势。图 4-1-1 展现了德国 21 世纪以来专利申请与授权数量的变化趋势。具体来看，2000—2008 年其申请数量稳定在 12 万件左右；授权数量则稳定在 6 万件左右。2009 年欧债危机后专利申请和授权数量走势低迷，整体低于 2009 年之前的水平，其中

2017—2020 年下降速度最快，平均每年分别下降 4.61% 和 32.98%。

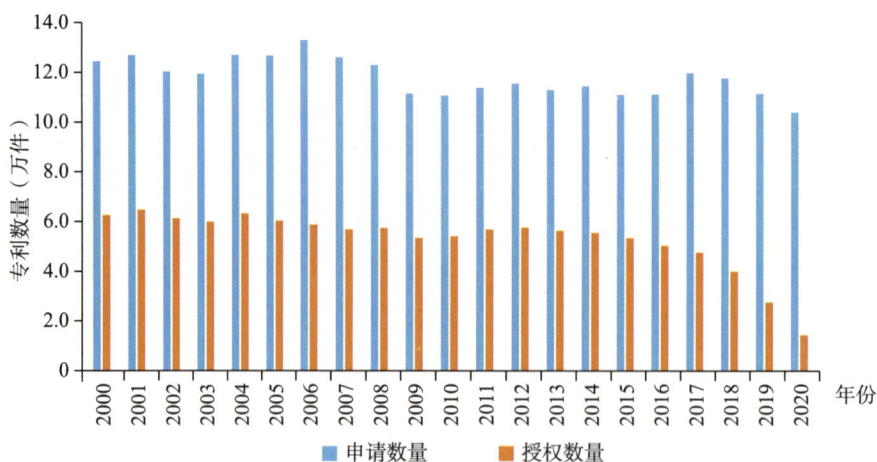

图 4-1-1　德国专利申请和授权趋势①

数据来源：European Patent Office，PATSTAT Global 2023。

　　就法国而言，其在 2000—2020 年的专利数量整体上呈现先下降后上升再下降的趋势。图 4-1-2 展现了法国 21 世纪以来专利申请与授权数量的变化趋势。具体来看，2000—2003 年法国专利申请和授权数量均逐年下降；2004—

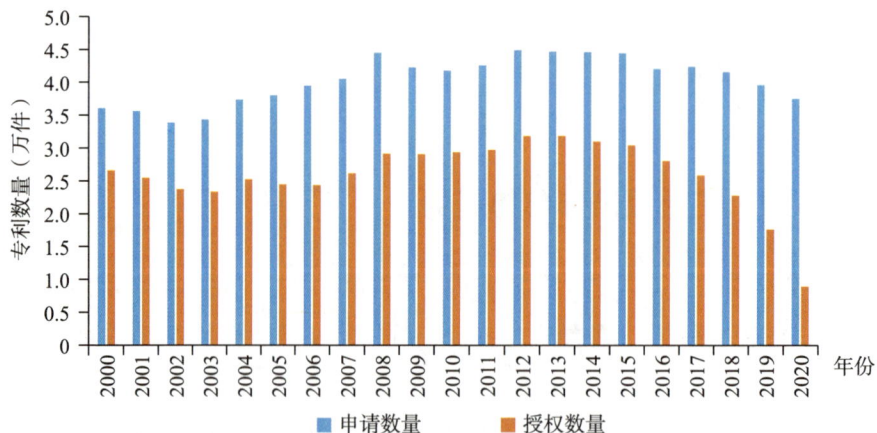

图 4-1-2　法国专利申请和授权趋势

数据来源：European Patent Office，PATSTAT Global 2023。

_____

　　① 披露数据滞后导致 2021 年与 2022 年数据存在偏误，所以数据分析截至 2020 年。

2013 年专利申请和授权数量整体上升；2014—2020 年均开始出现下滑，其中授权量下滑较为严重，以每年 18.75% 的比例减少。

就英国而言，其在 2000—2020 年的专利数量整体上呈现下降趋势。图 4-1-3 展现了英国 21 世纪以来专利申请和授权数量的变化趋势。具体来看，2000—2008 年专利申请和授权数量整体下降，其中申请数量下降较为明显，年均减少 1.63%；2009—2020 年申请数量基本维持不变，而授权数量在小幅回升后于 2015 年快速下跌，2015—2020 年年均降幅高达 22.33%。

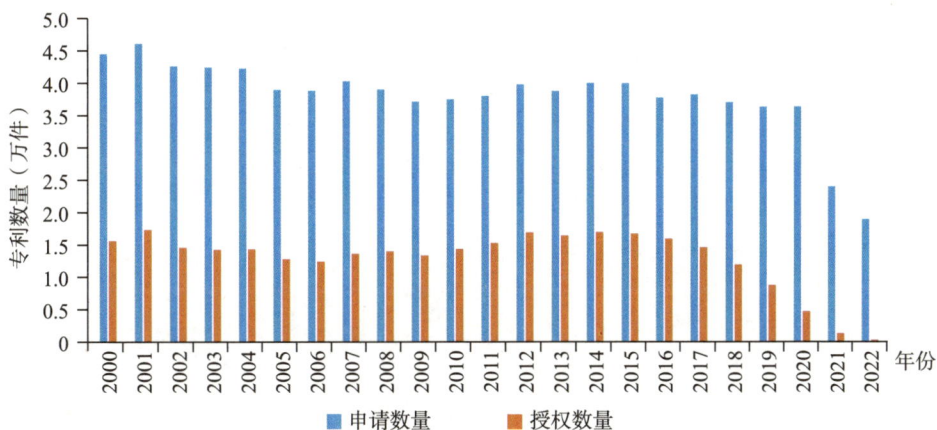

图 4-1-3　英国专利申请和授权数量变化趋势

数据来源：European Patent Office，PATSTAT Global 2023。

就意大利而言，其在 2000—2020 年的专利数量整体上呈现下降的趋势。图 4-1-4 展现了意大利 21 世纪以来专利申请与授权数量的变化趋势。具体来看，2000—2006 年其申请数量稳步增长，而授权数量则有所下降；2007—2010 年其申请与授权数量同样呈反向变动，分别为减少和上升趋势；2011—2020 年均向递减趋势转变，其中授权数量变化较为明显，年均降低 15.55 个百分点。

就瑞士而言，其 2000—2020 年的专利数量在整体上呈现先上升后下降的趋势。图 4-1-5 展现了瑞士 21 世纪以来专利申请和授权数量的变化趋势。具体来看，2000—2009 年其申请和授权数量分别维持在 1.8 万件和 1 万件左右；2010—2013 年申请和授权数量逐步上升；2014—2020 年则逐步下降，其中授

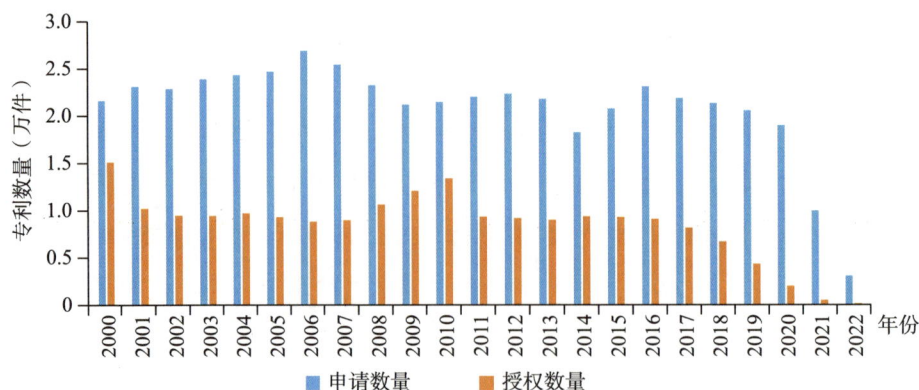

图 4-1-4　意大利专利申请和授权数量变化趋势

数据来源：European Patent Office，PATSTAT Global 2023。

权数量下滑明显，年均降幅达 23.09%。

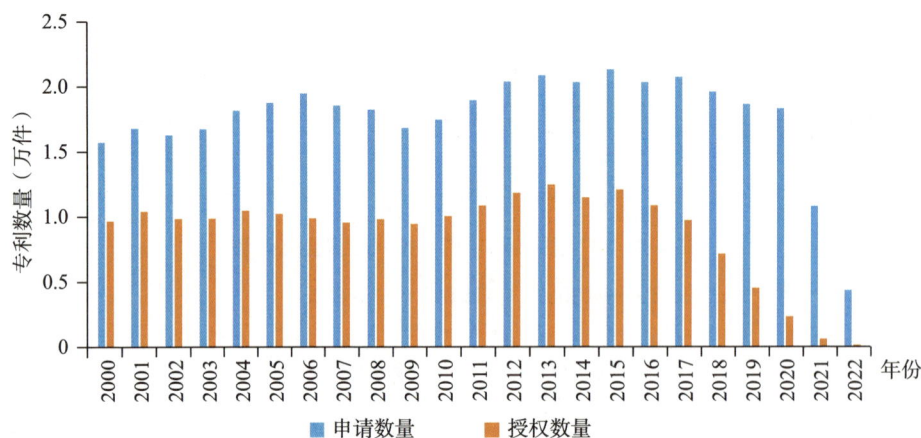

图 4-1-5　瑞士专利申请和授权数量变化趋势

数据来源：European Patent Office，PATSTAT Global 2023。

就荷兰而言，其在 2000—2020 年的专利数量整体上呈现先增后减的趋势。图 4-1-6 展现了荷兰 21 世纪以来专利申请和授权数量的变化趋势。具体来看，其申请数量在 2000—2006 年涨势迅猛，增长率达 33.35%，而授权数量并未有太大变化；2007—2011 年申请数量有所回落，而授权数量仍基本保持稳定；2012—2020 年申请数量基本维持稳定，授权数量整体呈下降趋势，年均降低 13.64%。

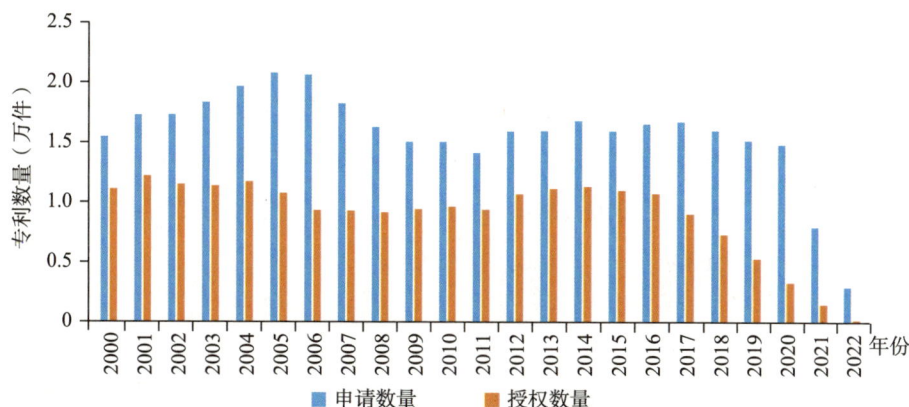

图 4-1-6　荷兰专利申请和授权数量变化趋势

数据来源：European Patent Office, PATSTAT Global 2023。

就瑞典而言，其在 2000—2020 年的专利数量整体上呈现波动变化的趋势。图 4-1-7 展现了瑞典 21 世纪以来专利申请和授权数量的变化趋势。具体来看，瑞典的专利申请数量与授权数量均于 2000 年逐渐下降并于 2009 年跌入谷底；2010—2014 年逐步回升；2015—2020 年专利数量整体呈下降趋势，

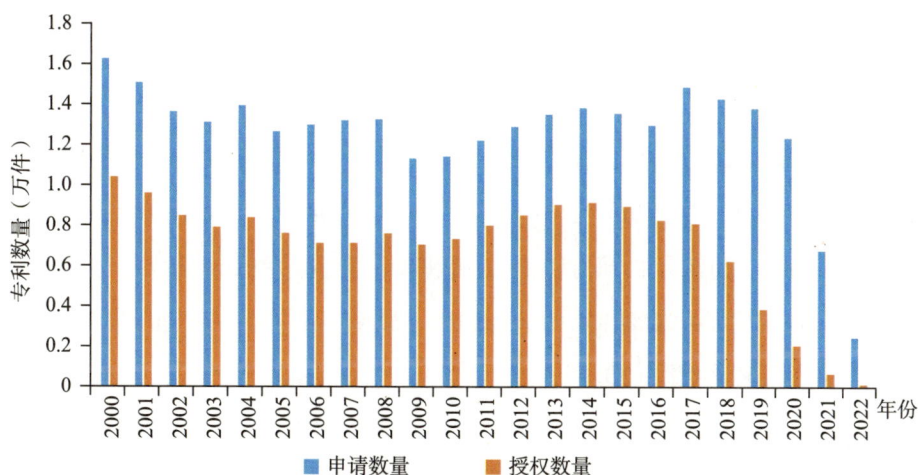

图 4-1-7　瑞典专利申请和授权数量变化趋势

数据来源：European Patent Office, PATSTAT Global 2023。

其中申请数量在 2017 年出现一次明显跃升后继续下降，授权数量则持续大幅
下降，年均降低 25.64%。

就奥地利而言，其在 2000—2020 年的专利数量整体上呈现先增后减的趋
势。图 4-1-8 展现了奥地利 21 世纪以来专利申请和授权数量的变化趋势。具
体来看，2000—2015 年奥地利专利申请和授权数量稳中有升，年均增长率分
别为 2.64% 和 2.65%；2016—2020 年均出现下降，其中授权数量出现明显下
降，年均减少 25.63%。

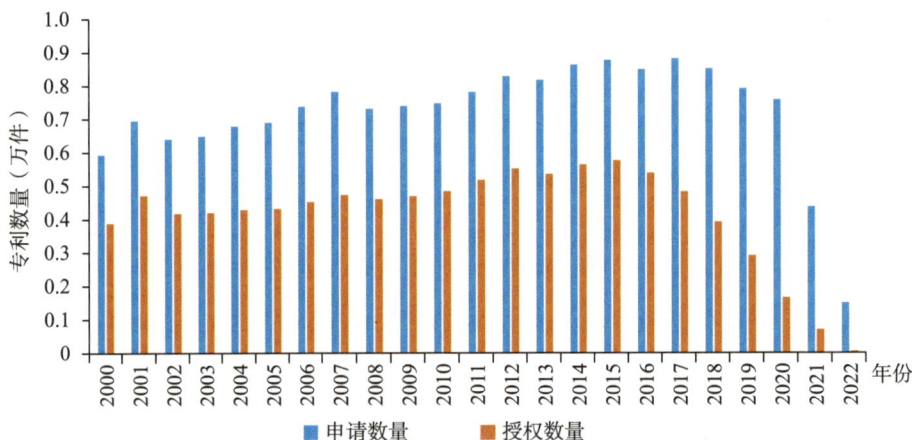

图 4-1-8　奥地利专利申请和授权数量变化趋势

数据来源：European Patent Office，PATSTAT Global 2023。

就西班牙而言，其在 2000—2020 年的专利数量整体上呈现先增后减的趋
势。图 4-1-9 展现了西班牙 21 世纪以来专利申请和授权数量的变化趋势。具
体来看，2000—2014 年西班牙专利申请和授权数量始终处于稳步上升阶段，
年均增长率分别为 4.22% 和 4.11%；2015—2020 年则均出现快速下降的趋势，
年均降幅高达 19.08% 和 33.59%。

就比利时而言，其在 2000—2020 年的专利数量整体上呈现先增后减的趋
势。图 4-1-10 展现了比利时 21 世纪以来专利申请与授权数量的变化趋势。
具体来看，2000—2014 年比利时申请和授权数量整体上均有所上升，其中受
欧债危机影响，申请数量在 2009 年左右出现下滑缺口，相比之下授权数量则

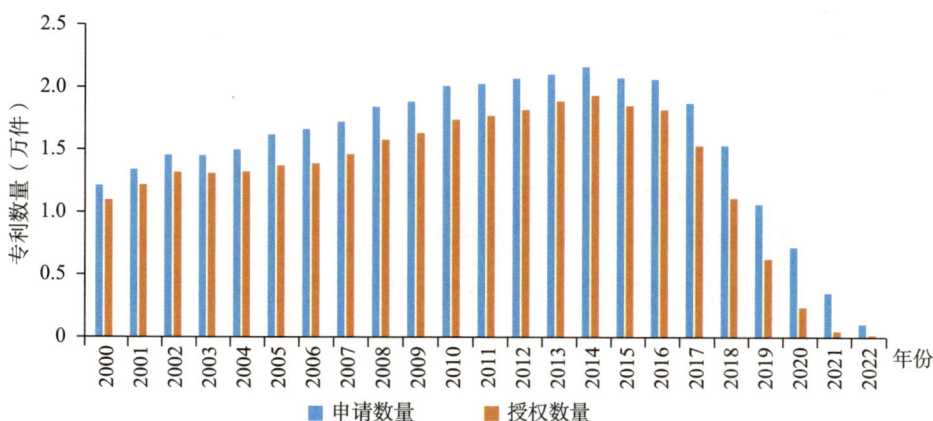

图 4-1-9　西班牙专利申请和授权数量变化趋势

数据来源：European Patent Office，PATSTAT Global 2023。

坚挺上涨；2015—2020 年申请数量呈先上升后下降的变化，而授权数量则以每年 19.40% 的速度减少。

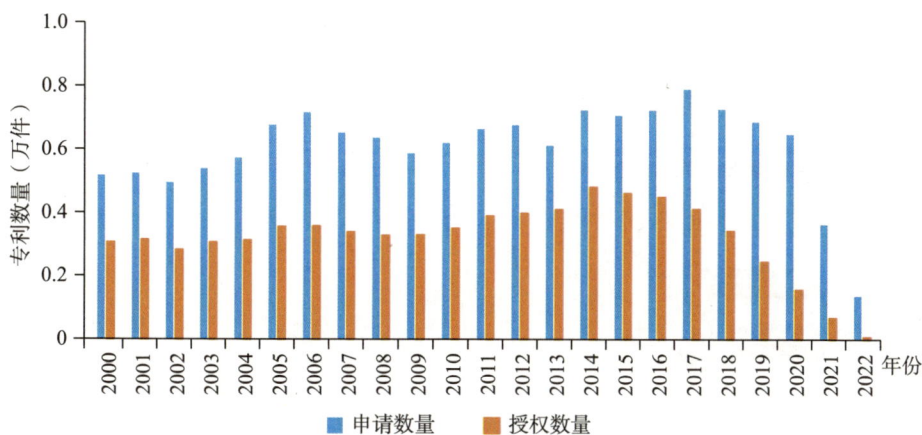

图 4-1-10　比利时专利申请和授权数量变化趋势

数据来源：European Patent Office，PATSTAT Global 2023。

4.1.2　主要经济体比较

从欧洲主要经济体来看，目前德国在专利领域遥遥领先，提交的专利申请和授权数量最多，占据主导地位。在专利申请方面，如图 4-1-11 所示，

2020 年欧洲地区专利申请数量排行前 10 的国家依次是德国（10.40 万件）、法国（3.75 万件）、英国（3.63 万件）、意大利（1.90 万件）、瑞士（1.83 万件）、荷兰（1.48 万件）、瑞典（1.24 万件）、奥地利（0.76 万件）、西班牙（0.72 万件）、比利时（0.65 万件）。相较于 2010 年，瑞士、瑞典、奥地利、比利时申请数量有小幅上升，其余经济体均为下降，其中西班牙下滑最为严重，较 2010 年申请数量减少 64.18%，排名从第五位滑落至倒数第二位。

在专利授权方面，如图 4-1-12 所示，2020 年欧洲地区专利授权数量排行前 10 的国家依次是德国（1.43 万件）、法国（0.89 万件）、英国（0.47 万件）、荷兰（0.33 万件）、西班牙（0.24 万件）、瑞士（0.24 万件）、意大利（0.21 万件）、瑞典（0.20 万件）、奥地利（0.16 万件）、比利时（0.16 万件）。相较于 2010 年的授权数量，各经济体减少量均在半数以上，其中西班牙、意大利、瑞士减少程度分别高达 86.21%、84.33%、76.24%，总体下滑较为严重。

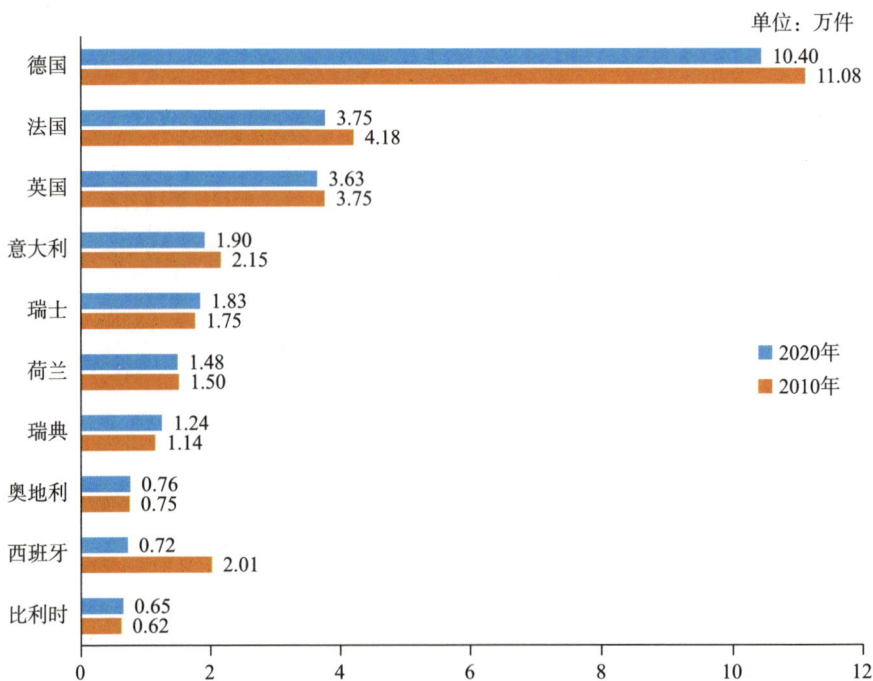

图 4-1-11　欧洲主要经济体专利申请数量

数据来源：European Patent Office，PATSTAT Global 2023。

单位：万件

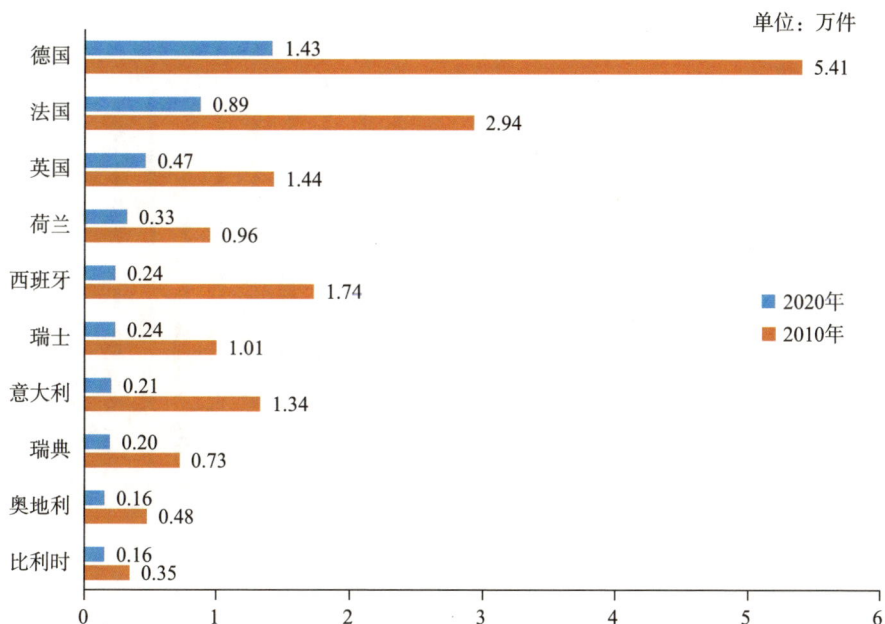

图 4-1-12　欧洲主要经济体专利授权数量

数据来源：European Patent Office，PATSTAT Global 2023。

（李计广、周宇腾）

4.2　北美洲

4.2.1　主要经济体总体趋势

从 2020 年北美洲主要经济体专利申请排名情况来看，排名前三的经济体依次为美国、加拿大、墨西哥。

就美国而言，其在北美洲的专利和授权情况占据绝对主导地位。图 4-2-1 显示了 21 世纪以来美国专利申请和授权情况。2006 年以前，美国专利申请数量增长较快，年均增长 7.05%，随后受到 2008 年全球金融危机的影响，专利申请数量有所下滑，持续 3 年后才出现较快回升，而专利授权数量相对稳定。2015 年之后专利申请情况相对稳定而专利授权情况有所下滑，专利授权年均降幅高达 13.68 个百分点。

就加拿大而言，其专利申请和授权数量表现虽不及美国，但从总量上看，

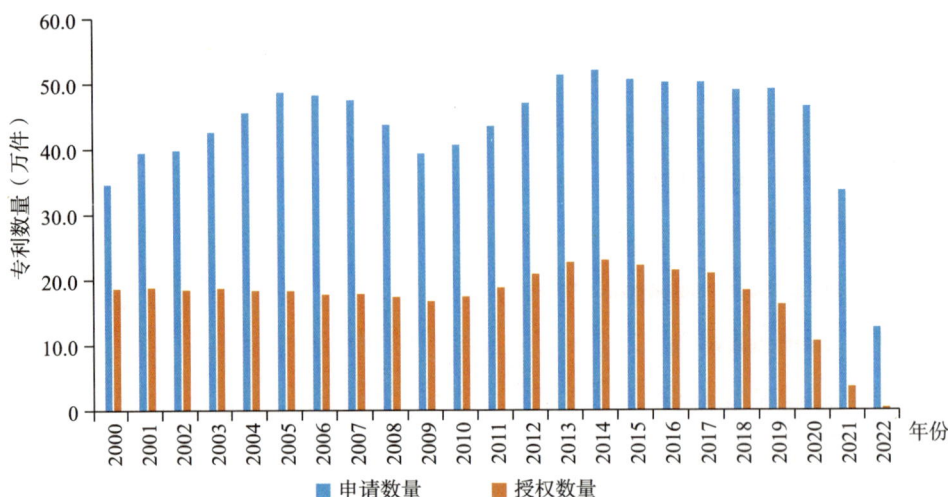

图 4-2-1　美国专利申请和授权数量变化趋势①

数据来源：European Patent Office，PATSTAT Global 2023。

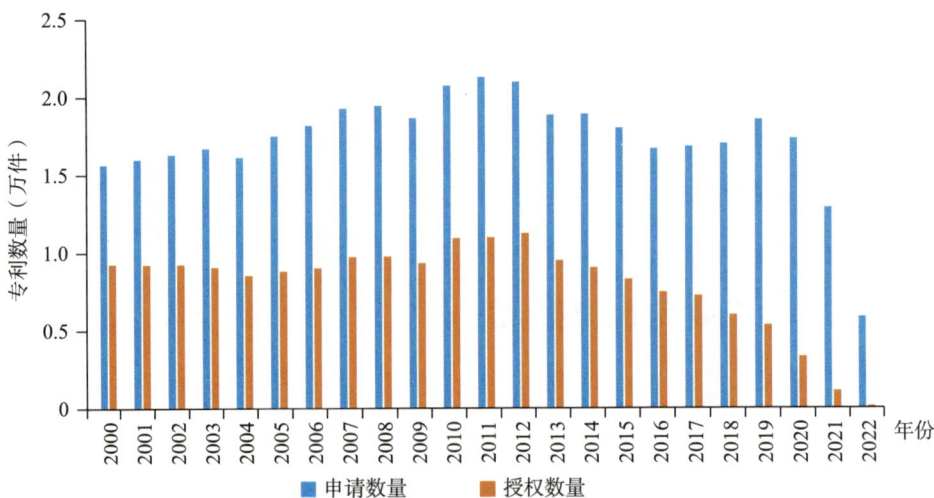

图 4-2-2　加拿大专利申请和授权数量变化趋势

数据来源：European Patent Office，PATSTAT Global 2023。

其位居北美洲第二。图 4-2-2 显示了 21 世纪以来加拿大专利申请和授权的情况。具体来看，加拿大专利申请和授权均表现出先升后降的趋势，2011 年以

---

① 披露数据滞后导致 2021 年与 2022 年数据存在偏误，所以数据分析截至 2020 年。

前，加拿大专利申请和授权面对经济冲击表现出强大韧性，申请数量年均增长 2.85 个百分点，授权数量年均上升 1.64%。2011 年以后，其申请和授权情况有所恶化，尽管在个别年份申请情况有所好转，但整体状况仍一路走低，申请和授权数量的平均降幅分别为 2.36% 和 13.91%。

就墨西哥而言，其专利申请和授权波动表现显著。图 4-2-3 显示了 21 世纪以来墨西哥专利申请和授权的情况。墨西哥的专利申请状况较美国和加拿大而言其变化趋势更为明显，2012 年之前墨西哥的专利申请和授权情况都在不断增加，且专利申请的持续增长状态持续到了 2015 年，这得益于墨西哥国内对科技创新的关注加强。随后，墨西哥专利申请和授权数量持续下滑，申请和授权的年均跌幅分别达到 22.47% 和 30.87%，下降幅度远超美国和加拿大。

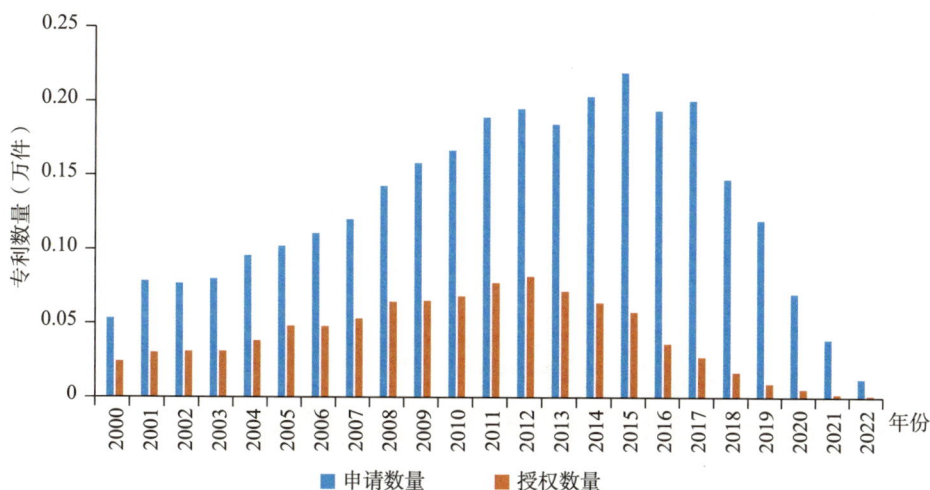

图 4-2-3　墨西哥专利申请和授权数量变化趋势

数据来源：European Patent Office，PATSTAT Global 2023。

4.2.2　主要经济体比较

从北美洲主要经济体来看，美国在北美洲占据绝对主导地位。图 4-2-4 和图 4-2-5 分别表示了 2010 年和 2020 年北美洲主要经济体专利申请和授权情况。在专利申请方面，2020 年美国的专利申请数量达 46.51 万件，占北美洲总数的 96.28%；授权数量为 10.61 万件，占北美洲总数的 96.9%。紧随其后的是加拿大，2020 年专利申请数量为 1.73 万件，不到美国的 1/25，占北美洲总数的 3.58%；授权数量为 0.334 万件，占北美洲总数的 3.05%。而 2020 年墨西哥专利申请数量为 700 件，占北美洲总数的 0.14%；专利授权数量为 54 件，占北美洲总数的 0.05%。其中，美国专利申请数量占比较 2010 年有所上升，加拿大、墨西哥占比下降，而这三个经济体的专利授权占比较 2010 年都有所下降。

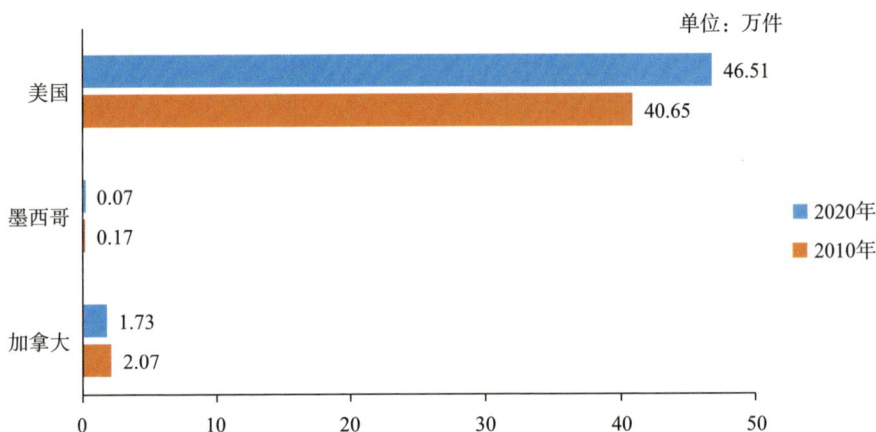

单位：万件

美国　46.51　2020年
　　　40.65　2010年

墨西哥　0.07
　　　　0.17

加拿大　1.73
　　　　2.07

图 4-2-4　北美洲主要经济体专利申请数量

数据来源：European Patent Office，PATSTAT Global 2023。

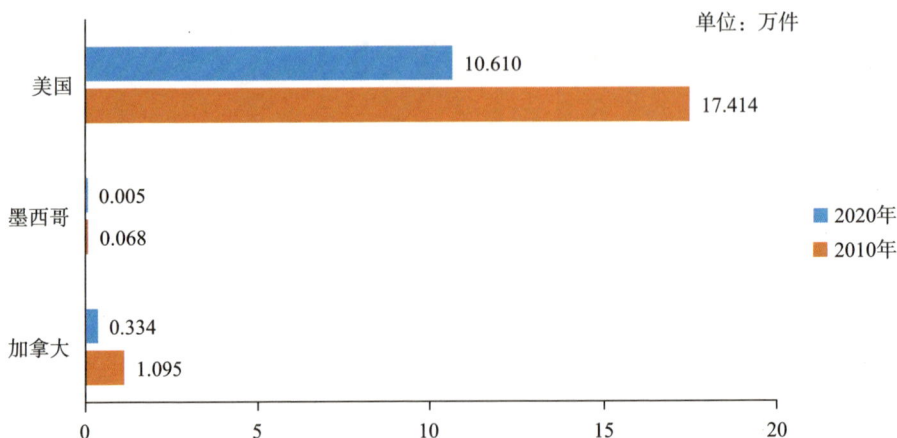

单位：万件

美国　10.610　2020年
　　　17.414　2010年

墨西哥　0.005
　　　　0.068

加拿大　0.334
　　　　1.095

图 4-2-5　北美洲主要经济体专利授权数量

数据来源：European Patent Office，PATSTAT Global 2023。

（刘灿雷、杜婕）

4.3　亚洲

4.3.1　主要经济体总体趋势

从 2020 年亚洲主要经济体专利申请排名情况来看，排名前 4 的经济体分别为中国、日本、韩国和中国台湾，从专利授权排名来看，排名前 4 的经济体分别为中国、韩国、日本、中国台湾。

就中国而言，专利申请量总体呈现逐渐上升趋势，专利授权量呈现先增长后下降的趋势。图 4-3-1 展示了中国 21 世纪以来专利申请数量和授权数量的总体变化趋势。具体来看，从 2000 年到 2018 年，中国的申请数量和授权数量处于迅速增长的阶段，截至 2018 年专利申请数量和授权数量分别达到了 166.67 万件和 49.82 万件，其中在 2012 年，中国超过日本成为亚洲专利申请数量和授权数量最多的经济体。

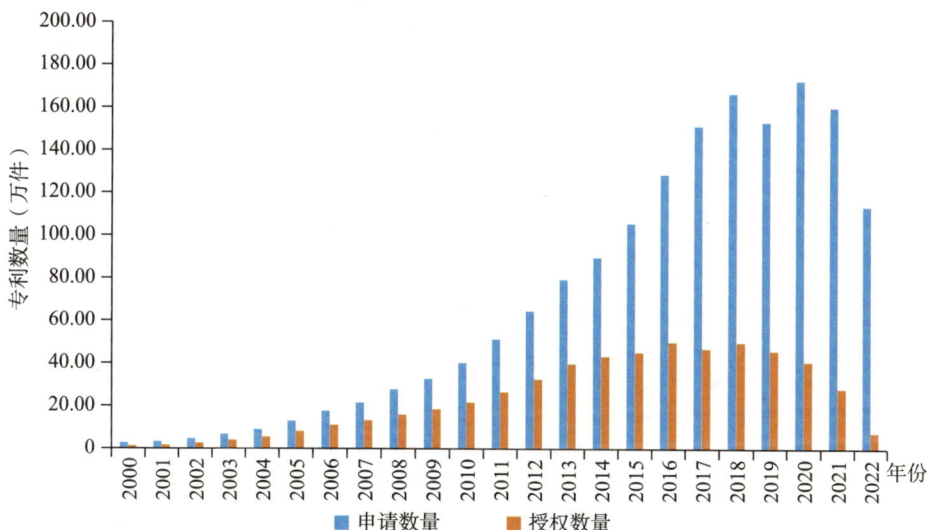

图 4-3-1　中国专利申请和授权数量变化趋势①

数据来源：European Patent Office，PATSTAT Global 2023。

---

① 披露数据滞后导致 2021 年与 2022 年数据存在偏误，所以数据分析截至 2020 年。

就日本而言，专利数量整体呈现波动下降的趋势。图 4-3-2 展示了日本 21 世纪以来专利申请和授权数量的整体变化趋势。具体来看，2000—2008 年，日本专利申请和授权数量呈现出上下浮动的变化趋势。2008 年全球金融危机之后，日本专利申请和授权数量增长乏力，开始出现波动下降。2012 年之前，日本专利申请和授权数量一直居于亚洲首位，2012 年后被中国赶超。

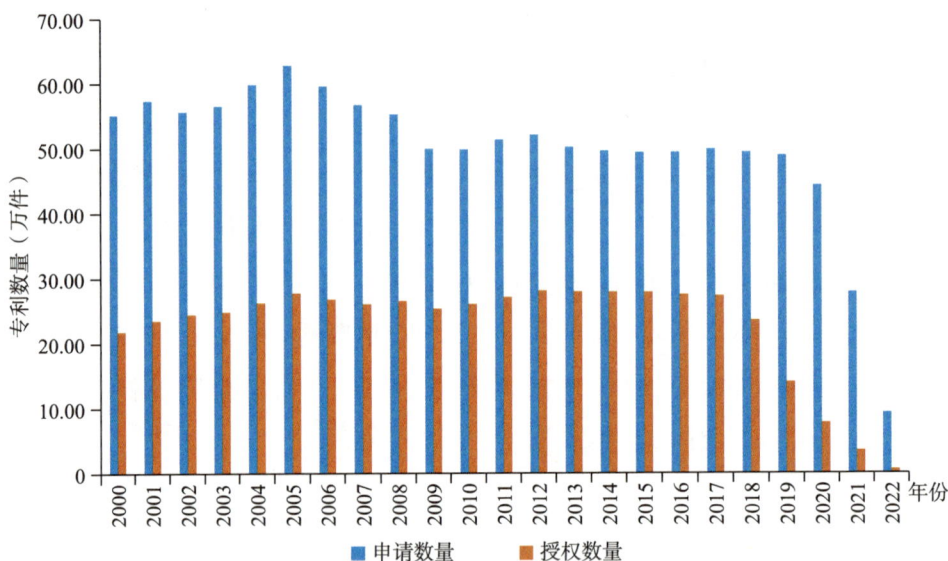

图 4-3-2　日本专利申请和授权数量变化趋势

数据来源：European Patent Office，PATSTAT Global 2023。

就韩国而言，专利数量整体呈现波动上升的趋势。图 4-3-3 展示了韩国 21 世纪以来专利申请和授权数量的变化趋势。2000—2020 年，韩国专利申请数量一直处于波动上升的趋势，而专利授权数量在 2015 年以前呈波动上升趋势，2015 年以后出现下降趋势。

就中国台湾而言，专利数量整体呈先上升后下降的趋势。图 4-3-4 展示了 21 世纪以来中国台湾的专利申请和授权数量的变化趋势。具体来看，2000—2008 年专利申请和授权数量在不断上升，截至 2008 年，中国台湾的专利申请和授权数量分别达到了 4.34 万件和 2.45 万件。自 2008 年全球金融危机后，中国台湾专利申请量呈现出波动下降的趋势，授权量整体变化较为平稳。

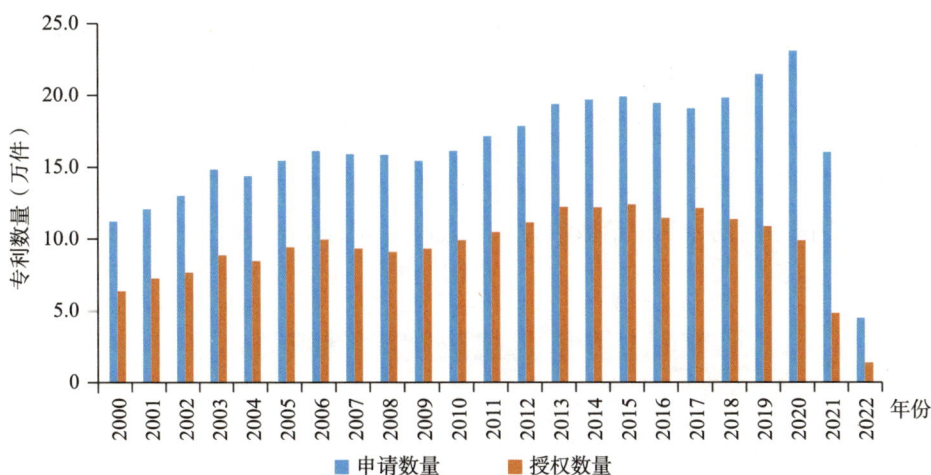

图 4-3-3　韩国专利申请和授权数量变化趋势

数据来源：European Patent Office，PATSTAT Global 2023。

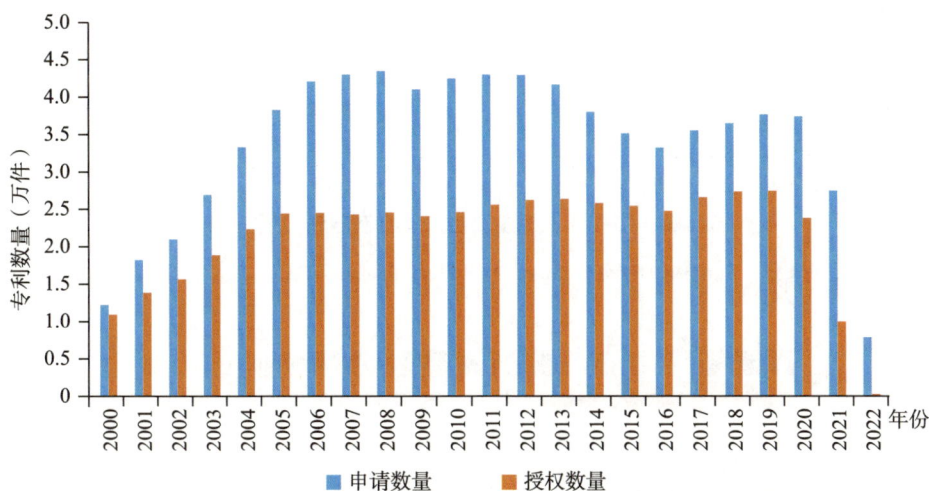

图 4-3-4　中国台湾专利申请和授权数量变化趋势

数据来源：European Patent Office，PATSTAT Global 2023。

4.3.2　主要经济体比较

从亚洲主要经济体来看，中国的专利数量显著增加，处于亚洲首位。图 4-3-5 和图 4-3-6 分别表示了 2010 年和 2020 年亚洲主要经济体专利申请和授权情况。2020 年中国的专利申请数量达到了 172.58 万件，占亚洲总数的

70.81%；专利授权数量达到了 40.83 万件，占亚洲总数的 67.1%。2020 年日本的专利申请数量为 44.30 万件，占亚洲总数的 18.18%；专利授权量为 7.77 万件，占亚洲总数的 12.77%。2020 年韩国的专利申请数量为 23.10 万件，占亚洲总数的 9.48%；专利授权数量为 9.87 万件，占亚洲总数的 16.22%。2020 年中国台湾的专利申请数量为 3.74 万件，占亚洲总数的 1.53%；其授权

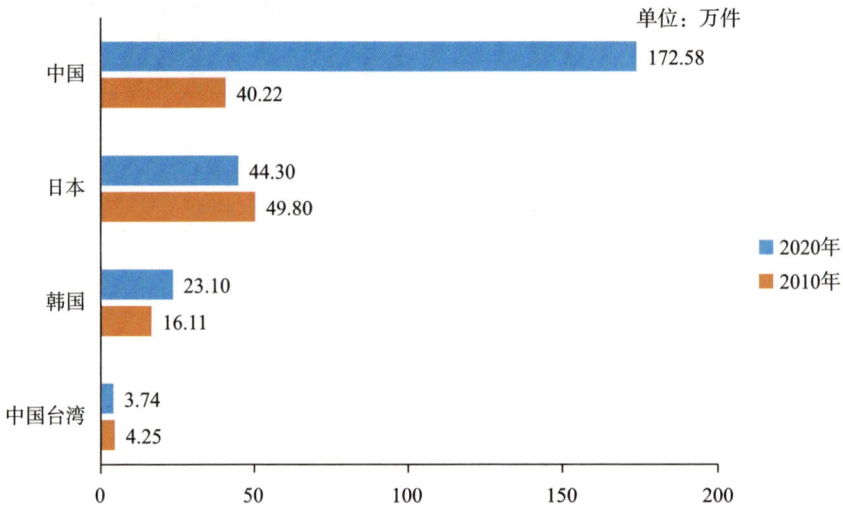

图 4-3-5　亚洲主要经济体专利申请数量

数据来源：European Patent Office，PATSTAT Global 2023。

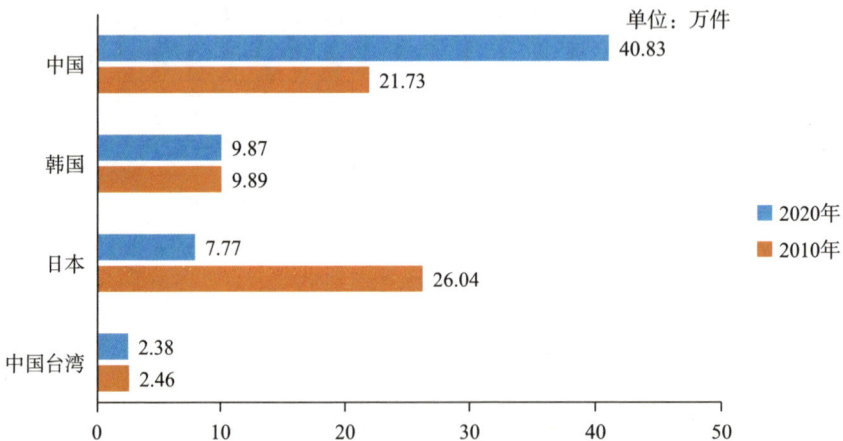

图 4-3-6　亚洲主要经济体专利授权数量

数据来源：European Patent Office，PATSTAT Global 2023。

数量为 2.38 万件，占亚洲总数的 3.91%。与 2010 年相比，中国专利申请数量和授权数量占比大幅提升，日本专利申请数量和授权数量占比显著下降，韩国专利申请量占比上升，而授权量占比略有下降，中国台湾专利的申请量和授权量占比均有所下降。

（李计广、宫方茗）

4.4 南美洲

4.4.1 主要经济体总体趋势

从 2020 年南美洲主要经济体专利申请排名情况来看，南美洲专利数量最高的两个国家是巴西和阿根廷。

就巴西而言，21 世纪以来巴西一直是南美洲创新活动最活跃的国家。如图 4-4-1 所示，21 世纪以来，巴西专利申请数量相对稳定，基本维持在 0.6 万件左右的水平，而授权数量在这些年来基本呈下降趋势。

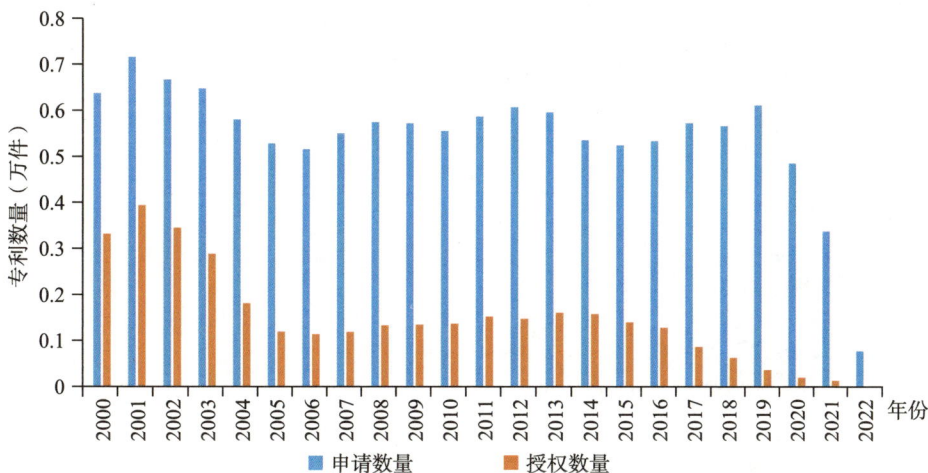

图 4-4-1 巴西专利申请和授权数量变化趋势①

数据来源：European Patent Office，PATSTAT Global 2023。

就阿根廷而言，如图 4-4-2 所示，2000—2020 年阿根廷专利数量整体表

---

① 披露数据滞后导致 2021 年和 2022 年数据存在偏误，所以南美洲部分数据分析截至 2020 年。

现为先上升后下降的趋势。具体而言，2000—2003 年申请数量和授权数量逐年上升，在 2003 年达到峰值。2004—2020 年下降趋势较为明显，且专利申请数量均低于 0.15 万件，授权数量均低于 0.05 万件。

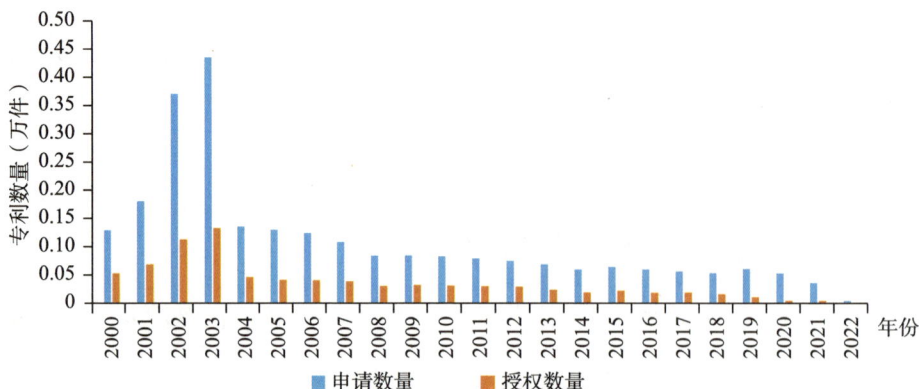

图 4-4-2　阿根廷专利申请和授权数量变化趋势

数据来源：European Patent Office，PATSTAT Global 2023。

4.4.2　主要经济体比较

从南美洲主要经济体来看，如图 4-4-3 和图 4-4-4 所示，南美洲主要经济体创新活动虽有差距但差距在不断缩小。首先，巴西在南美洲的创新活动

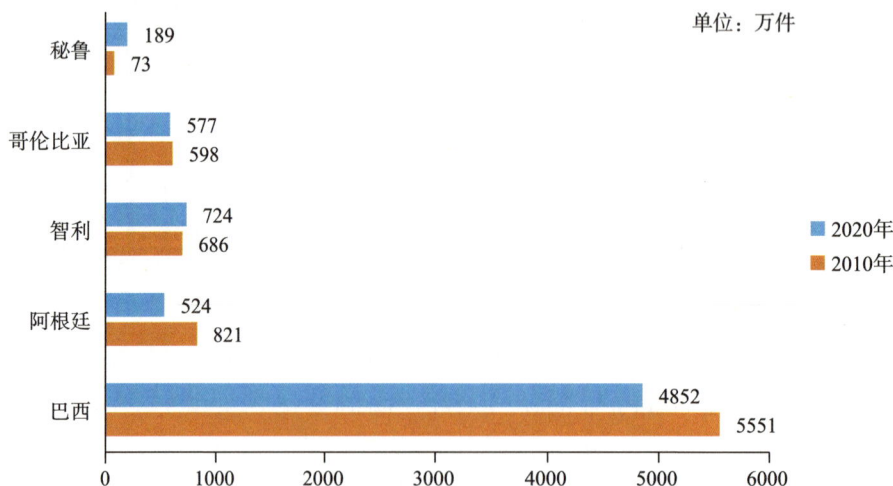

图 4-4-3　南美洲主要经济体专利申请数量

数据来源：European Patent Office，PATSTAT Global 2023。

中占据主导地位，阿根廷、智利和哥伦比亚三国创新水平相当，秘鲁的创新水平最低。其次，相较 2010 年，巴西、阿根廷、哥伦比亚三国的申请数量存在小幅下降，而所有经济体的授权数量均呈现不同程度的下降。最后，由于巴西专利数量的下滑，南美洲经济体之间专利数量差异逐渐缩小。

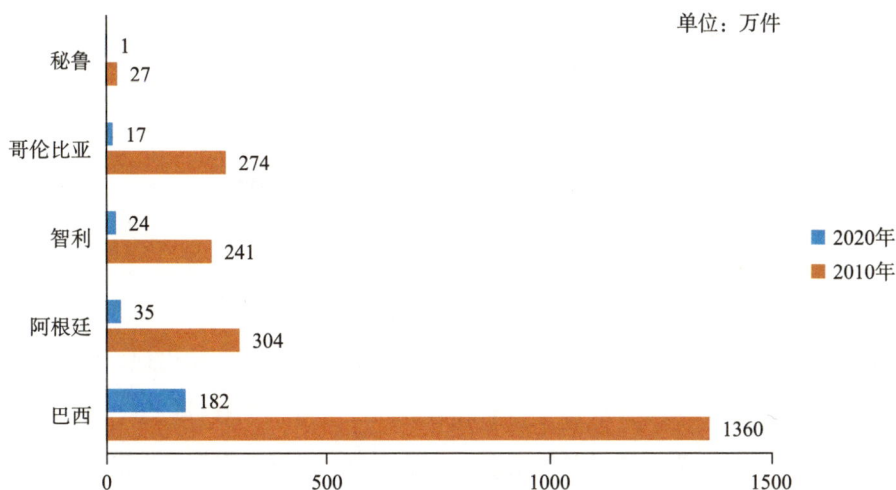

图 4-4-4　南美洲主要经济体专利授权数量

数据来源：European Patent Office，PATSTAT Global 2023。

4.5　非洲

4.5.1　主要经济体总体趋势

从 2020 年非洲主要经济体专利申请排名情况来看，专利申请数量排名前5 的经济体依次为：南非、埃及、摩洛哥、塞舌尔、毛里求斯。

就南非而言，21 世纪以来南非专利数量呈现先上升后下降的趋势。如图4-5-1 所示，2008 年全球金融危机以前，南非专利申请数量基本稳定在 0.8万件，授权数量则维持在 0.6 万件以上的水平。而在 2008 年以后，南非的专利产出呈断崖式下降，其中专利的平均申请量低于 0.3 万件，平均授权量也降至 0.1 万件左右的水平，且南非的创新活跃度在近年仍有降低的趋势。

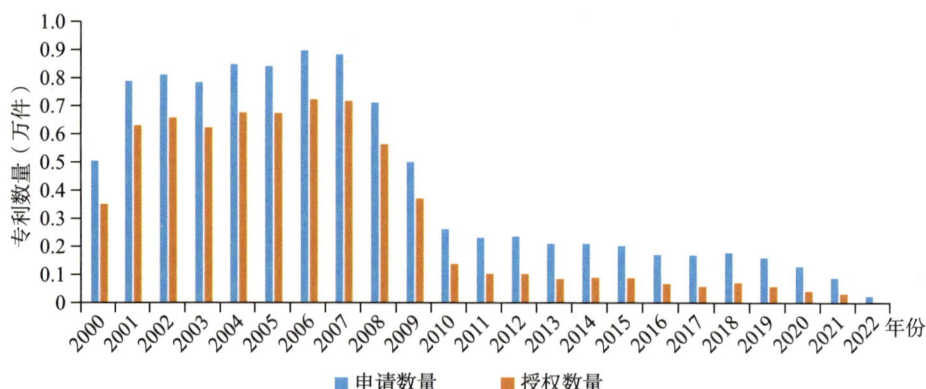

图 4-5-1　南非专利申请和授权数量变化趋势①

数据来源：European Patent Office，PATSTAT Global 2023。

　　就埃及而言，2000 年以来埃及专利数量整体表现为下降趋势。如图 4-5-2 所示，2004 年之前，申请量和授权量整体呈下降趋势；2005 年出现短暂回升后继续下降。直到 2017 年，埃及专利申请数量已经下降至 100 件以下，授权数量低于 30 件。短期来看，埃及的创新活动缺乏动力，难以实现创新产出的增长。

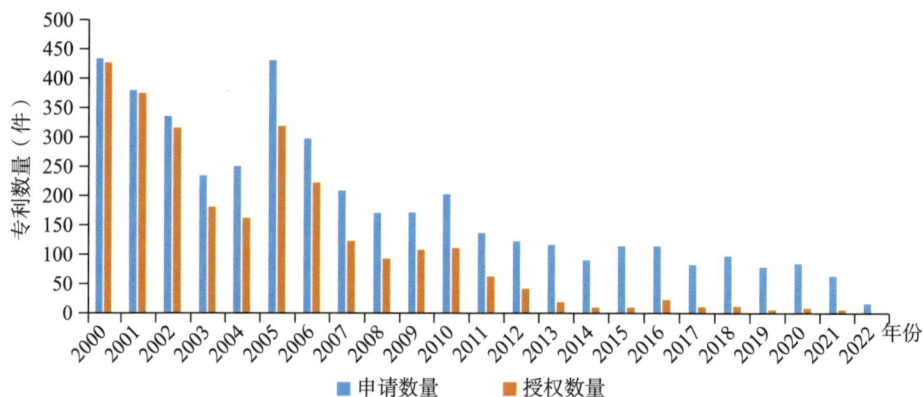

图 4-5-2　埃及专利申请和授权数量变化趋势

数据来源：European Patent Office，PATSTAT Global 2023。

　　就摩洛哥而言，专利数量于 2000—2020 年整体呈现稳中有升趋势。如图 4-5-3 所示，摩洛哥的专利申请数量从 2000 年的 114 件上升至 2020 年的 277

---

　　①　披露数据滞后导致 2021 年和 2022 年数据存在偏误，所以数据分析截至 2020 年。

件，且仍呈现波动上涨的趋势，相对而言，专利授权数量整体变动幅度较小，且授权率由 2000 年的 90% 以上下降至 2020 年的半数以下。

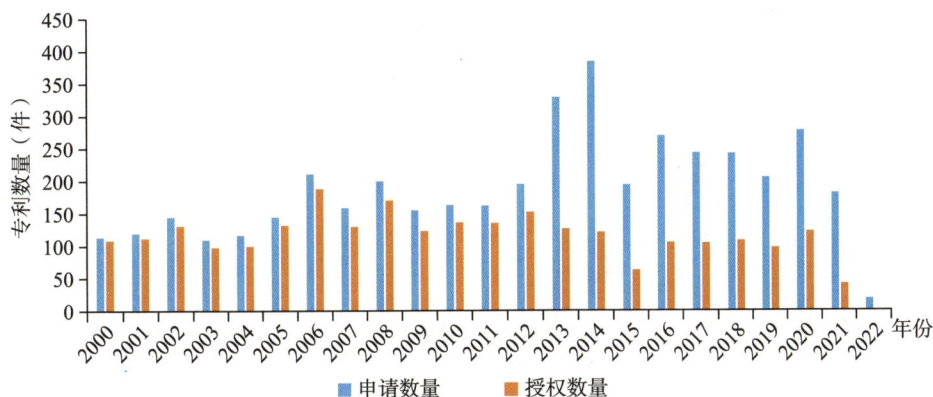

图 4-5-3　摩洛哥专利申请和授权数量变化趋势

数据来源：European Patent Office，PATSTAT Global 2023。

就塞舌尔而言，专利数量整体呈先升后降的趋势。如图 4-5-4 所示，塞舌尔的专利申请和授权数量自 2000 年起呈现先升后降趋势，且在 2012 年左右达到最高水平，此后呈现下降趋势。整体而言，塞舌尔的创新水平较低，申请数量最高水平低于 120 件，授权数量也从未超过 60 件。

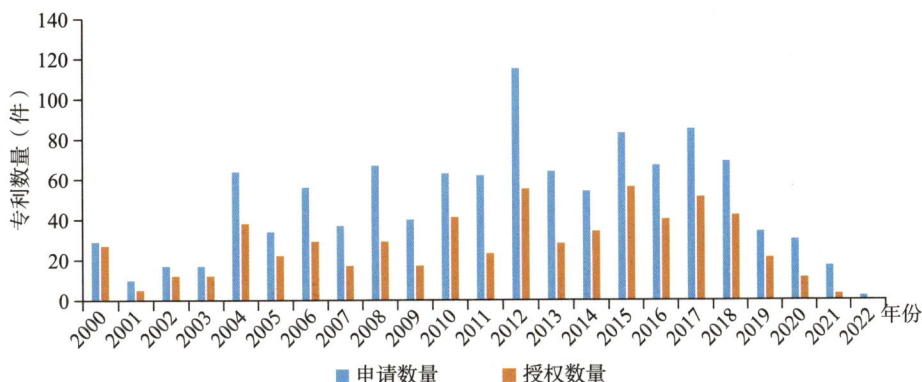

图 4-5-4　塞舌尔专利申请和授权数量变化趋势

数据来源：European Patent Office，PATSTAT Global 2023。

就毛里求斯而言，如图 4-5-5 所示，专利申请和授权数量在 2000—2020

年均未超过 100 件，创新水平较低且波动较大。值得一提的是在 2020 年有显著增长，可能与 2019 年毛里求斯签订了《中华人民共和国和毛里求斯共和国政府自由贸易协定》有关。

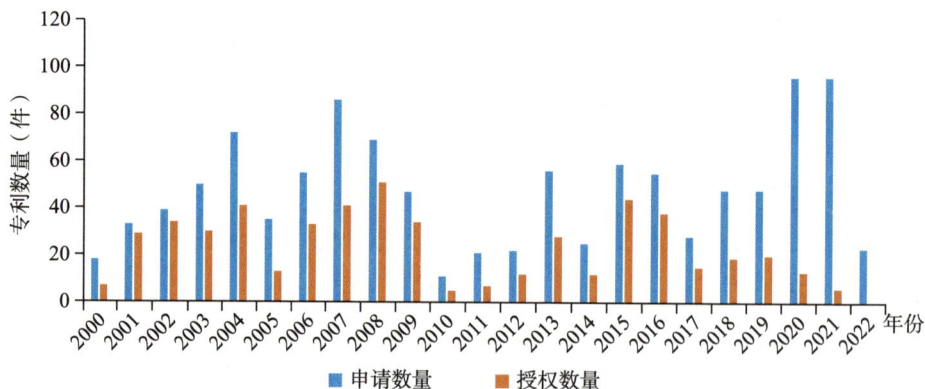

图 4-5-5　毛里求斯专利申请和授权数量变化趋势

数据来源：European Patent Office，PATSTAT Global 2023。

4.5.2　主要经济体比较

从非洲主要经济体来看，各经济体创新水平具有较大差异但差异在不断缩小。图 4-5-6 和图 4-5-7 显示了 2010 年与 2020 年非洲主要经济体申请数

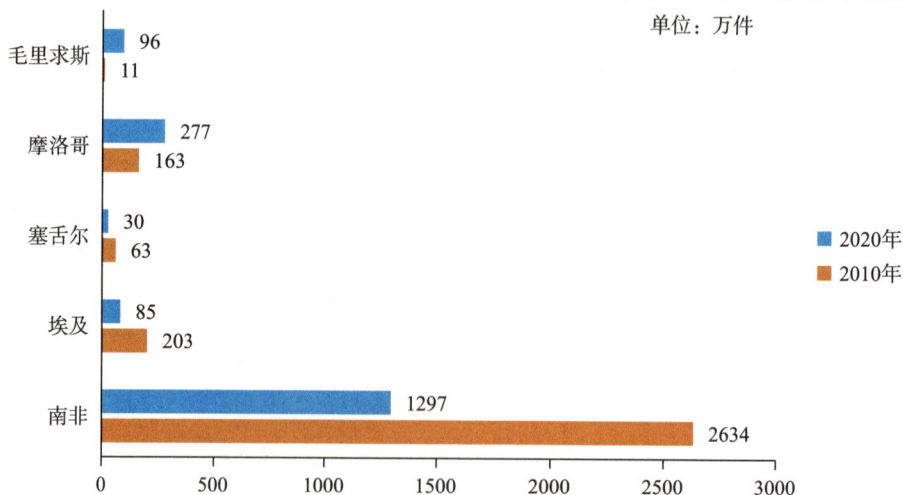

图 4-5-6　非洲主要经济体专利申请数量

数据来源：European Patent Office，PATSTAT Global 2023。

量和授权数量的差异。首先，南非是非洲创新活跃度最高的国家，其他经济体的创新水平相对较低。其次，相较于 2010 年，2020 年南非的专利申请和授权数量大幅下降，从而导致非洲主要经济体之间创新水平的差异缩小。最后，非洲地区的专利数量在 10 年间的变化不大，相较于其他大洲，非洲的创新水平较低。

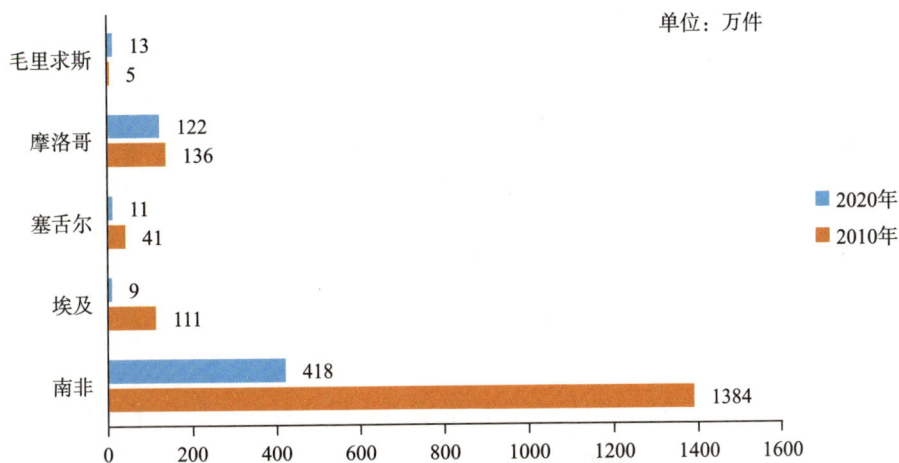

图 4-5-7　非洲主要经济体专利授权数量

数据来源：European Patent Office，PATSTAT Global 2023。

（李计广、苏小莹）

4.6　大洋洲

4.6.1　主要经济体总体趋势

从 2020 年大洋洲主要经济体专利申请排名情况来看，澳大利亚与新西兰是大洋洲创新发展的主力军。

就澳大利亚而言，专利数量整体呈现下降趋势。如图 4-6-1 所示，2003 年后澳大利亚专利数量骤减，随后稳定在较低水平，年均专利申请数量约为 1.9 万件，年均专利授权数量为 0.5 万件。2018—2020 年，澳大利亚专利申请数量有所回升。2020 年在全球公共卫生事件的影响下，专利申请数量依然增长，共有 2.3 万件，较 2019 年增长 28.14%。2020 年澳大利亚专利授权数量却达到近 20 年的最低点，仅 0.2 万件。

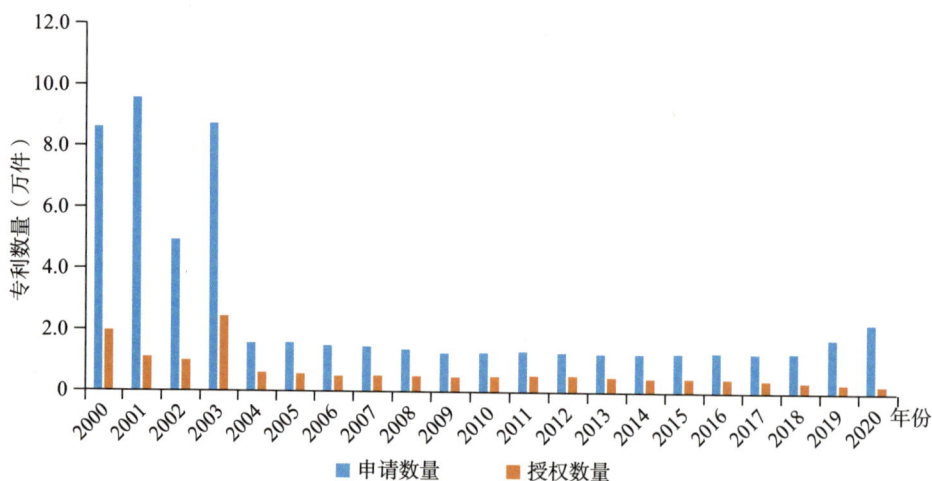

图 4-6-1　澳大利亚专利申请和授权数量变化趋势①

数据来源：European Patent Office, PATSTAT Global 2023。

就新西兰而言，21 世纪后专利数量呈现先保持稳定后明显下降的趋势。图 4-6-2 呈现了 2000—2020 年新西兰专利申请和授权数量的变化情况。2014年之前，新西兰专利申请数量基本稳定在 0.6 万件，授权量则始终低于 0.1 万件。2014 年之后新西兰专利数量出现下滑，2020 年达到近 20 年最低点，专利申

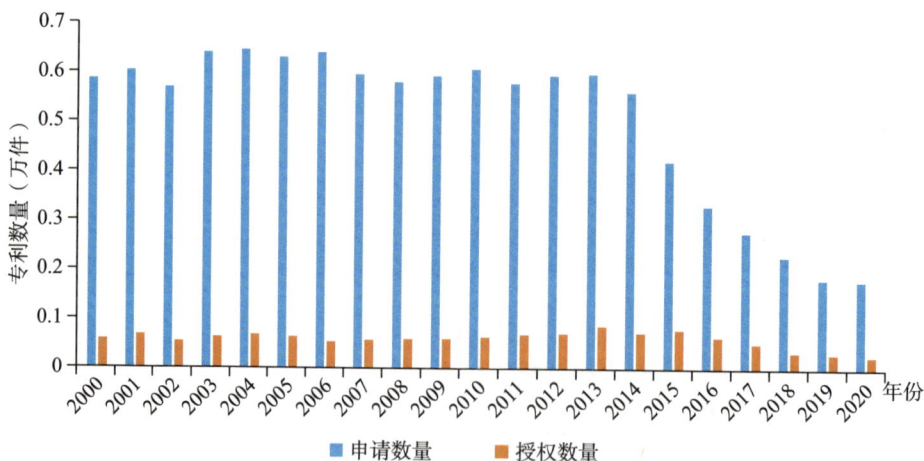

图 4-6-2　新西兰专利申请和授权数量变化趋势

数据来源：European Patent Office, PATSTAT Global 2023。

---

① 披露数据滞后导致 2021 年与 2022 年数据存在偏误，所以数据分析截至 2020 年。

请数量仅0.2万件，专利授权数量0.02万件，约为2000年专利数量的1/3。

4.6.2 主要经济体比较

从大洋洲主要经济体来看，澳大利亚在大洋洲地区创新领域占据主导地位。如图4-6-3和图4-6-4所示，2020年，澳大利亚专利申请数量为2.266万件，占比约为92.66%，相较于2010年涨幅75.06%。但澳大利亚专利授权

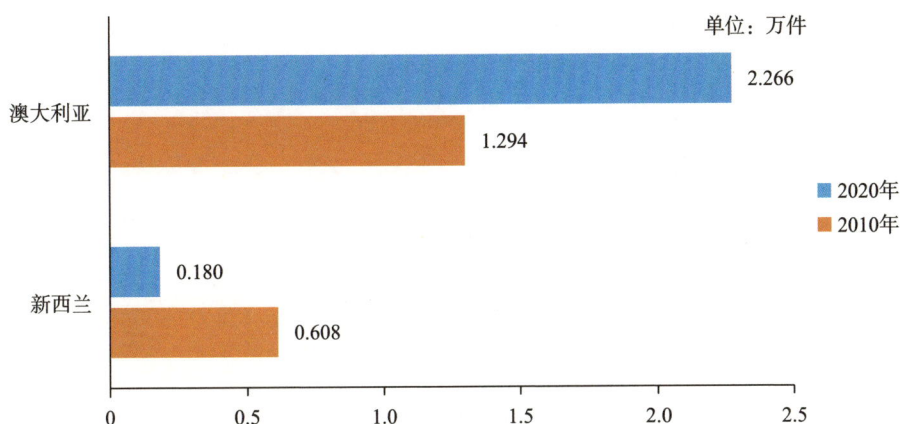

图4-6-3 大洋洲主要经济体专利申请数量

数据来源：European Patent Office，PATSTAT Global 2023。

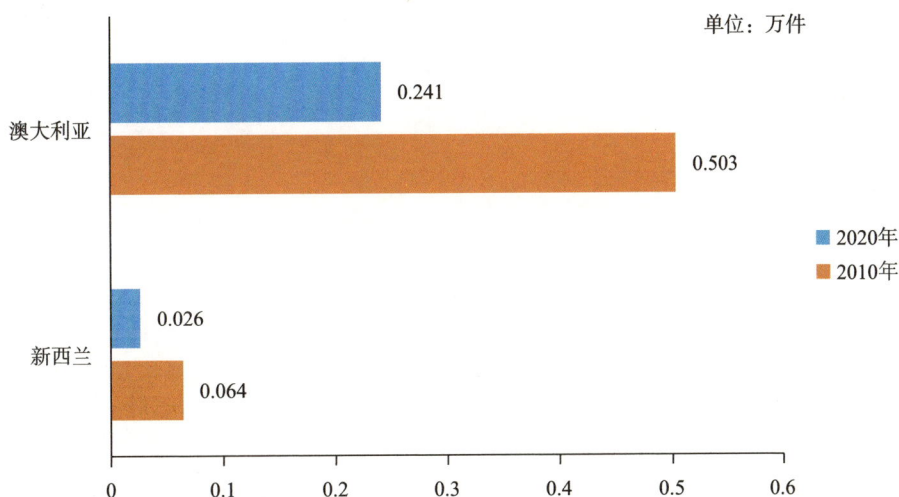

图4-6-4 大洋洲主要经济体专利授权数量

数据来源：European Patent Office，PATSTAT Global 2023。

数量却在下降，2020 年澳大利亚专利授权数量仅为 0.241 万件，下降约 52.03%。新西兰专利申请数量与授权数量皆有所下降，其中专利申请数量从 2010 年的 0.608 万件降至 2020 年 0.18 万件，其占比约为 7.34%，专利授权数量从 0.064 万件降至 0.026 万件，降幅 59.43%。

（李计广、李冬晴）

第 5 章　创新合作

地区是全球创新网络中的基础组成部分，而创新合作作为连接国家与地区、推动科技进步的纽带越发显得至关重要。本章将在前文的基础上，从各地区的总体趋势到主要经济体的比较与合作关联，进一步呈现和分析各大洲创新合作专利水平演变的特征事实。从 5.1 节至 5.6 节，本章着重分析各大洲专利创新合作的总体趋势、主要经济体比较以及国家（地区）间的合作关联，展示欧洲、北美洲、亚洲、南美洲、非洲以及大洋洲合作专利的演变趋势，归纳分析共同特征和差异，以刻画专利创新合作的区域格局。

5.1　欧洲

5.1.1　总体趋势

从总体趋势来看，欧洲地区创新合作呈现上升趋势，但该趋势在进入 21 世纪之后有所下降。图 5-1-1 和图 5-1-3 分别呈现了 20 世纪以来欧洲整体的合作专利申请和授权趋势。数据显示，欧洲的合作专利申请和授权数量在早期表现出较低水平，随后逐渐增长并在战后达到高峰。这些趋势变化表明，战争和战后重建阶段，以及后来的全球化和科技进步，都对专利申请数量和增长率产生了重大影响。然而，进入 21 世纪之后，欧洲的创新合作增长趋势有所减缓，这种平缓趋势可能受到多种因素的影响，包括全球经济不确定性、竞争加剧、经济周期的波动等。同时，2008 年全球金融危机、更近期的新冠疫情等全球性事件也可能对创新合作产生负面影响，成为导致欧洲地区专利合作申请和授权数量下降的重要原因。

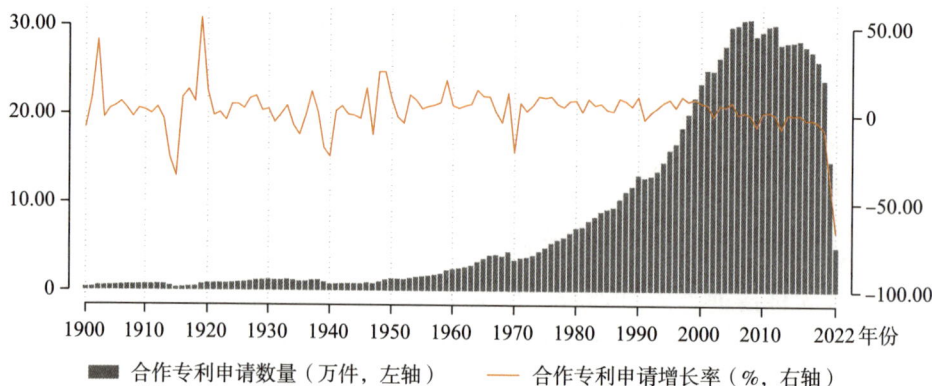

图 5-1-1 欧洲合作专利申请数量变化趋势

数据来源：European Patent Office，PATSTAT Global 2023。

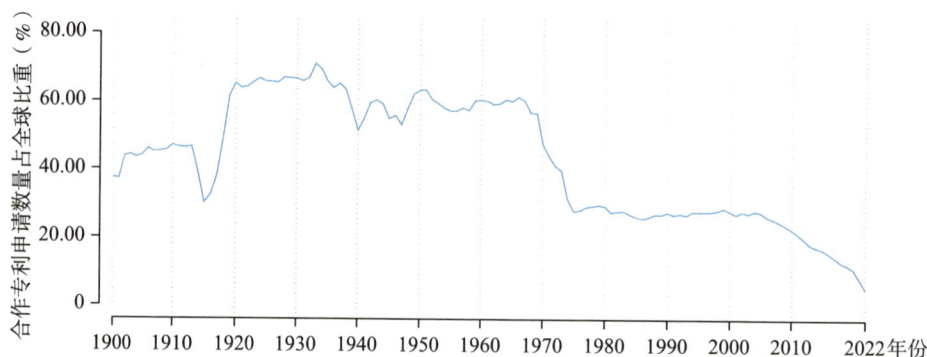

图 5-1-2 欧洲合作专利申请数量占全球比重趋势

数据来源：European Patent Office，PATSTAT Global 2023。

从占比情况来看，欧洲合作专利在 1920 年进入高涨期，20 世纪 70 年代回落后保持相对稳定。在第二次世界大战之后的很长一段时间里，其合作专利申请和授权数量都超过了全球总数的一半。图 5-1-2 和图 5-1-4 分别为 1900—2022 年欧洲合作专利申请和授权占全球比重趋势。从专利申请来看，在 20 世纪初期（1900—1910 年），欧洲地区的合作专利申请数量相对较低，比重在 37% 左右波动，之后逐渐增加。在 40 年代末和 50 年代，其合作专利申请数量占全球总数的比重超过 60%。

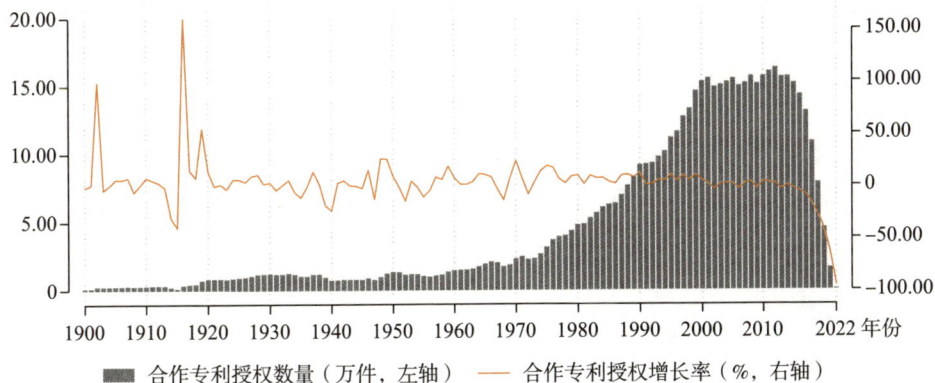

图 5-1-3　欧洲合作专利授权数量变化趋势

数据来源：European Patent Office，PATSTAT Global 2023。

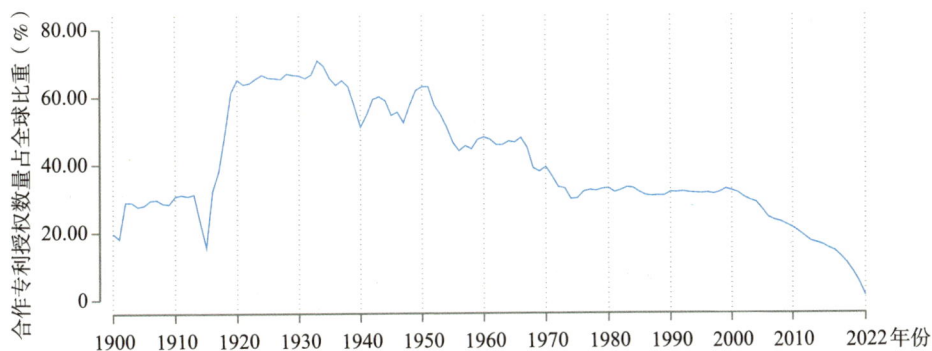

图 5-1-4　欧洲合作专利授权数量占全球比重趋势

数据来源：European Patent Office，PATSTAT Global 2023。

5.1.2　主要经济体比较

从主要经济体合作专利的数量来看，目前德国在技术创新和合作活动中最为活跃，提交的合作专利申请和授权数量最多。在专利申请方面，如图

5-1-5 和图 5-1-7 所示，2020 年欧洲地区合作专利申请排名前 10 位的经济体依次是德国（7.59 万件）、法国（3.10 万件）、英国（2.05 万件）、瑞士（1.88 万件）、荷兰（1.37 万件）、俄罗斯（1.28 万件）、瑞典（1.12 万件）、意大利（1.06 万件）、比利时（0.52 万件）、芬兰（0.52 万件）。其中，排名前 6 位的经济体：德国、法国、英国、瑞士、荷兰和俄罗斯的合作专利申请数量分别占欧洲合作专利申请总数的 31.72%、12.96%、8.59%、7.84%、5.74%、5.35%。与 2010 年相比，德国、法国、荷兰、俄罗斯的占比均略微下降，英国、瑞士的占比则有所提升。

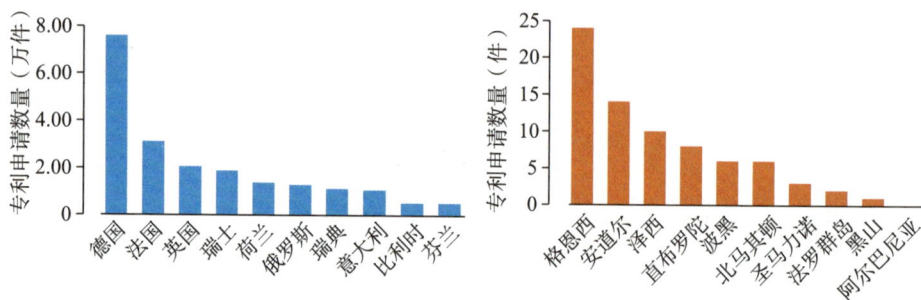

图 5-1-5　2020 年欧洲主要经济体合作专利申请数量

数据来源：European Patent Office，PATSTAT Global 2023。

在专利授权方面，如图 5-1-6 和图 5-1-8 所示，2020 年欧洲地区合作专利授权排名前 10 位的经济体依次是俄罗斯（1.17 万件）、德国（0.98 万件）、法国（0.60 万件）、英国（0.29 万件）、荷兰（0.24 万件）、瑞士（0.22 万件）、瑞典（0.15 万件）、西班牙（0.14 万件）、意大利（0.11 万件）、波兰（0.09 万件）。其中，排名前 6 位的经济体：俄罗斯、德国、法国、英国、荷兰和瑞士的合作专利授权数量分别占欧洲合作专利授权总数的 25.60%、21.52%、13.24%、6.41%、5.18%、4.78%。与 2010 年相比，俄罗斯的占比大幅提升，其他经济体的占比均呈下降趋势。

从主要经济体合作专利的分布来看，专利申请的分布格局相对稳定，德国保持着一定优势。图 5-1-7 和图 5-1-8 分别展示了欧洲主要经济体在 2010 年和 2020 年合作专利申请和授权数量占欧洲整体比重的分布情况。而在专利

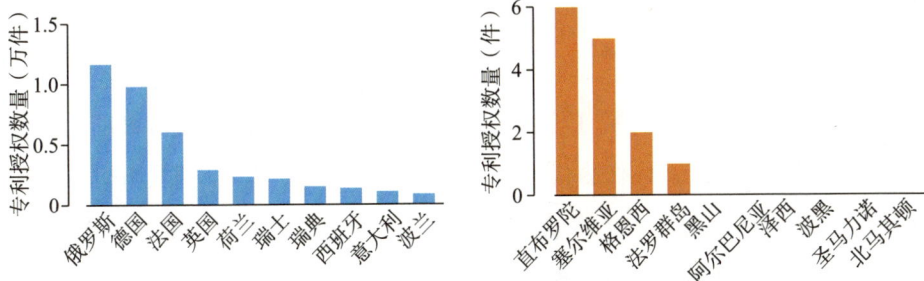

图 5-1-6　2020 年欧洲主要经济体合作专利授权数量

数据来源：European Patent Office，PATSTAT Global 2023。

授权分布中，德国占比出现下降趋势，俄罗斯的优势逐渐扩大，瑞士、荷兰与英国占比基本保持不变。综合来看，德国仍是欧洲合作创新强国。

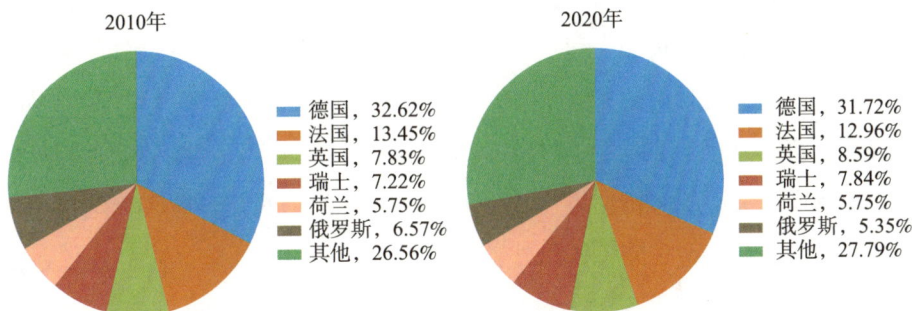

图 5-1-7　欧洲主要经济体合作专利申请数量分布

数据来源：European Patent Office，PATSTAT Global 2023。

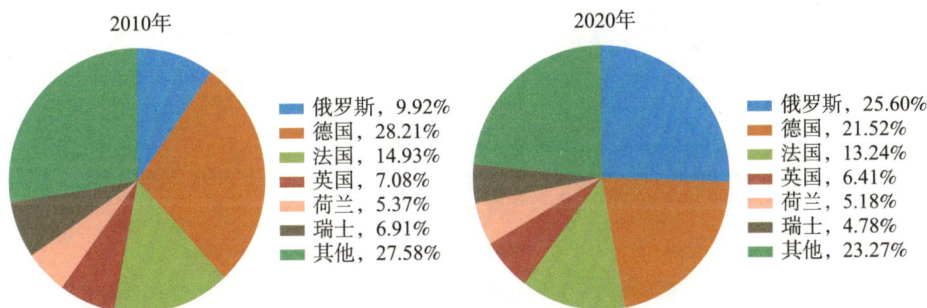

图 5-1-8　欧洲主要经济体合作专利授权数量分布

数据来源：European Patent Office，PATSTAT Global 2023。

5.1.3 国家（地区）间合作关联

根据欧洲地区不同国家（地区）提交的合作专利申请和授权数量，我们提取排名前 6 位的经济体作为代表性国家（地区），进一步分析欧洲国家（地区）间的创新合作关联情况①。表 5-1-1 和表 5-1-2 分别是 1900—2022 年欧洲代表性国家（地区）合作专利申请和授权关联，包含合作专利申请和授权数量排名前 10 位的国家（地区）。

从合作关联的视角来看，欧洲代表性国家（地区）的大部分专利合作都来自国内，国际合作主要与地区内国家（地区）开展。其中数俄罗斯的国内合作专利申请和授权数量占该国总数的比重最高，分别为 94.00% 和 95.75%，瑞士最低，分别为 76.76% 和 78.06%。在跨国的合作专利申请和授权关联中，美国是德国、法国、英国、荷兰、俄罗斯的最主要合作国，而德国是瑞士的最主要合作国，同时也是其他欧洲代表性国家（地区）的主要合作国。此外，代表性国家（地区）的合作国大多也是欧洲国家（地区），这与前面地区间合作专利申请关联的分析结果一致，即地区内合作仍然是各地区合作专利申请和授权的主要类型。除美国以外，与欧洲代表性国家（地区）合作关系密切的还有少数非欧洲国家（地区），分别是加拿大（北美洲）、日本、中国、韩国和哈萨克斯坦（亚洲）。

表 5-1-1　1900—2022 年欧洲代表性国家（地区）合作专利申请关联（前 10 位）

排序	德国		法国		英国	
1	德国	91.83%	法国	87.60%	英国	83.27%
2	美国	2.25%	美国	3.04%	美国	7.48%
3	瑞士	1.22%	德国	2.66%	德国	1.80%
4	法国	0.76%	瑞士	1.85%	法国	0.98%
5	奥地利	0.59%	英国	0.89%	荷兰	0.61%
6	英国	0.46%	比利时	0.85%	瑞士	0.58%

---

① 此处的合作关联情况仅统计了发明者国籍。

续表

排序	德国		法国		英国	
7	荷兰	0.41%	意大利	0.40%	加拿大	0.53%
8	比利时	0.25%	加拿大	0.32%	日本	0.40%
9	日本	0.23%	荷兰	0.27%	比利时	0.38%
10	意大利	0.21%	西班牙	0.26%	瑞典	0.38%
排序	瑞士		荷兰		俄罗斯	
1	瑞士	76.67%	荷兰	84.16%	俄罗斯	94.00%
2	德国	8.18%	美国	4.43%	美国	1.83%
3	美国	4.62%	德国	3.74%	德国	0.66%
4	法国	3.52%	比利时	1.66%	乌克兰	0.63%
5	英国	1.12%	英国	1.40%	韩国	0.55%
6	奥地利	0.98%	法国	0.72%	白俄罗斯	0.20%
7	意大利	0.95%	瑞士	0.46%	英国	0.17%
8	荷兰	0.39%	瑞典	0.33%	中国	0.16%
9	中国	0.34%	意大利	0.27%	法国	0.15%
10	瑞典	0.32%	中国	0.24%	哈萨克斯坦	0.14%

数据来源：European Patent Office，PATSTAT Global 2023。

表 5-1-2　1900—2022 年欧洲代表性国家（地区）合作专利授权关联（前 10 位）

排序	德国		法国		英国	
1	德国	91.51%	法国	89.05%	英国	83.58%
2	美国	2.39%	美国	2.79%	美国	7.51%
3	瑞士	1.32%	德国	2.14%	德国	1.69%
4	法国	0.77%	瑞士	1.66%	法国	1.01%
5	奥地利	0.62%	英国	0.80%	荷兰	0.63%
6	英国	0.48%	比利时	0.77%	瑞士	0.54%
7	荷兰	0.43%	意大利	0.39%	加拿大	0.54%
8	比利时	0.25%	加拿大	0.27%	日本	0.44%
9	日本	0.24%	荷兰	0.26%	比利时	0.39%
10	意大利	0.22%	西班牙	0.25%	瑞典	0.36%

排序	瑞士		荷兰		俄罗斯	
1	瑞士	78.06%	荷兰	84.47%	俄罗斯	95.75%
2	德国	7.64%	美国	4.41%	美国	1.10%
3	美国	4.42%	德国	3.49%	乌克兰	0.62%
4	法国	3.45%	比利时	1.65%	韩国	0.44%
5	英国	1.00%	英国	1.44%	德国	0.39%
6	奥地利	0.93%	法国	0.76%	白俄罗斯	0.20%
7	意大利	0.90%	瑞士	0.46%	哈萨克斯坦	0.14%
8	荷兰	0.39%	瑞典	0.36%	法国	0.10%
9	瑞典	0.31%	意大利	0.26%	英国	0.10%
10	日本	0.29%	日本	0.26%	中国	0.08%

数据来源：European Patent Office，PATSTAT Global 2023。

5.2　北美洲

5.2.1　总体趋势

整体而言，北美洲地区的合作专利申请和授权数量呈现出显著增长趋势。图 5-2-1 和图 5-2-3 分别为 1900—2022 年北美洲的合作专利申请和授权趋势。由图 5-2-1 可见，20 世纪初期，北美洲合作专利申请数量相对稳定，大约在 6000 件至 8000 件之间波动。但在历经两次世界大战后，其合作专利申请数量在 20 世纪中期开始迅速上升，年均增长率保持在两位数。然而，在 20 世纪 70 年代末到 80 年代初，北美洲的合作专利数量经历了一次明显下降，但合作专利占全球总数的比重保持了相对稳定，显示出北美洲在全球创新中的重要地位。随后，北美洲地区合作专利数量和增长率继续增长，从 2000 年的约 20 万件增长到 2010 年的约 32 万件。然而，自 2008 年全球金融危机以来，合作专利的增长速度减缓，年均增长率有所下降。尽管如此，北美洲在全球创新中的地位依然显著。

结合前文欧洲情况和图 5-2-1、图 5-2-2、图 5-2-3、图 5-2-4，20 世纪以来欧洲和北美洲合作专利申请和授权占全球比重趋势可以发现，在 1970年以前，世界合作专利申请和授权中的绝大多数（超过 98%）长期由欧洲和北美洲两个地区贡献。在 1920 年以前，北美洲相关占比约为 60%，高于欧洲；而在 1920 年之后，欧洲成为全球合作专利申请数量最高的地区。然而，到 1970 年以后，这两个地区占比同时出现了大幅下降并趋于稳定，这说明在欧洲和北美洲之外出现了第三方的创新力量崛起。

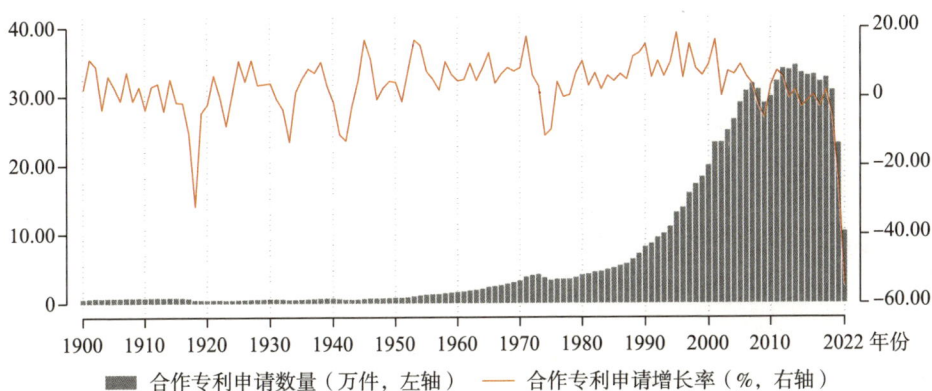

图 5-2-1　北美洲合作专利申请数量变化趋势

数据来源：European Patent Office，PATSTAT Global 2023。

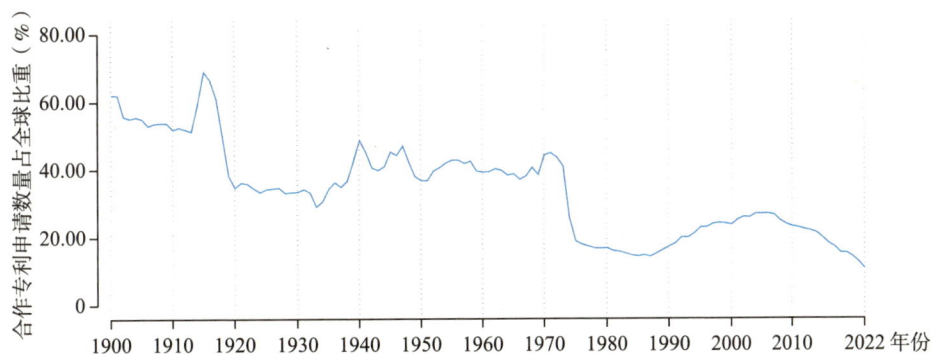

图 5-2-2　北美洲合作专利申请数量占全球比重趋势

数据来源：European Patent Office，PATSTAT Global 2023。

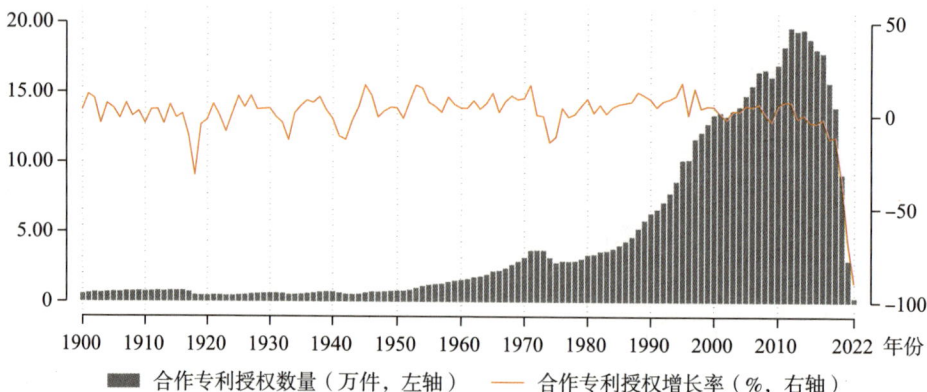

图 5-2-3　北美洲合作专利授权数量变化趋势

数据来源：European Patent Office，PATSTAT Global 2023。

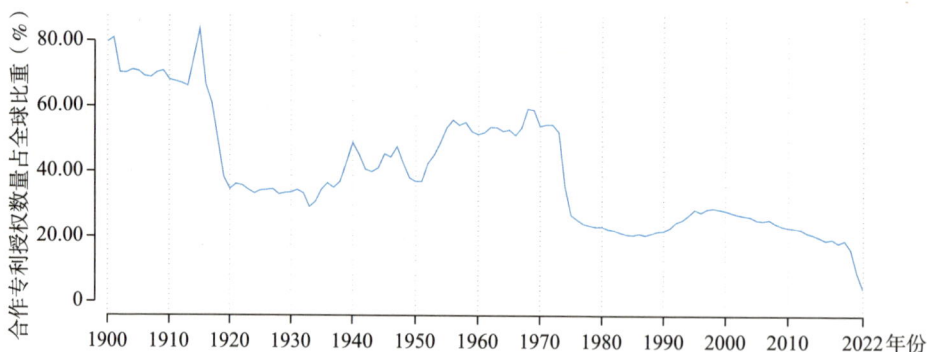

图 5-2-4　北美洲合作专利授权数量占全球比重趋势

数据来源：European Patent Office，PATSTAT Global 2023。

5.2.2　主要经济体比较

从主要经济体合作专利的数量和分布来看，美国在北美洲占据绝对主导地位。在专利申请方面，如图 5-2-5（a）和图 5-2-6 所示，2020 年美国的合作专利申请数量达 29.38 万件，占北美洲总数的 94.97%；紧随其后的是加拿大，2020 年合作专利申请数量为 1.24 万件，不到美国的二十分之一，占北美洲总数的 3.99%；而 2020 年墨西哥的合作专利申请数量仅为 361 件，占北美洲总数的 0.92%；最后，北美洲其他国家（地区）加总占比 0.12%。其中，美国、墨西哥占比较 2010 年有所上升，加拿大和其他北美洲国家（地区）占比均有所下降。

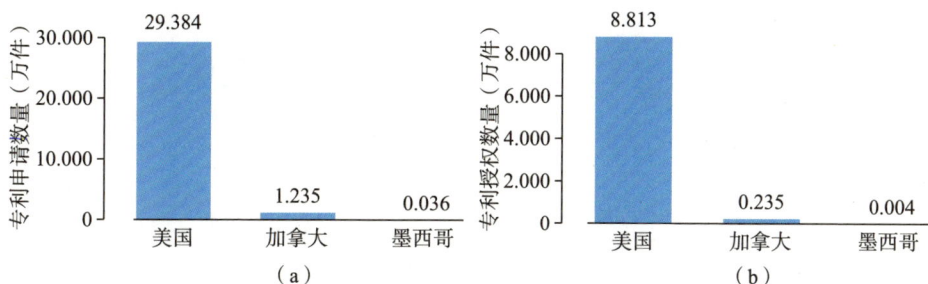

图 5-2-5　2020 年北美洲主要经济体合作专利申请和授权数量

数据来源：European Patent Office，PATSTAT Global 2023。

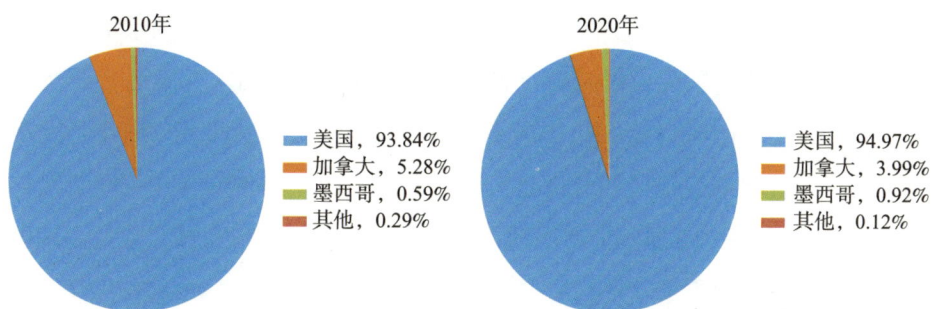

图 5-2-6　北美洲主要经济体合作专利申请数量分布

数据来源：European Patent Office，PATSTAT Global 2023。

在专利授权方面，如图 5-2-5（b）和图 5-2-7 所示，2020 年美国的合作专利授权数量为 8.81 万件，占北美洲总数的 96.14%；排名第二的加拿大在 2020 年授权合作专利数量仅 0.24 万件，占北美洲总数的 2.57%；而 2020 年墨西哥的合作专利申请授权数量仅 39 件，占北美洲总数的 1.25%；北美洲其他国家（地区）加总占比 0.04%。相关变化趋势与专利申请一致。

2010年 2020年

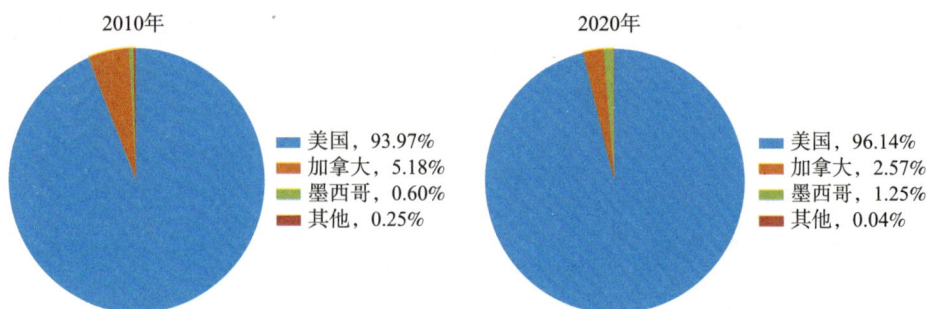

图 5-2-7 北美洲主要经济体合作专利授权数量分布

数据来源：European Patent Office，PATSTAT Global 2023。

5.2.3 国家（地区）间合作关联

从合作关联来看，在北美洲地区，国内合作仍然是合作专利申请和授权中的最主要类型，国际合作倾向与非北美洲地区的发达国家（地区）或者规模较大的发展中国家（地区）开展。以美国、加拿大、墨西哥三国作为北美洲地区代表性国家（地区）分析北美洲国家（地区）间创新合作关联情况如表 5-2-1 和表 5-2-2 所示。北美洲内，国内合作专利申请和授权数量占该国总数的比重最高的国家（地区）是美国，分别为 93.33% 和 93.83%，其次是加拿大（79.86% 和 79.88%），最后是墨西哥（76.91% 和 73.42%）。在跨国的合作专利申请和授权关联中，美国是加拿大和墨西哥两国的最主要合作国，而德国是美国的最主要合作国。与欧洲国家（地区）鲜明的地区内合作主导模式有所不同，北美洲代表国家（地区）的主要合作国家（地区）基本上是非北美洲地区的发达国家（德国、英国、法国、瑞士、瑞典、西班牙、日本、韩国、以色列），或者规模较大的发展中国家（中国、印度、巴西）。

表 5-2-1 1900—2022 年北美洲代表性国家（地区）合作专利申请关联（前 10 位）

排序	美国		加拿大		墨西哥	
1	美国	93.33%	加拿大	79.86%	墨西哥	76.91%
2	德国	0.93%	美国	13.46%	美国	14.07%
3	英国	0.75%	英国	0.94%	德国	1.73%

续表

排序	美国		加拿大		墨西哥	
4	加拿大	0.71%	德国	0.83%	加拿大	0.89%
5	中国	0.61%	中国	0.76%	法国	0.84%
6	印度	0.49%	法国	0.67%	西班牙	0.66%
7	日本	0.39%	印度	0.38%	中国	0.57%
8	法国	0.38%	瑞典	0.33%	英国	0.51%
9	瑞士	0.23%	韩国	0.28%	印度	0.50%
10	以色列	0.22%	瑞士	0.26%	巴西	0.34%

数据来源：European Patent Office，PATSTAT Global 2023。

表 5-2-2　1900—2022 年北美洲代表性国家（地区）合作专利授权关联（前 10 位）

排序	美国		加拿大		墨西哥	
1	美国	93.83%	加拿大	79.88%	墨西哥	73.42%
2	德国	0.82%	美国	13.65%	美国	16.40%
3	英国	0.70%	英国	0.97%	德国	2.01%
4	加拿大	0.67%	德国	0.78%	加拿大	1.07%
5	中国	0.49%	中国	0.68%	法国	0.97%
6	印度	0.47%	法国	0.66%	西班牙	0.93%
7	日本	0.41%	印度	0.38%	印度	0.59%
8	法国	0.36%	韩国	0.33%	中国	0.59%
9	韩国	0.22%	日本	0.27%	英国	0.53%
10	瑞士	0.21%	瑞典	0.27%	日本	0.35%

数据来源：European Patent Office，PATSTAT Global 2023。

（刘灿雷、姜丽）

5.3　亚洲

5.3.1　总体趋势

从总体趋势来看，亚洲合作专利数量增势明显，占全球比重不断扩大。图 5-3-1 至图 5-3-4 展示了亚洲合作专利从 1975 年至 2022 年的发展趋势。图 5-3-1 和图 5-3-3 展示了亚洲合作专利的申请和授权的数量与增长率，图

5-3-2 和图 5-3-4 则展示了亚洲合作专利在全球合作专利中所占份额的变化情况。从图中可以看出，亚洲合作专利申请数量与合作专利授权数量趋势基本一致，在 2020 年之前保持上升趋势，专利授权数量在 2018 年后略有下降；从增长率来看，亚洲专利数量维持着较为稳定的增长率水平，1980 年之前波动较大，主要是专利整体数量较少导致的。1980 年之后，专利申请与专利授权数量增长水平在 0~20% 的水平间波动。从全球角度来看，亚洲合作专利占全球合作专利份额持续上涨，并曾在 1975 年产生迅速跃升，2020 年后占比超过 80%，较 1970 年有了巨幅提升。可见，全球创新中心有向亚洲转移的趋势，亚洲已逐渐成为全球创新的新动力、新引擎。

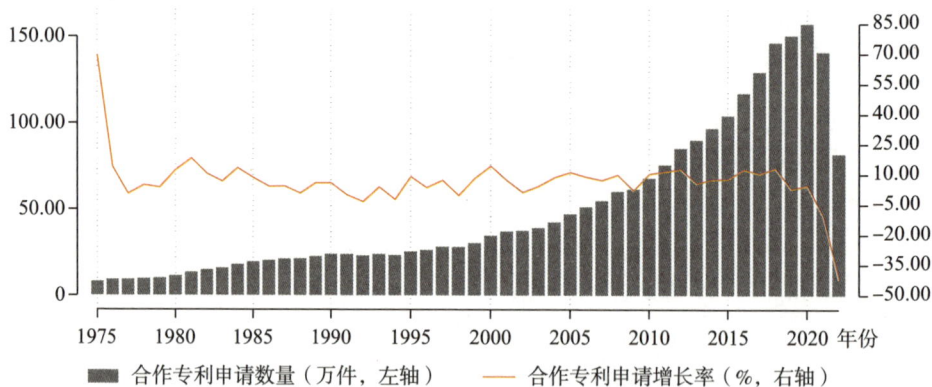

图 5-3-1 亚洲合作专利申请数量变化趋势

数据来源：European Patent Office，PATSTAT Global 2023。

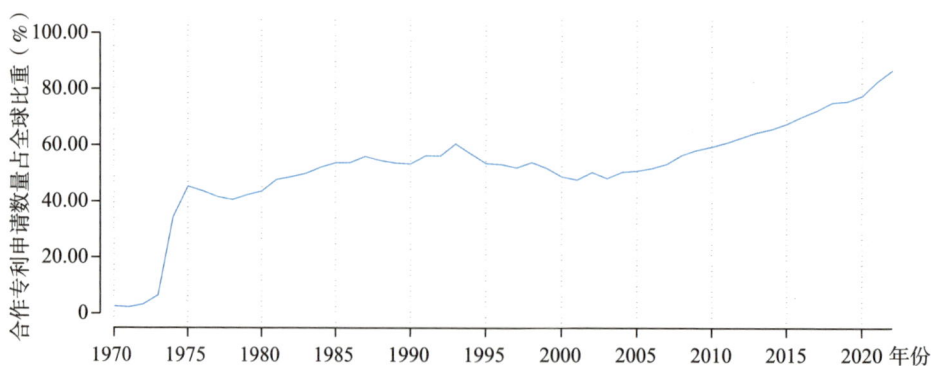

图 5-3-2 亚洲合作专利申请数量占全球比重趋势

数据来源：European Patent Office，PATSTAT Global 2023。

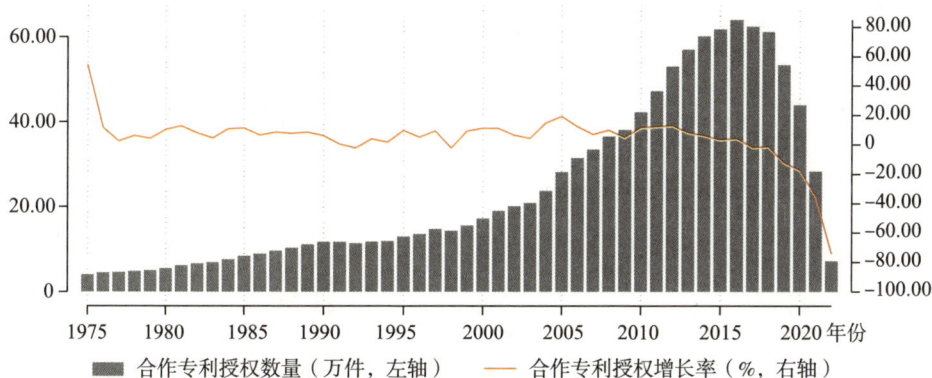

图 5-3-3　亚洲合作专利授权数量变化趋势

数据来源：European Patent Office，PATSTAT Global 2023。

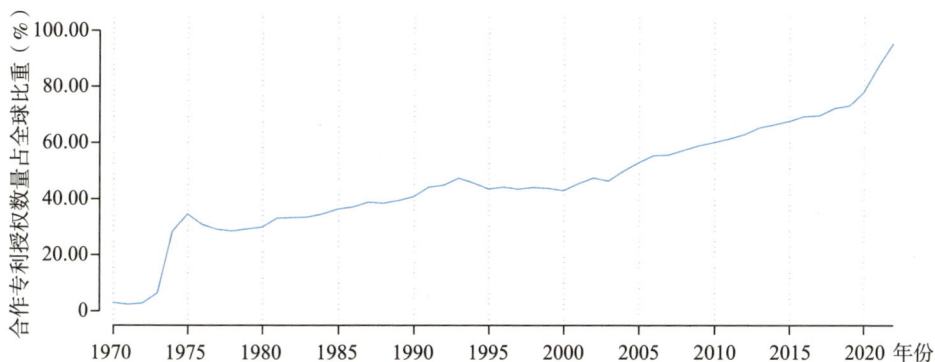

图 5-3-4　亚洲合作专利授权数量占全球比重趋势

数据来源：European Patent Office，PATSTAT Global 2023。

5.3.2　主要经济体比较

从主要经济体合作专利的数量来看，中国在亚洲居于主导地位，经济体间呈现出较大差距。按照合作专利申请数量与授权数量对亚洲经济体进行排名后，2020 年合作专利数量的前 10 位与后 10 位经济体如图 5-3-5 和图 5-3-6 所示。图 5-3-5 展示了前 10 位和后 10 位经济体合作专利的申请数量，图 5-3-6 展示了前 10 位和后 10 位经济体合作专利的授权数量。2020 年度亚洲经济体合作专利排名前 10 位和后 10 位的国家差距较大，前 10 位经济体中的中国、

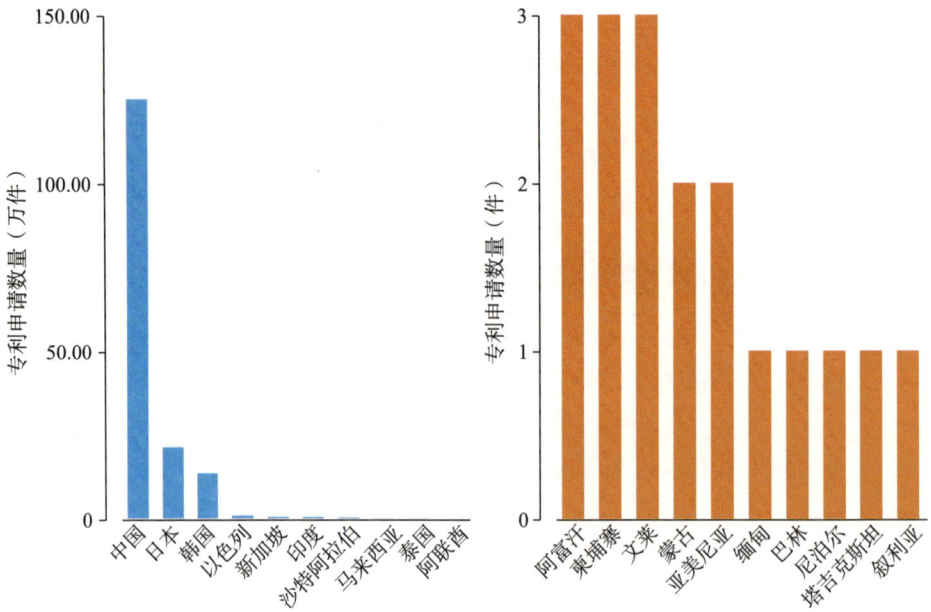

图 5-3-5　2020 年亚洲主要经济体合作专利申请数量

数据来源：European Patent Office，PATSTAT Global 2023。

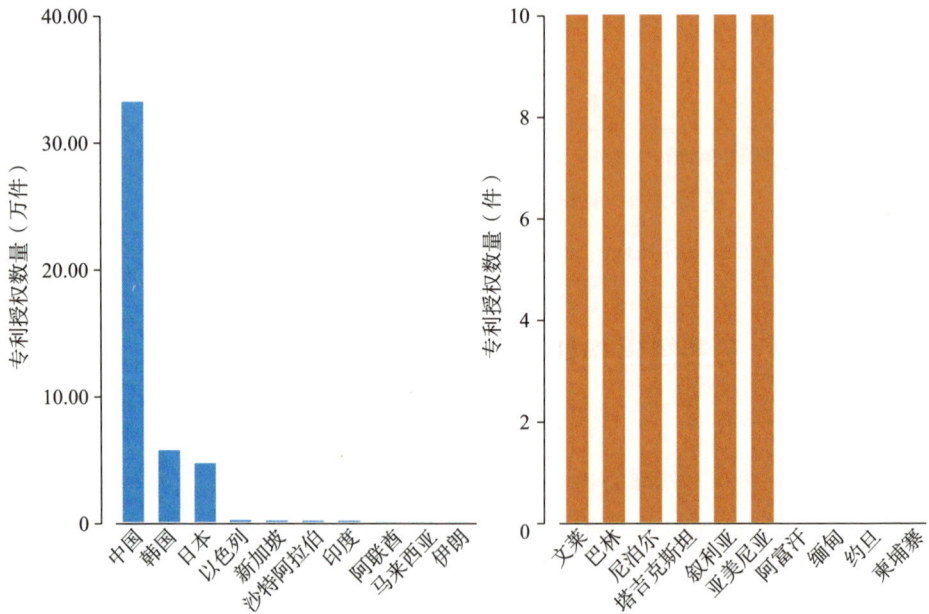

图 5-3-6　2020 年亚洲主要经济体合作专利授权数量

数据来源：European Patent Office，PATSTAT Global 2023。

韩国、日本合作专利数量都在万件以上，且中国的专利申请数量已突破百万件，而位列后10位的经济体专利未突破10件。从经济体维度来看，2020年度中国在合作专利申请和授权数量上都占有绝对优势，专利合作数量达到亚洲领先水平。

从主要经济体合作专利的分布来看，中国占比不断扩大，已居于亚洲主导地位，韩国占比较为稳定，而日本占比不断缩小。图5-3-7和图5-3-8分别展示了亚洲主要经济体2000—2022年度合作专利申请和授权数量占亚洲全部经济体合作专利申请和授权数量比例变化的趋势。亚洲主要经济体分别为日本、韩国、中国、以色列、印度，其中，中国、日本、韩国三国占比较大。如图5-3-7和图5-3-8所示，主要经济体合作专利申请和授权数量变动趋势比较接近，主要体现为日韩两国的合作专利比例逐年下滑，中国合作专利占比逐年扩大。其中，韩国合作专利数量占亚洲整体专利数量的比例较小，在20%的区间上波动，而日本在21世纪初的亚洲合作专利中占据主导地位，合作专利的申请和授权数量占比都接近80%，但这一比例在2020年已下降到20%之下。反之，在同一时间段，中国的合作专利数量占比从不足10%升至80%以上，合作创新水平有了较大提升。

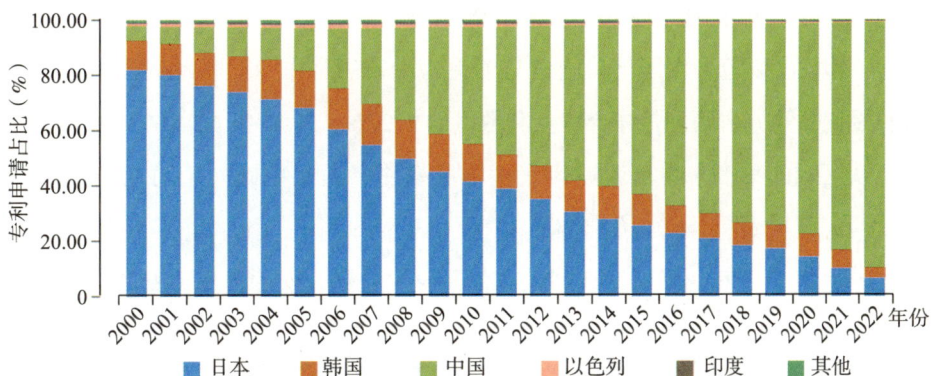

图 5-3-7　亚洲主要经济体合作专利申请数量分布

数据来源：European Patent Office，PATSTAT Global 2023。

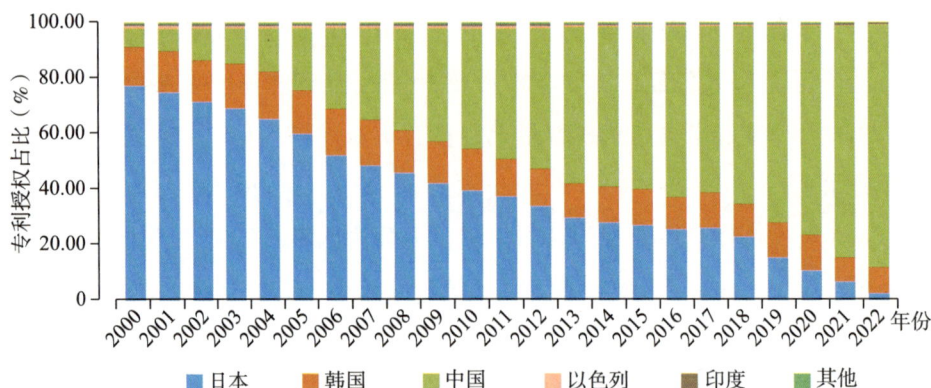

图 5-3-8　亚洲主要经济体合作专利授权数量分布

数据来源：European Patent Office，PATSTAT Global 2023。

5.3.3　国家（地区）间合作关联

从合作关联的视角来看，亚洲发明者主要与国（地区）内发明者展开合作，美国是国际合作中的主要合作对象。表 5-3-1 和表 5-3-2 分别列示了亚洲主要经济体合作专利中申请专利和授权专利中的国籍关联情况。将亚洲主要经济体的合作专利分合作国别来看，各国发明者都更倾向于与本国（地区）发明者合作。除本国（地区）以外，外国发明者合作占比最高的国家为美国，其中，印度和以色列两国与美国建立了更为紧密的合作专利联系，合作专利申请和授权数量分占两国整体合作专利数量的 8.27%、11.09%、7.76%、8.05%。

从区域的角度来看，亚洲代表性国家发明者通常更倾向于与亚洲和欧洲的发明人开展专利合作。如亚洲的中国、日本、韩国三国，以及欧洲的德国、英国、法国等国家。可见，地理距离仍是决定专利合作的重要因素。

表 5-3-1　1900—2022 年亚洲主要经济体合作专利申请关联（前 10 位）

排序	中国		日本		韩国		印度		以色列	
1	中国	94.41%	日本	96.04%	韩国	95.61%	印度	87.30%	以色列	87.25%
2	美国	2.79%	美国	1.79%	美国	1.54%	美国	8.27%	美国	7.76%
3	德国	0.64%	中国	0.57%	中国	0.63%	英国	0.89%	德国	0.91%

续表

排序	中国		日本		韩国		印度		以色列	
4	加拿大	0.63%	英国	0.41%	日本	0.63%	德国	0.84%	英国	0.66%
5	瑞典	0.34%	德国	0.35%	印度	0.46%	阿联酋	0.51%	加拿大	0.52%
6	日本	0.31%	法国	0.18%	俄罗斯	0.26%	加拿大	0.41%	法国	0.39%
7	英国	0.18%	韩国	0.17%	德国	0.17%	巴西	0.27%	意大利	0.38%
8	澳大利亚	0.15%	新加坡	0.09%	英国	0.17%	法国	0.27%	俄罗斯	0.35%
9	法国	0.14%	瑞典	0.08%	加拿大	0.11%	澳大利亚	0.26%	印度	0.34%
10	新加坡	0.11%	加拿大	0.06%	越南	0.09%	荷兰	0.24%	瑞士	0.28%

数据来源：European Patent Office，PATSTAT Global 2023。

表 5-3-2　1900—2022 年亚洲主要经济体合作专利授权关联（前 10 位）

排序	中国		日本		韩国		印度		以色列	
1	中国	94.00%	日本	96.47%	韩国	95.62%	印度	84.64%	以色列	87.03%
2	美国	3.04%	美国	1.76%	美国	1.50%	美国	11.09%	美国	8.05%
3	加拿大	0.74%	中国	0.38%	日本	0.67%	英国	0.76%	德国	1.04%
4	德国	0.57%	英国	0.38%	中国	0.62%	德国	0.65%	英国	0.62%
5	瑞典	0.34%	德国	0.29%	印度	0.39%	加拿大	0.45%	加拿大	0.48%
6	日本	0.33%	法国	0.16%	俄罗斯	0.31%	澳大利亚	0.42%	法国	0.47%
7	英国	0.19%	韩国	0.15%	英国	0.16%	法国	0.34%	俄罗斯	0.40%
8	法国	0.18%	新加坡	0.07%	德国	0.15%	荷兰	0.31%	意大利	0.39%
9	韩国	0.17%	加拿大	0.06%	加拿大	0.12%	瑞士	0.28%	瑞士	0.28%
10	新加坡	0.11%	瑞典	0.05%	越南	0.11%	中国	0.25%	印度	0.26%

数据来源：European Patent Office，PATSTAT Global 2023。

5.4　南美洲

5.4.1　总体趋势

从总体趋势来看，南美洲合作专利水平经历了两个发展阶段，但在专利申请和授权数量两个维度展现出了较大差距。图 5-4-1~图 5-5-4 展示了南美洲全部国家（地区）的合作专利从 1970 年至 2022 年的发展趋势。图 5-4-1 和图 5-4-3 展示了合作专利的申请和授权的数量与增长率，图 5-4-2 和图 5-4-4 则展示了南美洲合作专利在全球合作专利中占比份额的变化情况。从图中可以看出，南美洲国家（地区）合作专利申请数量的发展趋势和授权数量的发展趋势展现出了较大差异。

从申请数量上来看，南美洲国家（地区）经历了两个发展阶段，一是从 1970 年至 1980 年，南美洲合作专利申请数量整体水平抬升明显；二是进入 21 世纪后，南美洲国家（地区）专利申请数量达到历史最高值。与之相对的是，南美洲国家（地区）合作专利授权数量却在 1970 年至 1980 年始终保持低位，并在 2003 年经历下跌后回升不足。而从合作专利数量占全球比重的方面来说，1973 年后，南美洲国家（地区）合作专利数量占全球比例较低，即便是绝对数量在 21 世纪初有明显提升，但由于全球专利数量的增幅更大，南美洲国家（地区）合作专利数量在全球整体比重仍未突破 1%。

从授权数量来看，南美洲国家（地区）在 20 世纪 90 年代后期开始发展，进入 21 世纪后达到历史最高值，但随之下降进入较为稳定的阶段。与之相对的是，南美洲合作专利授权数量占全球的比重在 1995 年后有明显增长，但整体水平偏低，随后降至 2% 水平以下。

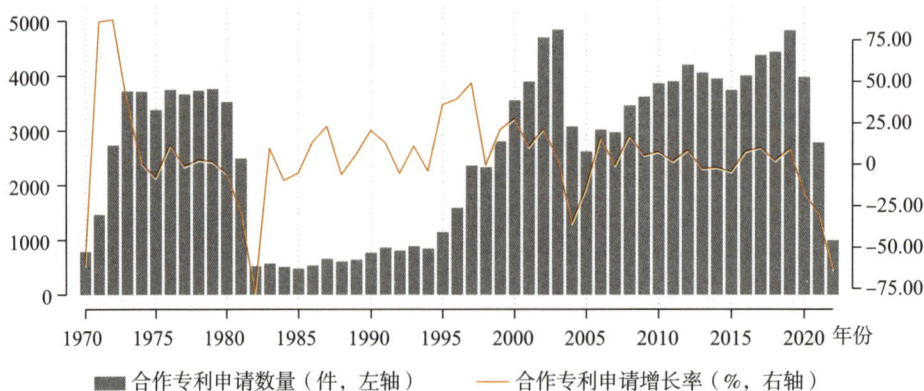

图 5-4-1　南美洲合作专利申请数量变化趋势

数据来源：European Patent Office，PATSTAT Global 2023。

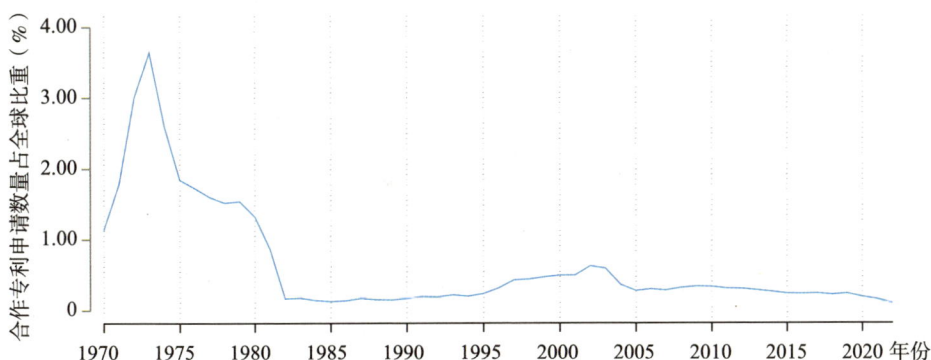

图 5-4-2　南美洲合作专利申请数量占全球比重趋势

数据来源：European Patent Office，PATSTAT Global 2023。

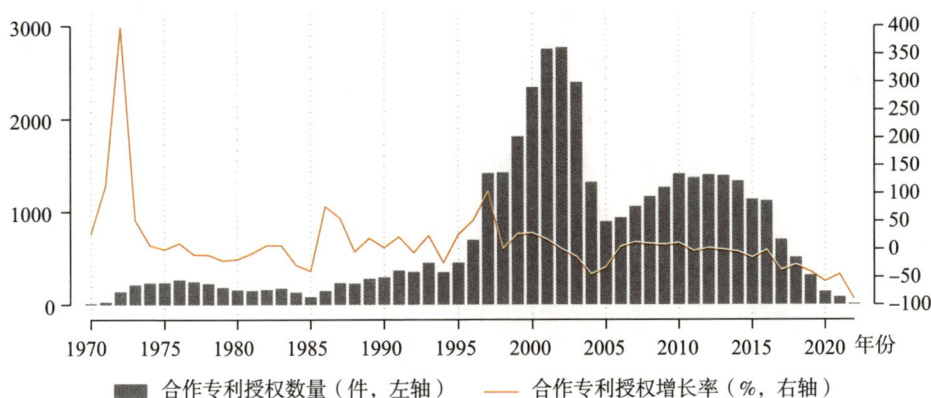

■ 合作专利授权数量（件，左轴）　—— 合作专利授权增长率（%，右轴）

图 5-4-3　南美洲合作专利授权数量趋势

数据来源：European Patent Office，PATSTAT Global 2023。

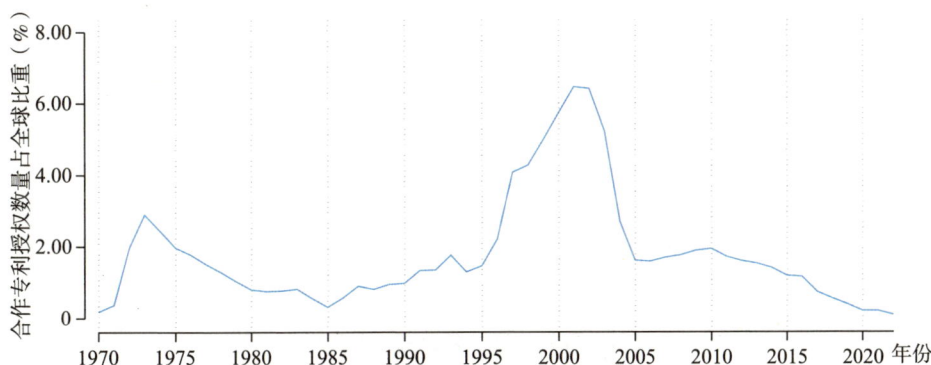

图 5-4-4　南美洲合作专利授权数量占全球比重趋势

数据来源：European Patent Office，PATSTAT Global 2023。

5.4.2　主要经济体比较

由于南美洲国家（地区）合作专利水平整体偏低，部分国家（地区）在 2020 年合作专利的申请数量和授权数量都为 0 件，因此本篇此处仅展示合作专利申请数量和发明数量居于前 10 位的国家（地区）。图 5-4-5 和图 5-4-6 分别展示了南美洲专利申请数量和专利授权数量排名前 10 位的国家（地区）。

从主要经济体合作专利的数量来看，南美洲代表性国家合作专利数量上展现出了"一超两强"的局面。巴西、智利、阿根廷三国在合作专利的申请数量和授权数量上都居于洲内前列，其中巴西优势凸出，合作专利申请和授权数量为排名第二位国家的 3~5 倍。哥伦比亚在合作专利申请数量上居于洲内第三位，但是有效专利占比不高，专利授权数量远低于阿根廷。除此之外，南美洲其余国家（地区）的合作专利水平仍处于较低的水平。

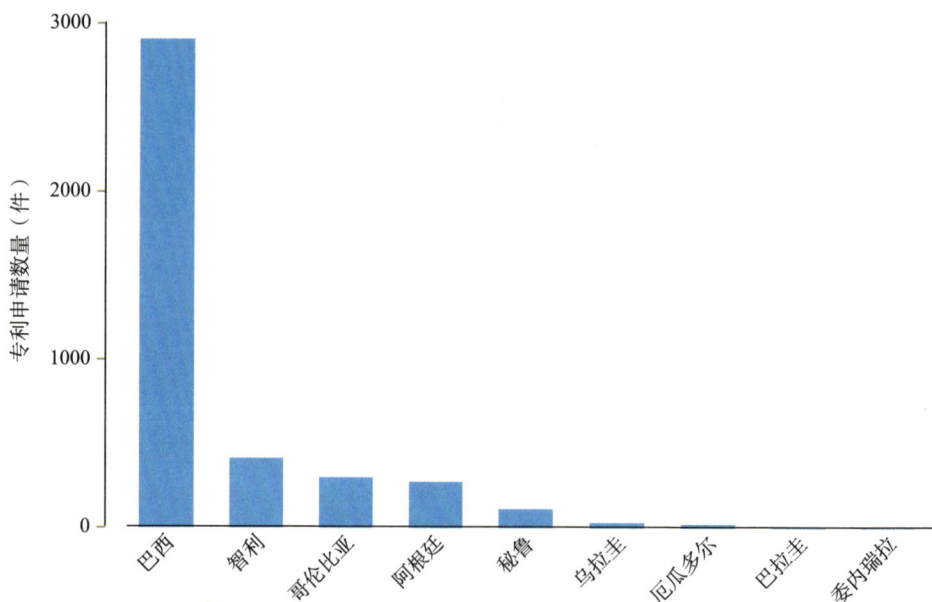

图 5-4-5　2020 年南美洲主要经济体合作专利申请数量

数据来源：European Patent Office，PATSTAT Global 2023。

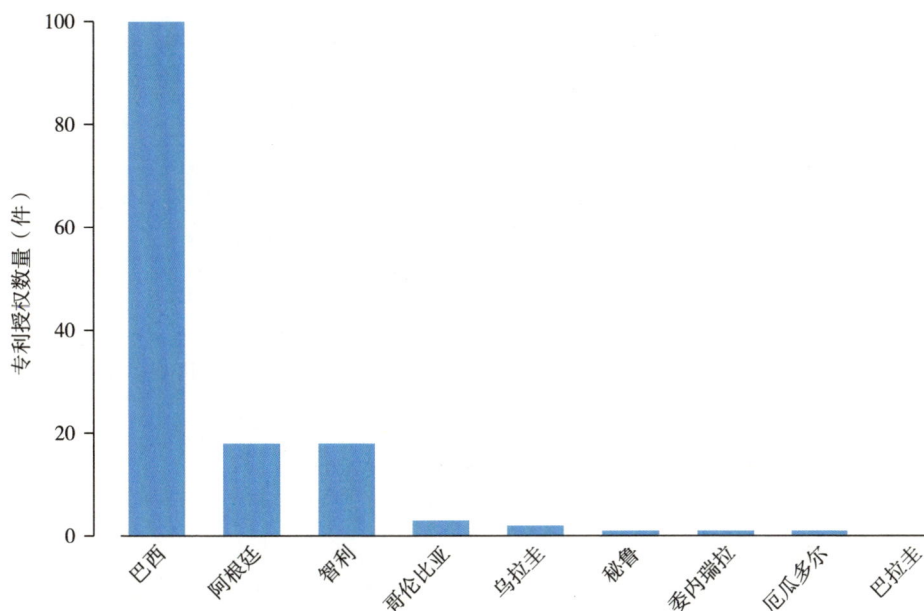

图 5-4-6　2020 年南美洲主要经济体合作专利授权数量

数据来源：European Patent Office，PATSTAT Global 2023。

从主要经济体合作专利的占比来看，巴西在南美洲中具有领先优势，智利所占份额有增加趋势。图 5-4-7 和图 5-4-8 展示了南美洲主要国家（地区）合作专利的申请和授权数量占洲内全部国家（地区）合作专利申请和授权数量的比重。南美洲主要国家（地区）合作专利占比变化趋势有以下特征：一是巴西稳定居于主要地位。从 2000 年至 2022 年，巴西合作专利占整体比重略有波动，但申请数量占比与授权数量占比基本维持在 60% 以上，为洲内合作专利水平占比最高的国家。二是智利占比明显增加。从 2000 年开始，智利合作专利水平在申请数量和授权数量上都取得了稳定发展，至 2022 年，合作专利的申请占比与授权占比均优于阿根廷。三是阿根廷波动后趋于稳定。2004 年以前，阿根廷合作专利占比趋于提高，但 2004 年骤减，随后在小幅波动中保持稳定。四是哥伦比亚专利授权发展不足。与前篇分析保持一致，哥伦比亚专利申请数量占比逐年增加，但授权数量占比在 2010 年后反而萎缩。

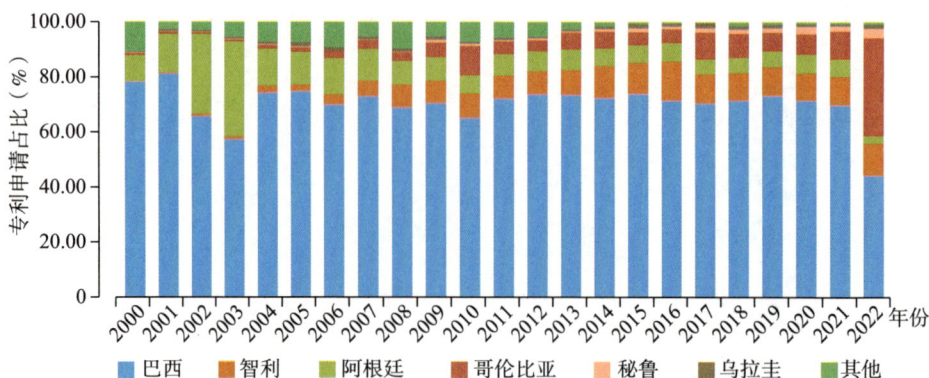

图 5-4-7　南美洲代表性国家合作专利申请数量分布

数据来源：European Patent Office，PATSTAT Global 2023。

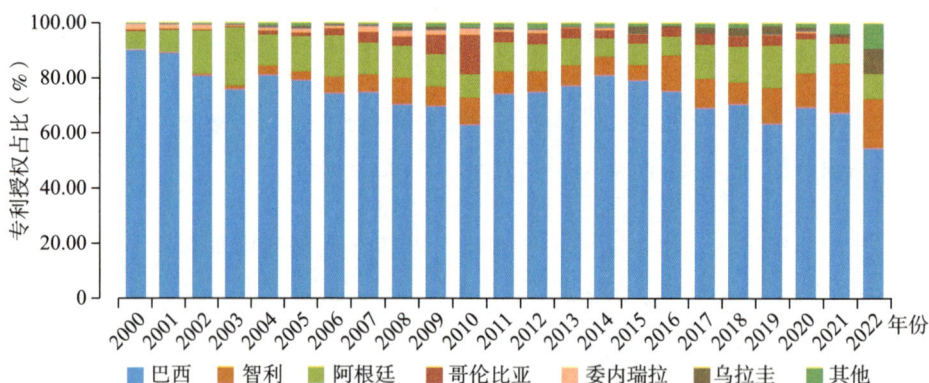

图 5-4-8　南美洲代表性国家合作专利授权数量分布

数据来源：European Patent Office，PATSTAT Global 2023。

5.4.3　国家（地区）间合作关联

从合作关联的视角来看，南美洲发明人倾向与国内发明者合作，但展现出了较强的跨洲合作特征。表 5-4-1 和表 5-4-2 分别列示了南美洲代表性国家（地区）合作专利中申请和授权情况下的国籍关联情况。从表中可以看出，与亚洲类似，各国发明者都更倾向于与本国发明者合作专利。巴西、哥伦比亚和秘鲁三国发明人与本国发明人合作专利申请的比例分别达到 93.58%、91.64%、91.18%。与亚洲不同的是，南美洲部分国家（地区）与本国（地区）合作的占比较低。如乌拉圭与本国发明者合作申请专利占总合作专利申请数量的 53.31%，合作专利授权占总合作专利授权数量的 46.05%，展现出了较强的国际合作特征。

　　除与本国发明者合作外，南美洲代表性国家（地区）发明者展现出了更强的跨洲合作倾向。除乌拉圭发明人与阿根廷发明人产生了较多的合作联系外，其余国家（地区）的合作关联度中都有洲外国家（地区）占去大量比重。代表性国家（地区）各国（地区）都与美国有着较为紧密的合作。智利、阿根廷、哥伦比亚三国发明人与美国发明人合作授权专利比例均超 5%。同时，南美洲发明人也与欧洲的部分国家（地区），如英国、法国、德国的发明人产生了较多专利合作关联。

表 5-4-1　1900—2022 年南美洲代表性国家（地区）合作专利申请关联（前 10 位）

排序	巴西		智利		阿根廷		哥伦比亚	
1	巴西	93.58%	智利	88.90%	阿根廷	87.95%	哥伦比亚	91.64%
2	美国	2.38%	美国	3.21%	美国	5.65%	美国	3.92%
3	德国	0.66%	阿根廷	1.36%	西班牙	1.41%	西班牙	0.80%
4	法国	0.56%	德国	1.24%	巴西	0.67%	墨西哥	0.69%
5	加拿大	0.35%	西班牙	1.16%	德国	0.65%	巴西	0.45%
6	英国	0.32%	澳大利亚	0.78%	意大利	0.63%	德国	0.45%
7	意大利	0.30%	巴西	0.63%	荷兰	0.54%	法国	0.38%
8	阿根廷	0.26%	加拿大	0.60%	法国	0.49%	委内瑞拉	0.28%
9	葡萄牙	0.21%	墨西哥	0.23%	瑞士	0.45%	智利	0.28%
10	西班牙	0.20%	法国	0.23%	乌拉圭	0.31%	加拿大	0.19%
排序	秘鲁		乌拉圭					
1	秘鲁	91.18%	乌拉圭	53.31%				
2	美国	2.61%	阿根廷	23.54%				
3	墨西哥	1.24%	美国	6.22%				
4	法国	0.87%	巴西	6.08%				

排序	秘鲁		乌拉圭					
5	西班牙	0.87%	西班牙	5.95%				
6	阿根廷	0.75%	法国	4.50%				
7	意大利	0.50%	德国	1.46%				
8	智利	0.37%	瑞士	1.46%				
9	俄罗斯	0.25%	以色列	1.32%				
10	加拿大	0.25%	秘鲁	1.19%				

数据来源：European Patent Office，PATSTAT Global 2023。

表 5-4-2　1900—2022 年南美洲代表性国家（地区）合作专利授权关联（前 10 位）

排序	巴西		智利		阿根廷		哥伦比亚	
1	巴西	91.72%	智利	83.42%	阿根廷	87.02%	哥伦比亚	83.97%
2	美国	3.35%	美国	5.70%	美国	5.90%	美国	8.94%
3	德国	0.82%	德国	2.88%	西班牙	1.26%	墨西哥	1.13%
4	法国	0.77%	阿根廷	1.87%	荷兰	1.04%	委内瑞拉	1.13%
5	加拿大	0.56%	澳大利亚	1.59%	意大利	0.91%	德国	0.99%
6	英国	0.43%	加拿大	0.65%	法国	0.78%	法国	0.71%
7	意大利	0.38%	巴西	0.65%	瑞士	0.74%	西班牙	0.71%
8	西班牙	0.30%	西班牙	0.58%	德国	0.61%	巴西	0.57%
9	阿根廷	0.27%	南非	0.50%	巴西	0.48%	智利	0.57%
10	瑞士	0.19%	比利时	0.36%	哥伦比亚	0.30%	澳大利亚	0.43%

排序	委内瑞拉		乌拉圭					
1	委内瑞拉	87.73%	乌拉圭	46.05%				
2	美国	6.64%	阿根廷	32.46%				
3	德国	1.24%	法国	5.70%				
4	英国	1.24%	西班牙	5.70%				
5	意大利	1.01%	美国	3.95%				
6	西班牙	0.79%	巴西	3.07%				
7	法国	0.68%	瑞士	3.07%				

续表

排序	委内瑞拉		乌拉圭				
8	澳大利亚	0.68%	秘鲁	2.63%			
9	瑞士	0.45%	乌克兰	2.19%			
10	荷兰	0.45%	古巴	2.19%			

数据来源：European Patent Office，PATSTAT Global 2023。

5.5　非洲

5.5.1　总体趋势

整体来看，非洲合作专利数量在波动后稳定在较低水平。2010 年之前，非洲国家（地区）整体合作专利水平展现出了较大波动，而在 2010 年之后整体水平稳定在了较低水平。图 5-5-1~图 5-5-4 展示了非洲全部国家（地区）的合作专利从 1975 年至 2022 年的发展趋势。图 5-5-1 和图 5-5-3 展示了合作专利的申请和授权的数量与增长率，图 5-5-2 和图 5-5-4 则展示了非洲合作专利在全球合作专利中占比份额的变化情况。从数量和比例上来看，非洲合作专利的申请和授权数量的占比发展趋势较为接近。数量发展趋势在

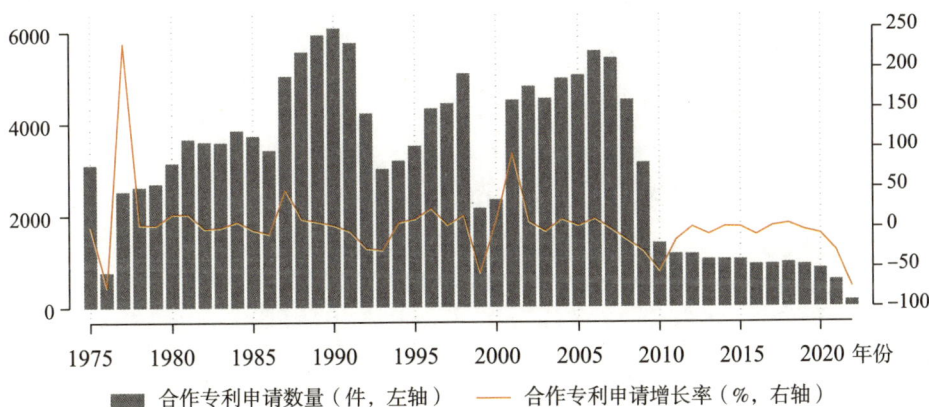

合作专利申请数量（件，左轴）　　合作专利申请增长率（%，右轴）

图 5-5-1　非洲合作专利申请数量变化趋势

数据来源：European Patent Office，PATSTAT Global 2023。

1985—2010 年出现了"三涨三跌"，2010 年之后专利水平整体下滑，低于 1980—1985 年的平均专利数量。从全球合作专利占比的角度来看，从 1980 年开始，非洲合作专利比重在波动中下降，2010 年后降至 0.5%以下。

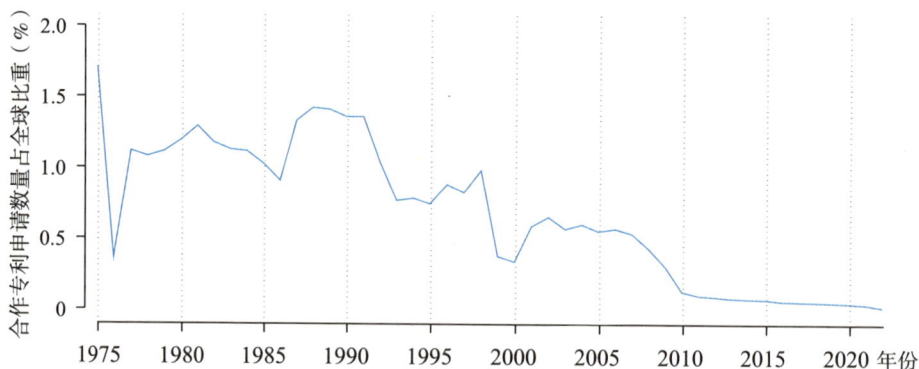

图 5-5-2　非洲合作专利申请数量占全球比重趋势

数据来源：European Patent Office，PATSTAT Global 2023。

除此之外，非洲合作专利整体水平较低，但专利有效率较高。1975—2010 年，大部分合作专利都得到了授权。2010 年之后，该比例明显下降。整体来看，非洲合作专利变化趋势与全球整体趋势有一定差异，2010—2020 年，全球合作专利整体水平保持着上涨趋势，而非洲却在进入这一时段时表现出大幅下跌。这一表现或许与非洲政治安全形势动荡和经济发展疲软有关。

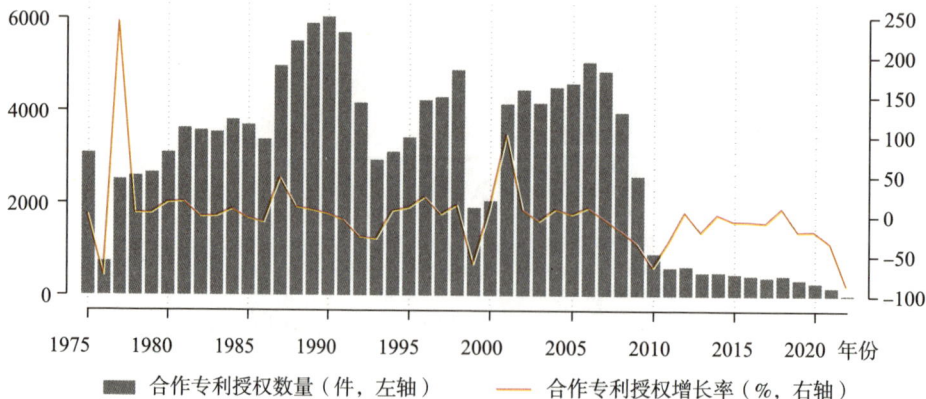

图 5-5-3　非洲合作专利授权数量趋势

数据来源：European Patent Office，PATSTAT Global 2023。

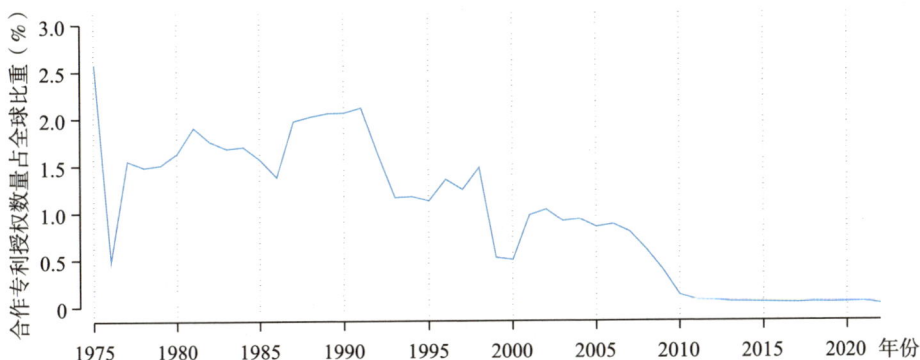

图 5-5-4　非洲合作专利授权数量占全球比重趋势

数据来源：European Patent Office，PATSTAT Global 2023。

5.5.2　主要经济体比较

从主要经济体合作专利的数量来看，非洲国家（地区）整体创新合作水平较低，其中南非居于领先地位。按照合作专利申请数量与授权数量对非洲国家（地区）进行排名，将 2020 年合作专利数量的前 10 位与后 10 位列图展示。图 5-5-5

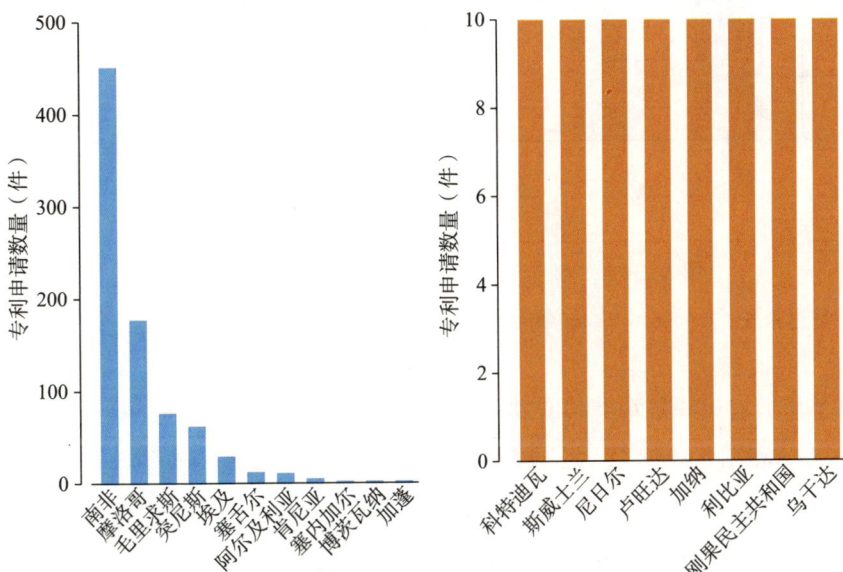

图 5-5-5　2020 年非洲主要经济体合作专利申请数量

数据来源：European Patent Office，PATSTAT Global 2023。

展示了前 10 位和后 10 位国家（地区）合作专利的申请数量，图 5-5-6 展示了前 10 位国家（地区）合作专利的授权数量。由于非洲国家（地区）合作专利数量水平整体偏低，合作专利授权国家（地区）后 10 位均为 0 件，因此此处仅展示前 10 位国家（地区）的合作专利授权情况。由图可见，非洲国家（地区）中，南非在合作专利申请与授权方面均保持优势。摩洛哥保持领先水平，毛里求斯合作专利的授权率较低。但整体而言，非洲代表性国家前 10 位与后 10 位间合作专利数量差距不大，非洲合作专利整体水平较低。

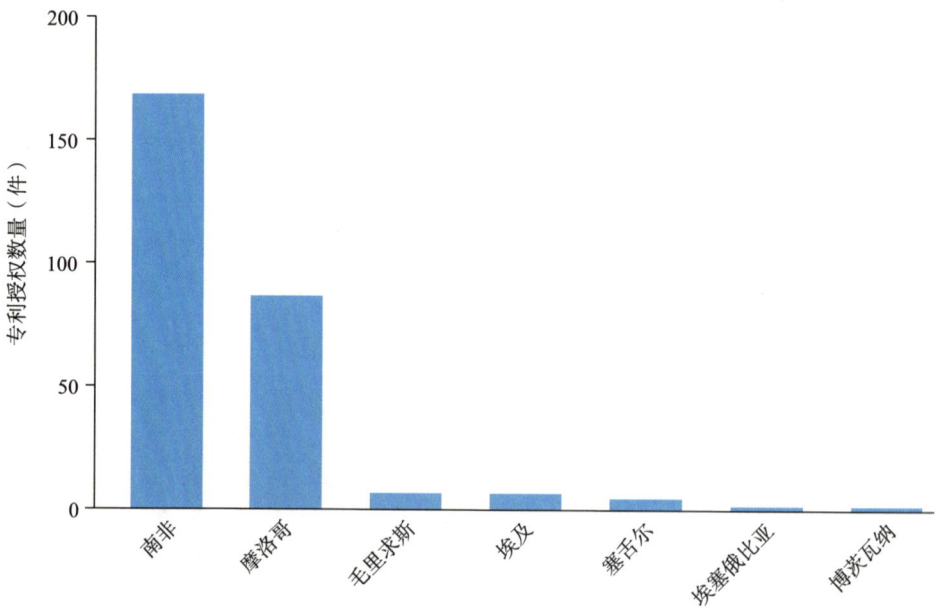

图 5-5-6　2020 年非洲主要经济体合作专利授权数量

数据来源：European Patent Office, PATSTAT Global 2023。

从主要经济体合作专利的分布来看，非洲呈现出更为分散和多元的趋势。图 5-5-7 和图 5-5-8 展示了非洲主要国家（地区）合作专利的申请和授权数量占非洲整体比重。从图中可以看出，非洲合作专利在 2010 年以前由南非占据绝大比例，2010 年之后，除南非外的其余国家（地区）占比逐渐扩大，摩洛哥合作专利申请和授权数量占非洲整体比重逐年扩大，突尼斯和毛里求斯两国的合作专利申请数量占比也明显增加，但南非仍居于主要地位。塞舌尔合作专利申请和授权比重增加幅度较小，但在申请数量比重与授权数量比重上都取得了较为平衡的发展。

从总量角度来看，非洲合作专利数量水平在 2010 年后进入较低区间；但从国家维度来看，2010 年后非洲合作专利发展逐渐破除了南非"一家独大"的局面，取得了更为多极化的发展。

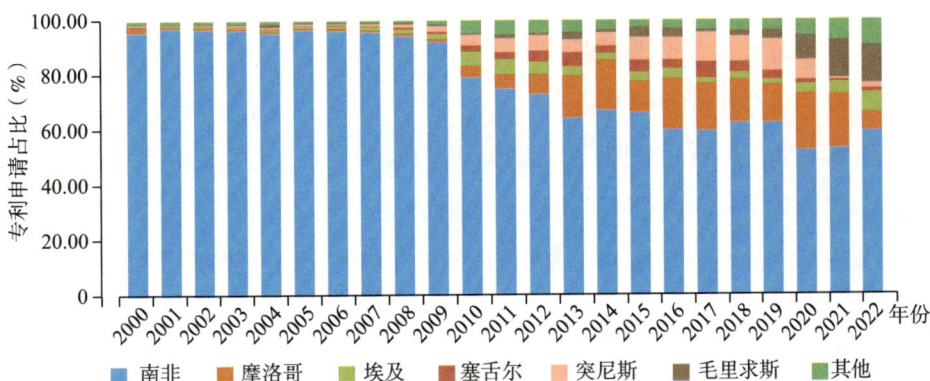

图 5-5-7　非洲代表性国家合作专利申请数量分布

数据来源：European Patent Office，PATSTAT Global 2023。

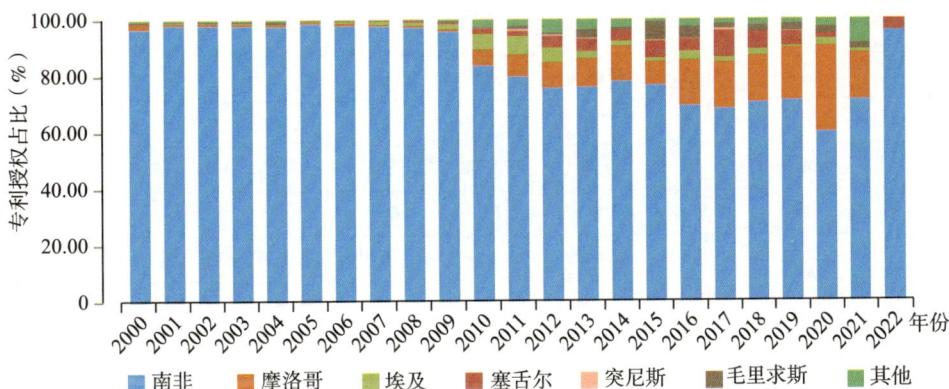

图 5-5-8　非洲代表性国家合作专利授权数量分布

数据来源：European Patent Office，PATSTAT Global 2023。

5.5.3 国家（地区）间合作关联

从合作关联的视角来看，非洲各国发明者除与本国（地区）发明者合作外，更倾向与欧洲发明者建立合作关系。表 5-5-1 和表 5-5-2 分别列示了非洲国家（地区）合作专利中申请和授权情况下的国籍关联情况。从图中可以看出，较亚洲和南美洲而言，非洲各国发明者与本国发明者合作专利的比重下降，其中塞舌尔和毛里求斯两国，和中国、美国合作专利的份额分布高于与本国发明者合作专利的份额。

从区域角度来看，非洲发明者更多地与欧洲发明者建立了联系，如德国、法国、英国等国家。突尼斯合作专利授权占本国合作专利比重中，与法国合作的比重高于与本国（地区）合作的比重。南非、摩洛哥与埃及虽仍更倾向于与本国发明者合作，但其比重远低于亚洲各国，分别下降至 80%、70%、60% 左右。由此可见，相较于亚洲与南美洲，非洲国家（地区）更倾向于进行国际合作申请专利。

表 5-5-1　1900—2022 年非洲代表性国家（地区）合作专利申请关联（前 10 位）

排序	南非		摩洛哥		埃及		塞舌尔	
1	南非	84.24%	摩洛哥	75.96%	埃及	69.18%	中国	37.88%
2	美国	3.93%	法国	12.33%	美国	15.48%	美国	14.85%
3	英国	3.81%	美国	6.17%	德国	3.97%	塞舌尔	13.65%
4	德国	1.97%	加拿大	1.85%	法国	2.47%	英国	12.29%
5	荷兰	1.36%	比利时	1.48%	沙特阿拉伯	2.05%	俄罗斯	11.77%
6	澳大利亚	0.76%	英国	0.86%	英国	1.64%	意大利	4.10%
7	加拿大	0.59%	西班牙	0.86%	加拿大	1.23%	匈牙利	2.90%
8	爱尔兰	0.58%	德国	0.62%	阿联酋	1.23%	瑞士	2.73%
9	瑞典	0.43%	瑞士	0.49%	摩纳哥	0.68%	加拿大	2.56%
10	瑞士	0.43%	丹麦	0.37%	意大利	0.55%	以色列	1.88%
排序	突尼斯		毛里求斯					
1	突尼斯	89.11%	美国	20.33%				
2	法国	7.24%	英国	17.77%				

续表

排序	突尼斯		毛里求斯					
3	美国	1.17%	南非	12.82%				
4	意大利	0.93%	法国	12.45%				
5	英国	0.86%	毛里求斯	10.81%				
6	比利时	0.47%	印度尼西亚	7.88%				
7	加拿大	0.39%	巴西	7.33%				
8	罗马尼亚	0.31%	中国	6.59%				
9	德国	0.16%	泰国	5.86%				
10	捷克共和国	0.16%	菲律宾	4.95%				

数据来源：European Patent Office，PATSTAT Global 2023。

表 5-5-2　1900—2022 年非洲代表性国家（地区）合作专利授权关联（前 10 位）

排序	南非		摩洛哥		埃及		塞舌尔	
1	南非	81.56%	摩洛哥	72.98%	埃及	62.42%	中国	42.38%
2	英国	5.21%	法国	16.77%	美国	21.52%	美国	18.60%
3	美国	4.49%	美国	3.11%	德国	4.85%	塞舌尔	15.24%
4	德国	2.40%	比利时	1.55%	法国	3.64%	英国	13.11%
5	荷兰	1.64%	德国	1.24%	沙特阿拉伯	1.82%	俄罗斯	12.20%
6	澳大利亚	0.75%	英国	1.24%	英国	1.82%	意大利	5.49%
7	加拿大	0.70%	西班牙	1.24%	加拿大	1.52%	加拿大	3.35%
8	爱尔兰	0.50%	丹麦	0.93%	摩纳哥	1.21%	匈牙利	2.44%
9	瑞典	0.47%	奥地利	0.93%	爱尔兰	0.91%	日本	1.83%
10	瑞士	0.43%	加拿大	0.62%	意大利	0.61%	德国	0.91%
排序	突尼斯		毛里求斯					
1	法国	51.89%	美国	22.11%				
2	突尼斯	37.74%	法国	18.42%				
3	英国	8.49%	英国	16.84%				
4	意大利	3.77%	泰国	13.16%				
5	美国	2.83%	中国	12.11%				

续表

排序	突尼斯		毛里求斯				
6	德国	1.89%	南非	12.11%			
7	比利时	1.89%	菲律宾	7.37%			
8	瑞士	1.89%	印度尼西亚	6.84%			
9	罗马尼亚	1.89%	澳大利亚	6.84%			
10	希腊	0.94%	瑞士	5.26%			

数据来源：European Patent Office，PATSTAT Global 2023。

（刘灿雷、李希晨）

5.6　大洋州

5.6.1　总体趋势

从总体趋势来看，大洋洲合作专利申请数量和增长率发展呈现出倒"V"形。图 5-6-1 和图 5-6-3 展示了大洋洲合作专利的申请和授权的数量与增长率，图 5-6-2 和图 5-6-4 则展示了大洋洲合作专利在全球合作专利中所占份额的变化情况。大洋洲合作专利发展分为两个阶段：2000 年以前，大洋洲创新合作处于平稳增长期，合作专利申请数量稳步上升，整体增幅可达 9.59

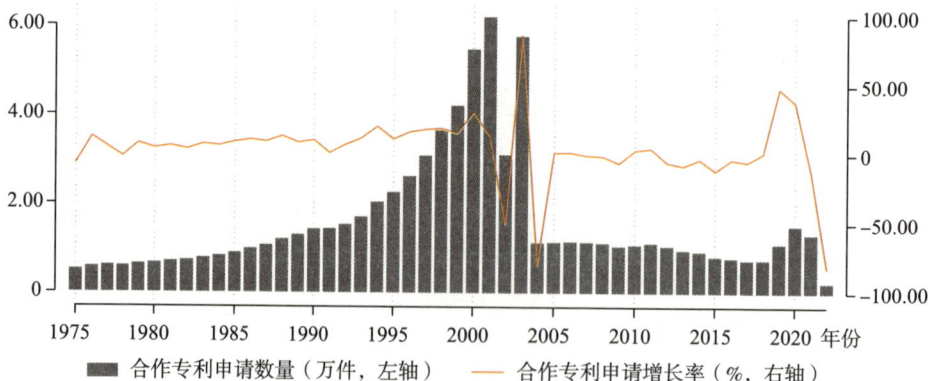

图 5-6-1　大洋洲合作专利申请数量变化趋势

数据来源：European Patent Office，PATSTAT Global 2023。

倍。2000—2005 年，大洋洲专利水平曾骤降又短暂回升，随后降至较低水平，并趋于稳定。1975—2021 年，大洋洲的合作专利申请数量由 5162 件增长至 13117 件，增加了 1.54 倍。大洋洲合作专利占全球比重变化趋势与数量变化趋势较为吻合，同样呈现出先上升后下降的趋势。以 2000 年为分界点，在 2000 年之前，大洋洲合作专利申请数量占比较为平稳，主要在 2% 和 3% 之间波动。在 2000 年之后，大洋洲合作专利授权数量占比呈现下降趋势，并且稳定在 1% 以下。

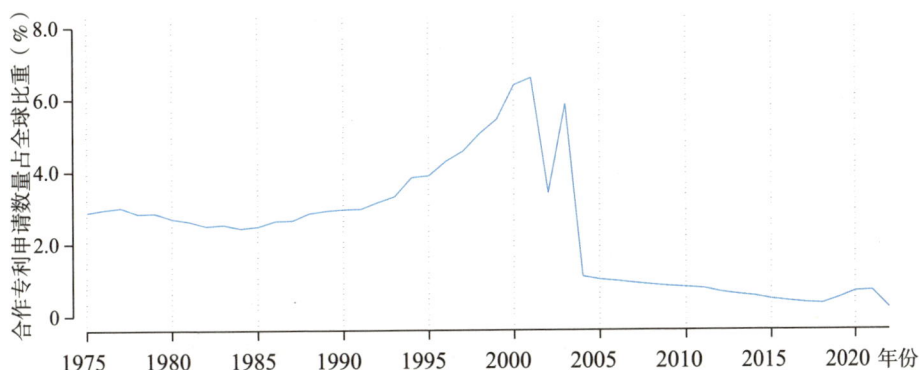

图 5-6-2　大洋洲合作专利申请数量占全球比重趋势

数据来源：European Patent Office，PATSTAT Global 2023。

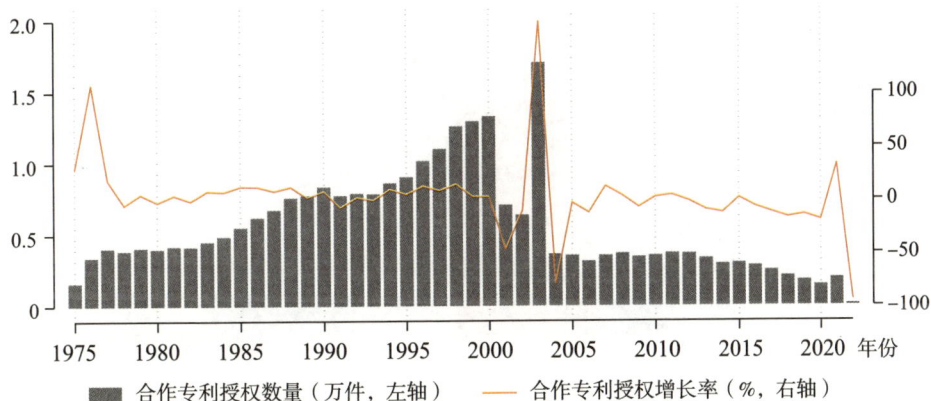

图 5-6-3　大洋洲合作专利授权数量趋势

数据来源：European Patent Office，PATSTAT Global 2023。

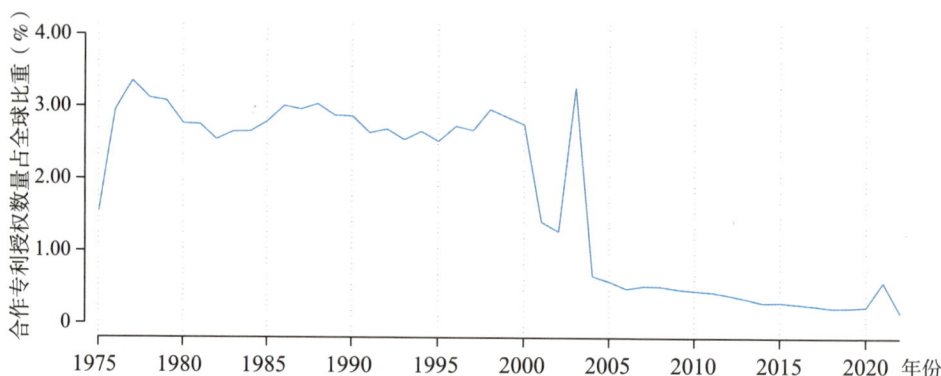

图 5-6-4　大洋洲合作专利授权占全球比重趋势

数据来源：European Patent Office，PATSTAT Global 2023。

5.6.2　主要经济体比较

从主要经济体合作专利的数量来看，澳大利亚和新西兰在技术创新和合作活动中最为活跃，提交的合作专利申请和授权数量最多。图 5-6-5 和图 5-6-6 展示了澳大利亚和新西兰在 2010 年和 2020 年合作专利的申请和授权数量变化情况。就澳大利亚而言，合作专利申请数量从 2010 年的 0.67 万件增长至 2020 年的 1.40 万件，增长 108.96%。虽然澳大利亚合作专利申请数量大幅提高，但合作专利授权数量却在下降，从 2010 年的 0.31 万件降至

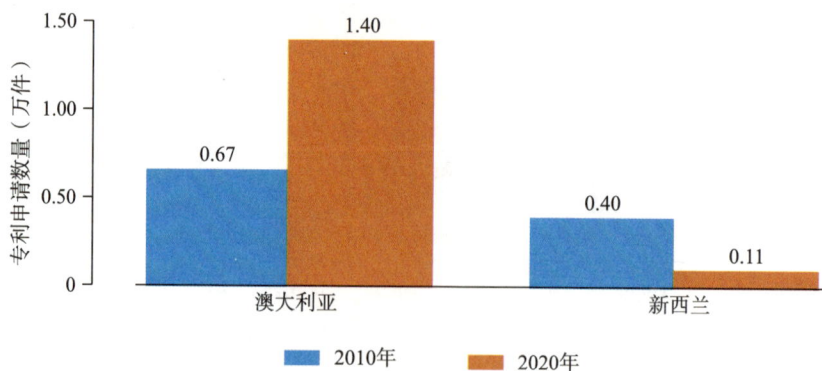

图 5-6-5　大洋洲主要经济体合作专利申请数量

数据来源：European Patent Office，PATSTAT Global 2023。

2020 年的 0.13 万件,降幅达 58.06%。就新西兰而言,合作专利申请数量和授权数量都有所下降,其中申请数量从 0.40 万件下降至 0.11 万件,降幅为 72.5%,授权数量从 0.05 万件降至 0.02 万件,降幅可达 60%,合作专利申请数量的降幅大于授权数量。

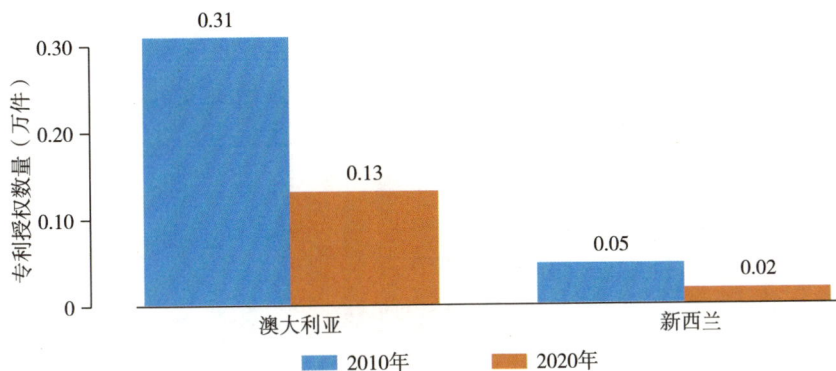

图 5-6-6　大洋洲主要经济体合作专利授权数量

数据来源:European Patent Office,PATSTAT Global 2023。

　　从主要经济体合作专利的分布来看,澳大利亚是大洋洲合作创新的核心国家。图 5-6-7 和图 5-6-8 将大洋洲国家和岛屿分为澳大利亚、新西兰和其他三部分,澳大利亚和新西兰合作专利申请数量以及合作专利授权数量累计

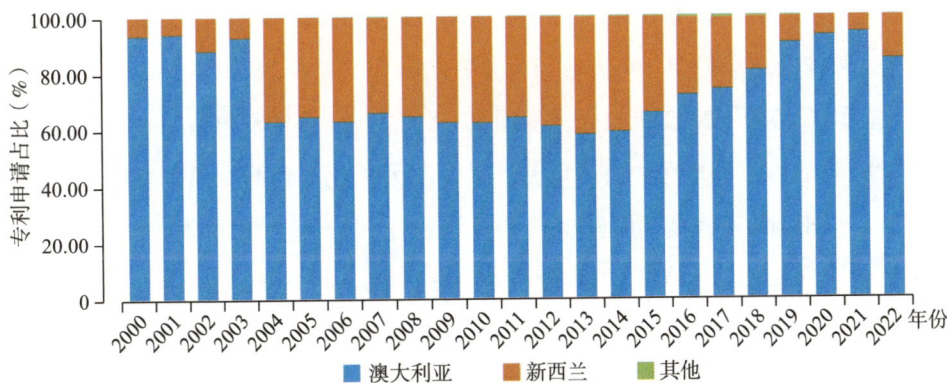

图 5-6-7　大洋洲国家合作专利申请数量分布

数据来源:European Patent Office,PATSTAT Global 2023。

占比可达99%以上，几乎涵盖了整个大洋洲的合作专利申请和授权数量。其中，澳大利亚的合作专利申请数量和授权数量都维持在80%左右，远超大洋洲的其他国家（地区），新西兰的合作专利申请数量和授权数量占比几乎不超过20%，其他国家和岛屿加起来的比重甚至不超过1%，创新能力远远落后。

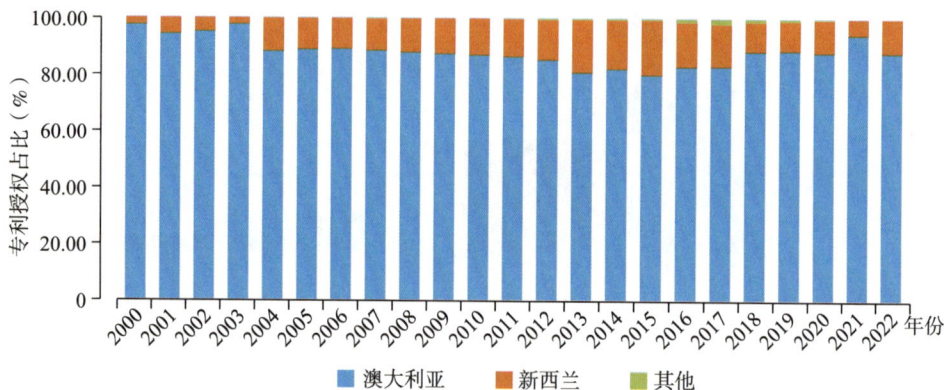

图5-6-8 大洋洲国家合作专利授权数量分布

数据来源：European Patent Office，PATSTAT Global 2023。

5.6.3 国家（地区）间合作关联

从合作关联的视角来看，大洋洲内发明者与本国（地区）发明者合作专利的比例较低，与美国、英国有较为紧密的合作关系。表5-6-1和表5-6-2分别显示了1900—2022年与大洋洲国家（地区）合作专利申请和授权占比排列前10位的国家和地区。由表可见，尽管澳大利亚与新西兰两国发明者更倾向于与本国发明者合作，但其申请和授权占比仅分别为57.64%、53.70%和55.91%、51.20%，而对比中国这一数字达到94.41%、94.00%，美国达到93.33%、93.83%，可见大洋洲主要经济体展现出了更强的国际合作倾向。在国际合作中，美国和英国是澳大利亚与新西兰的主要合作伙伴，其中美国的合作占比均超过15%。除此之外，部分欧洲国家（地区）也与大洋洲国家（地区）有着合作联系，如德国、瑞士、法国、荷兰。

表 5-6-1 1900—2022 年大洋洲代表性国家（地区）合作专利申请关联（前 10 位）

排序	澳大利亚		新西兰	
1	澳大利亚	57.64%	新西兰	55.91%
2	美国	16.90%	美国	16.80%
3	英国	4.31%	英国	5.83%
4	德国	2.93%	澳大利亚	5.42%
5	中国	1.68%	德国	1.96%
6	瑞士	1.57%	瑞士	1.54%
7	日本	1.41%	中国	1.39%
8	加拿大	1.32%	法国	1.19%
9	法国	1.16%	荷兰	1.05%
10	新西兰	0.99%	加拿大	1.04%

数据来源：European Patent Office，PATSTAT Global 2023。

表 5-6-2 1900—2022 年大洋洲代表性国家（地区）合作专利授权关联（前 10 位）

排序	澳大利亚		新西兰	
1	澳大利亚	53.70%	新西兰	51.20%
2	美国	19.24%	美国	19.64%
3	英国	4.68%	英国	6.48%
4	德国	3.13%	澳大利亚	5.64%
5	日本	1.87%	德国	2.05%
6	瑞士	1.62%	瑞士	1.69%
7	加拿大	1.49%	法国	1.46%
8	中国	1.32%	中国	1.23%
9	法国	1.18%	韩国	1.17%
10	瑞典	1.10%	荷兰	1.16%

数据来源：European Patent Office，PATSTAT Global 2023。

（李计广、李云婷）

第 6 章　创新引用

本章专注于探究各大洲内部的专利引用网络，揭示欧洲、亚洲、北美洲、南美洲、非洲和大洋洲等主要大洲在科技创新中内部技术扩散的演变过程。通过细致分析每个大洲内部的创新引用网络，旨在深入理解这些地区在科技创新领域的特点，以及这些特点如何塑造了每个大洲在全球科技创新引用网络中的地位。

首先，我们将探讨欧洲各国之间的专利引用关系，揭示这一科技强区内部的创新互动和合作模式。亚洲部分将重点关注该地区快速增长的经济体之间的科技互动，例如中国和日本。北美洲作为科技创新的领导者，其内部专利引用网络分析将揭示出地区内部的科技合作和竞争格局。其次，将聚焦于南美洲、非洲和大洋洲内部的专利引用网络。就南美洲而言，我们深入分析了该地区各国（地区）之间科技创新引用的合作与竞争模式。就非洲而言，我们将着重揭示这一地区在科技创新网络中的内部结构，以及非洲各国（地区）在科技创新中的协作关系。就大洋洲而言，分析则集中于该地区特有的科技发展模式和国际影响力，展示了创新产出相对体量较小的经济体在科技创新中的互动和特点。

6.1　欧洲

从创新引用网络地位角度看，德国在三个时期均为重要的科技创新中心节点，1970—2000 年、2001—2020 年德国在欧洲内部的专利被引占比为29.07%和25.67%，其稳定的中心性位置表明了其在欧洲科技创新中持续的领导地位。英国、法国和瑞士紧随其后，2001—2020 年三国专利被引用量占欧洲总体的 15.24%、12.80%和 10%。意大利和荷兰在 1970 年之前处于较为边缘的位置，其中意大利专利被引份额仅占 1.04%，但随后两国科技创新地位开始上升，尤其是在 2000 年之后，在创新引用网络中的地位显著提升。

从引用强度角度看，德国专利的被引强度一直处于领先地位，2001—2020 年，尽管德国的引用份额有所下降，但仍高于法国和英国，显示了德国在欧洲创新引用网络中持续的领导作用，也反映了德国科技研发能力以及创新成果一直受到国际认可。在 1970 年之前，法国和英国在专利引用中的强度几乎相等，高于除德国以外的其他国家，表明这两个国家的科技成果在欧洲具有广泛的影响力。此后，法国和英国的份额虽然有所下降，但仍显示出强大的科技影响力。意大利和瑞士的专利被引用强度虽在整个时间段内增长，但增幅相对较小，这表明它们在欧洲创新引用网络中的地位正在逐步提升，但与领先国家相比还有一定差距。

如图 6-1-1、图 6-1-2 和图 6-1-3 所示，作为欧洲的工业强国，德国在所有时期都是创新引用网络的主要领导者。与德国类似，法国也是创新引用网络的核心，不断增长的研发投入和创新产出使法国在创新网络中保持了重要的地位。尽管英国在科技创新领域具有悠久历史，但其在创新引用网络中的地位却在逐渐下降。这也反映出欧洲专利引用的两个特征：第一，欧洲专利引用网络具有显著的核心——边缘结构，起初的核心国家如英国、法国、德国在网络中始终保持核心地位，但随着时间的推移，瑞典、荷兰和东欧国家开始崛起，不断推动创新引用网络格局的演变。第二，从 1970 年开始，网络中的密度不断增加，越来越多的国家（地区）和引用关系加入网络中，表明欧洲各国（地区）之间的技术交流和合作不断增强。

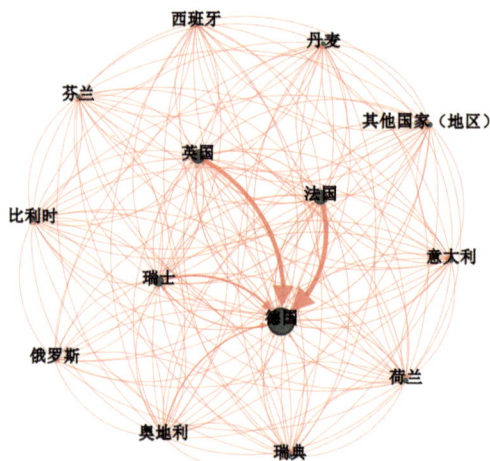

图 6-1-1 1970 年之前欧洲创新引用网络结构图

数据来源：European Patent Office，PATSTAT Global 2023。

注：创新引用网络结构图根据专利引用数据计算出的度中心性绘制而成，节点越大表明其在创新引用网络中的地位越重要，线条越粗表明两个经济体之间的专利引用强度越大。

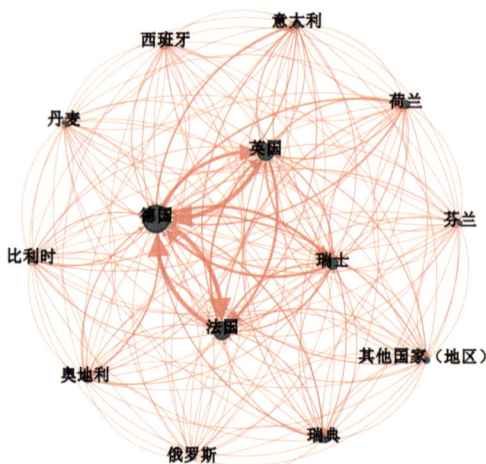

图 6-1-2 1970—2000 年欧洲创新引用网络结构图

数据来源：European Patent Office，PATSTAT Global 2023。

注：创新引用网络结构图根据专利引用数据计算出的度中心性绘制而成，节点越大表明其在创新引用网络中的地位越重要，线条越粗表明两个经济体之间的专利引用强度越大。

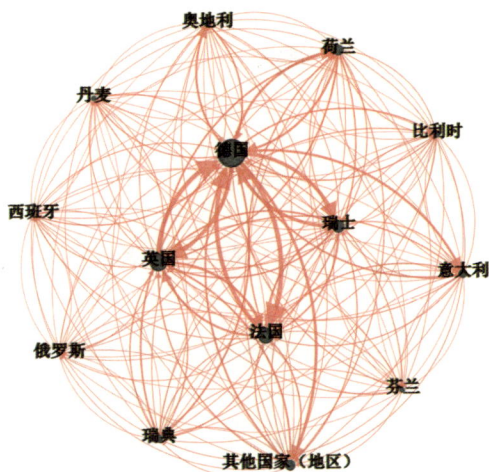

图 6-1-3　2001—2020 年欧洲创新引用网络结构图

数据来源：European Patent Office，PATSTAT Global 2023。

注：创新引用网络结构图根据专利引用数据计算出的度中心性绘制而成，节点越大表明其在创新引用网络中的地位越重要，线条越粗表明两个经济体之间的专利引用强度越大。

6.2　北美洲

北美洲专利引用网络结构图相对简单，主要由美国和加拿大两个国家组成。从创新引用网络地位角度来看，如图 6-2-1 所示，美国在此网络中作为核心节点出现，显示了其在专利引用网络中的核心地位，表明美国在整个北美地区发挥着技术引领作用。

从专利被引用强度角度来看，美国的专利在北美洲内部被广泛引用，反映了美国的创新产出具有广泛的影响力。加拿大虽然在科技领域有所贡献，但与美国相比，其被引用的强度较弱。此外，美国对加拿大的专利引用虽然存在，但相对较少，这种引用强度的不对称性反映了美国在北美科技创新引用网络中的绝对主导地位。此外，其他国家（地区）则在网络中处于边缘地位。

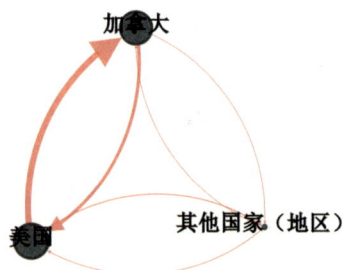

图 6-2-1　北美洲创新引用网络结构图

数据来源：European Patent Office，PATSTAT Global 2023。

注：创新引用网络结构图根据专利引用数据计算出的度中心性绘制而成，节点越大表明其在创新引用网络中的地位越重要，线条越粗表明两个经济体之间的专利引用强度越大。

6.3　亚洲

从创新引用网络地位角度来看，日本在网络中位于核心地位，与多个国家存在紧密的技术引用关系。如图 6-3-1 所示，日本在 1970—2000 年期间以 77.78% 的专利被引用份额稳坐亚洲科技创新的霸主位置，远超其他亚洲国家。进入 2001—2020 年，尽管份额降至 56.75%，但日本依旧保持着在亚洲的科技引领地位。相对而言，中国在引用网络中的地位则较为边缘，在早期只有 1.85% 的份额，但 2001—2020 年，中国专利被引用份额跃升至 9.66%，显示了中国科技实力的显著增长及其在亚洲创新引用网络中地位的提升。此外，韩国的变化更为显著，从 8.29% 增加到 16.15%，这一增长不仅超过了中国，也缩小了与日本的差距，彰显了韩国在科技创新上的快速发展。

从引用强度角度观察，日本的专利被引用强度在 1970—2000 年表现出其科技成果的广泛影响力，它不仅是亚洲科技创新的发源地，也是知识传播的中心。然而，2001—2020 年，尽管日本的专利被引用强度有所下降，但其科技成果依然是亚洲地区的重要引用来源。中国和韩国的专利被引用强度增长反映了这两国科技创新的快速进步,通过 2001—2020 年韩国专利被引用线条的粗细可以看出,韩国的专利被引用增长速度尤为显著,其强度的提升表明韩国正发展成为亚洲科技创新的一个重要力量。同样,中国的增长也较为显著,其科技成果在亚洲的影响力日益增强。这些变化标志着亚洲科技创新引用网络中力量结构的转变,其中日本虽然仍保持强势地位,但中国和韩国的崛起正在改变这一格局。

1970—2020 年,亚洲国家和地区之间的技术扩散不断增多,特别是在 2000 年之后,网络复杂度明显提高,显示出亚洲国家和地区在科技创新和技术合作上都取得了长足的进步。日本的核心地位更为稳固,与亚洲其他经济体的技术引用关系更加紧密。同时,中国、韩国和新加坡等主要经济体之间的技术扩散行为也在持续增加。

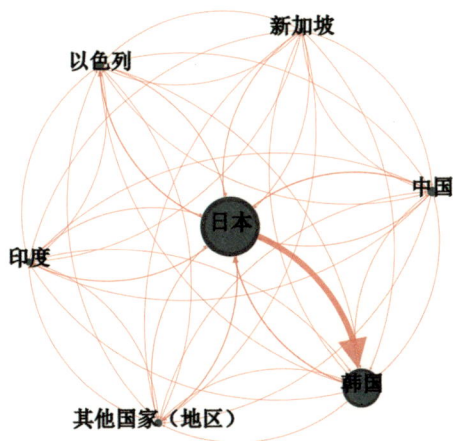

图 6-3-1　1970—2000 年亚洲创新引用网络结构图

数据来源:European Patent Office,PATSTAT Global 2023。

注:创新引用网络结构图根据专利引用数据计算出的度中心性绘制而成,节点越大表明其在创新引用网络中的地位越重要,线条越粗表明两个经济体之间的专利引用强度越大。

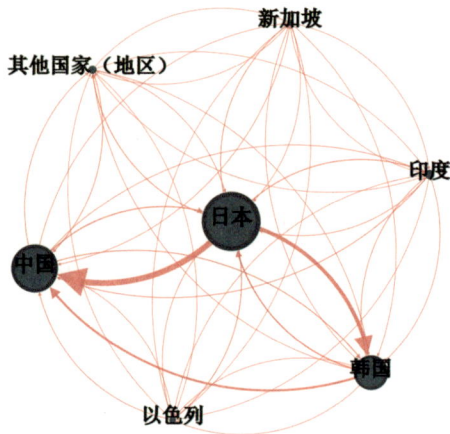

图 6-3-2　2001—2020 年亚洲创新引用网络结构图

数据来源：European Patent Office，PATSTAT Global 2023。

注：创新引用网络结构图根据专利引用数据计算出的度中心性绘制而成，节点越大表明其在创新引用网络中的地位越重要，线条越粗表明两个经济体之间的专利引用强度越大。

6.4　南美洲

从创新引用网络地位角度看，巴西和阿根廷在南美洲科技创新引用网络中均占据了重要的位置。如图 6-4-1 所示，在专利引用网络图中，巴西的节点较大，占有南美专利被引占比 30.30% 的份额，表明其在南美洲的创新引用网络中占据主导地位。相比之下，阿根廷的节点较小，所占份额为 23.95%，这意味着其在科技创新方面的影响力相对较弱。横向比较两国，巴西在科技创新引用网络中的地位明显高于阿根廷。

从引用强度角度来看，南美洲专利引用表明巴西的科技成果对阿根廷有较强的影响力。相反，从阿根廷到巴西的引用线条较细，表明阿根廷在科技创新引用网络中的贡献相对较少，并且其科技成果的影响力较小。两国间的引用强度差异进一步强调了巴西在南美洲科技创新引用网络中的主导地位。

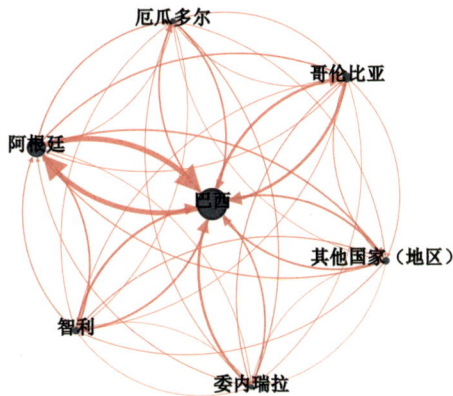

图 6-4-1　南美洲创新引用网络结构图

数据来源：European Patent Office，PATSTAT Global 2023。

注：创新引用网络结构图根据专利引用数据计算出的度中心性绘制而成，节点越大表明其在创新引用网络中的地位越重要，线条越粗表明两个经济体之间的专利引用强度越大。

6.5　非洲

从创新引用网络地位角度看，如图 6-5-1 所示，南非作为中心节点，与其他节点存在紧密的连接。这表明南非在非洲的科技创新引用网络中的影响力较大，南非专利被引占非洲大陆的 38.25%，显示出其在大陆科技产出中的主导地位。此外，埃及以 12.55% 的份额位居次席，毛里求斯在专利引用份额上只有 6.08%。从横向来看，南非的科技创新能力明显领先，埃及和毛里求斯的创新影响力相对较弱。

从引用强度角度看，南非的科技成果对非洲其他国家具有广泛的影响力，其专利被引用的频率和强度均高于非洲其他国家。埃及和毛里求斯虽然在引用强度上不及南非，但它们在非洲大陆的科技创新引用网络中的活跃度和专利的质量比较高。

综上所述，非洲的专利引用网络反映了非洲国家间的知识流动。其中，南非作为非洲的科技巨头，起到了核心的作用，且北非和西非的一些国家也在网络中占有一席之地。这表明非洲国家（地区）间存在广泛的技术合作机会，而专利引用网络为我们提供了一个视角，便于了解非洲各国（地区）在技术创新方面的互动与合作。

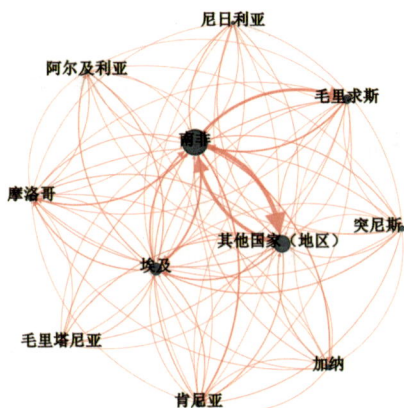

图 6-5-1　非洲创新引用网络结构图

数据来源：European Patent Office，PATSTAT Global 2023。

注：创新引用网络结构图根据专利引用数据计算出的度中心性绘制而成，节点越大表明其在创新引用网络中的地位越重要，线条越粗表明两个经济体之间的专利引用强度越大。

6.6　大洋洲

从创新引用网络地位角度来看，如图 6-6-1 所示，澳大利亚和新西兰作为大洋洲的主要经济体，其在科技创新引用网络中的互动反映出各自的科技发展态势。在专利引用网络图中，澳大利亚的节点较大，而新西兰的节点相对较小，表明在整体的科技创新引用网络中，澳大利亚的影响力和地位较新西兰更为显著。

从引用强度角度来看，澳大利亚流向新西兰的引用线条较粗，表明澳大利亚的科技成果对新西兰的影响较大。新西兰对澳大利亚的科技成果引用较为频繁，而澳大利亚对新西兰的专利引用相对较弱，这表明新西兰在科技创新引用网络中的影响力和贡献度相对较小。

"其他国家（地区）"这一节点代表大洋洲内除了澳大利亚和新西兰的其他国家，例如斐济、帕劳、巴布亚新几内亚等。尽管这些国家（地区）在经济规模和科技研发能力上可能不及澳大利亚和新西兰，但它们仍在某些专业领域或传统知识领域有独特的专利和技术。

综观大洋洲的专利引用网络，从宏观视角揭示了大洋洲创新引用网络的布局。澳大利亚的科技影响力在该地区显著，而新西兰规模较小。专利引用数据揭示的这一格局，强调了澳大利亚和新西兰在大洋洲作为科技创新枢纽的角色。

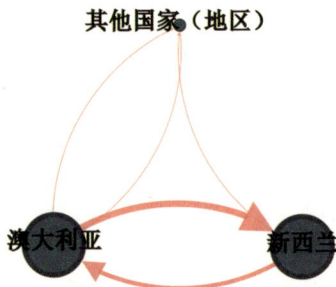

图 6-6-1　大洋洲创新引用网络结构图

数据来源：European Patent Office，PATSTAT Global 2023。

注：创新引用网络结构图根据专利引用数据计算出的度中心性绘制而成，节点越大表明其在创新引用网络中的地位越重要，线条越粗表明两个经济体之间的专利引用强度越大。

（刘灿雷、冯敬宇）

专题篇：数字技术

第7章 创新发展

随着计算机、通信和信息处理领域技术力量的发展，机械和模拟电子技术开始向数字技术转变。例如，从已经使用了几十年的计算机和工业机器人，到可以"学习"的"智能"机器（机器学习）。鉴于技术的多样性，不同的研究对数字技术提供了不同的定义和分类。从一般角度来讲，数字技术是指所有能够生成、处理或存储信息的电子工具、自动化系统、技术设备和资源。

过去几十年，数字技术的使用改变了人们的通信、消费和生产方式，渗透并重构经济和社会活动的各个方面。我们正在进入一个新的时代，计算机、自动化和数据分析正以一种全新的方式聚集起来。通过传感器和其他应用程序相互连接的日常用品和设备，物联网能够跟踪供应链上的产品，防止发生故障；人工智能引导机器人在仓库运行，帮助优化产品包装；大数据分析帮助企业深入了解人们的偏好和行为，以便为人们提供量身定制的产品；云计算使得用户可以在搜索引擎上搜索任何自己想要的资源，通过云端共享数据资源。在疫情期间，我们对数字技术和服务的依赖程度有所增加。消费者更多地在家购物、居家办公，几乎所有事情都要用到数字服务。能够采用数字化或在线办公的企业更能抵御疫情的不利影响，相反另一些企业则不得不关门大吉。

伴随着数字技术的蓬勃发展，与数字技术相关的专利迎来了爆发式的增长。本报告基于充分的文献调研，将数字技术分为人工智能、自动化系统、物联网、大数据、云计算和机器人 6 个类别，并以此对数字技术专利的特征事实展开研究。

本章主要分为全球和地区两个部分。在第一部分，即 7.1 节中，聚焦于数字技术专利数量在全球及各大洲的变化趋势。首先，本章展示了全球数字技术专利数量的变化情况，同时呈现出数字技术专利占所有专利比重的变化趋势。随后，本章深入研究不同类型的数字技术专利在不同时期的变化，揭示出数字技术专利创新方向的演变。最后，本章展示了数字技术专利在全球各大洲的分布特征。

在第二个部分，即 7.2 节至 7.4 节中，本章进一步探究数字技术专利在欧洲、北美洲和亚洲三个关键区域的发展趋势。分别关注欧洲的总体趋势以及代表性国家德国、北美洲的总体趋势和代表性国家美国、亚洲的总体趋势和代表性国家中、日、韩三国数字技术专利数量变化情况，更为深入地揭示各区域数字技术专利数量变化的差异和共性。

7.1　全球长期趋势

7.1.1　总体趋势

从专利数量来看，1950—2020 年，数字技术专利申请和授权数量呈现出快速增长的趋势。从图 7-1-1 和图 7-1-2 可以看出，1950—1994 年，全球每年的数字技术专利申请和授权数量都很少，本报告将此阶段定义为数字技术的萌芽期。1995—2009 年，数字技术专利申请和授权数量进入了快速增长阶段，本报告将此阶段定义为数字技术的发展期。2010 年以后，数字技术专利申请和授权数量迎来了井喷式的增长，2020 年申请和授权的专利数量分别为31 万件和 8.4 万件，本报告将此阶段定义为数字技术的爆发期。

从专利结构来看，1950—2020 年，全球数字技术专利占全部专利申请和授权数量的比重也在迅速增加。从图 7-1-1 和图 7-1-2 可以看出，1950 年，数字技术专利申请和授权占比分别仅为 0.07% 和 0.09%，2020 年占比分别增长到了 9.2% 和 10.59%。

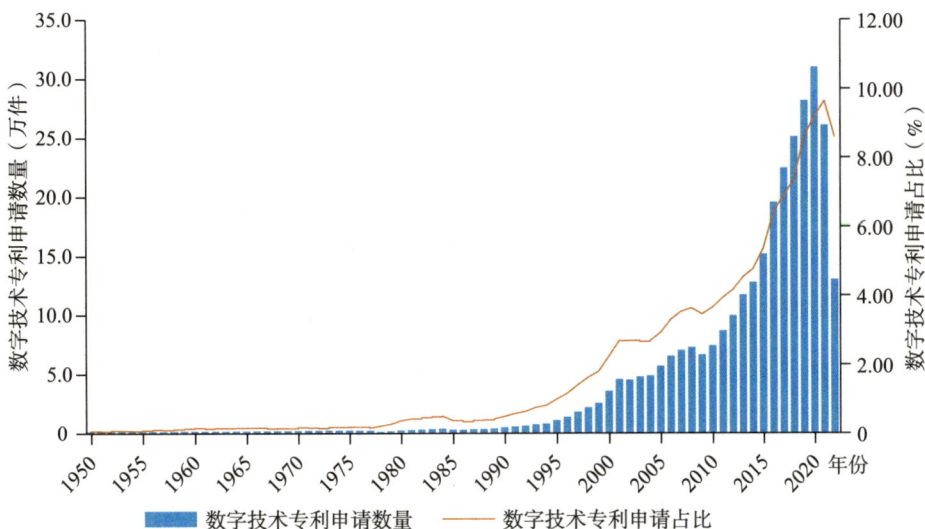

图 7-1-1　全球数字技术专利申请数量及占比①

数据来源：European Patent Office，PATSTAT Global 2023。

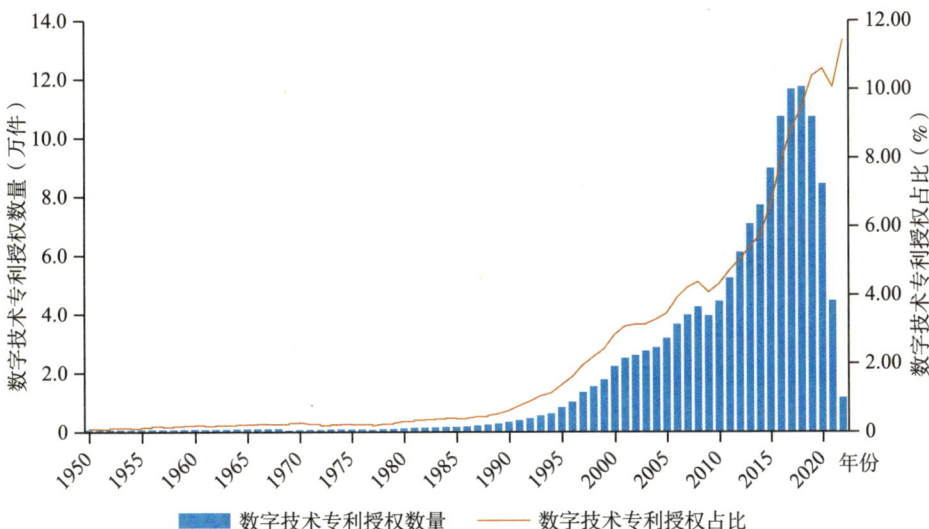

图 7-1-2　全球数字技术专利授权数量及占比

数据来源：European Patent Office，PATSTAT Global 2023。

---

①　披露数据滞后导致 2021 年和 2022 年数据存在偏误，所以数据分析截至 2020 年。

7.1.2 创新方向

从具体技术分类来看，图 7-1-3 显示了不同时期数字技术创新主要方向。20 世纪 50—70 年代，数字技术以自动化创新为主要方向，在此期间自动化技术专利占全部数字技术专利申请数量的比重超过 40%。20 世纪 80 年代，机器人技术专利申请占比迅速增加，数字技术创新以机器人技术创新为代表。20 世纪 90 年代，物联网技术创新进入快速发展阶段，物联网技术专利申请占比一度超过 50%。2015 年以后，人工智能创新成为数字技术创新的前沿。2020 年，人工智能技术专利申请数量占比超过物联网，达到了 42.42%。

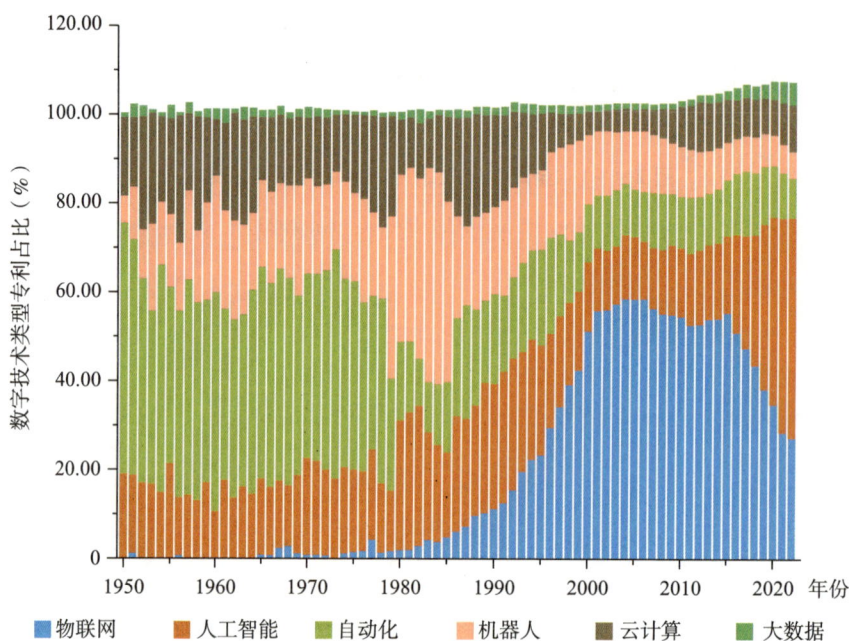

图 7-1-3　全球数字技术分类型申请数量占比①

数据来源：European Patent Office，PATSTAT Global 2023。

7.1.3 总体分布

从地区分布来看，近年来亚洲在全球数字技术创新格局中的重要地位进

───────────

① 当同一数字技术专利属于多个细分领域时，分别赋予各个细分领域的比重皆为 1，即单独为每个细分领域计入一个专利，故各细分领域专利占比总和超过 100%。

一步提升。图 7-1-4 和图 7-1-5 分别展示了 2000 年和 2020 年各大洲数字技术专利数量占全球的比重。从申请数量来看，2000 年到 2020 年，亚洲数字技术专利申请数量占比从 36.99% 上升到 73.71%，北美洲从 37.70% 下降到 19.21%，欧洲从 18.83% 下降到 6.60%，大洋洲从 6.33% 下降到 0.42%，南美洲从 0.09% 下降到 0.03%，非洲从 0.06% 下降到 0.01%。从授权数量来看，各大洲经历了与申请数量相似的变化趋势。2000—2020 年，亚洲数字技术专利授权数量占比从 35.63% 上升到 60.57%，北美洲和欧洲则分别从 44.18% 和 18.63% 下降到 32.54% 和 6.67%。大洋洲、南美洲、非洲数字技术专利授权数量占比也进一步下降。

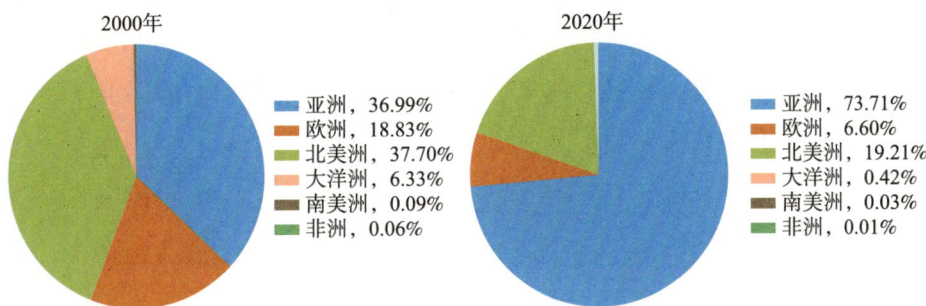

图 7-1-4　全球数字技术专利申请数量分布

数据来源：European Patent Office，PATSTAT Global 2023。

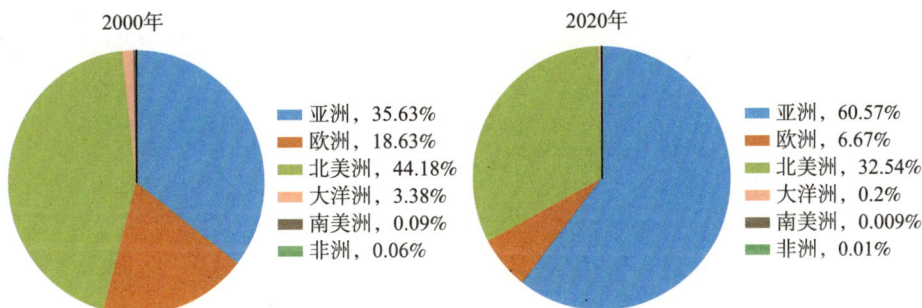

图 7-1-5　全球数字技术专利授权数量分布

数据来源：European Patent Office，PATSTAT Global 2023。

7.2 欧洲

7.2.1 总体趋势

从专利数量来看，1950—2020 年，欧洲数字技术专利申请和授权数量呈快速上升趋势。图 7-2-1 和图 7-2-2 显示，1990 年以前，欧洲数字技术专利每年申请和授权数量非常少，此后迅速增加，2020 年申请数量约为 2 万件，授权数量约为 0.4 万件。

从专利结构来看，1950—2020 年，欧洲数字技术专利占全部专利申请和授权数量的比重整体呈上升趋势。1990 年以前数字技术专利申请和授权比重均不足 1%，此后迅速攀升，截至 2020 年，数字技术专利申请比重已达到 6.17%，授权比重则为 5.42%。

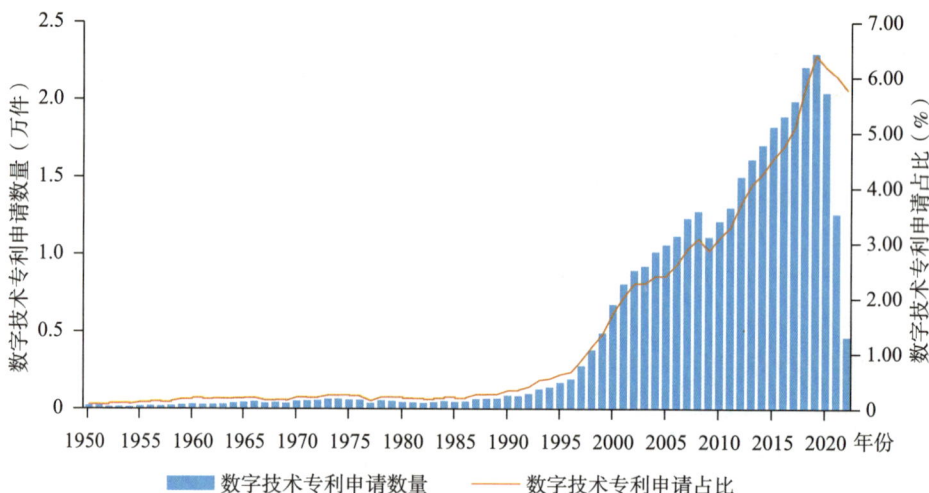

图 7-2-1 欧洲数字技术专利申请数量及占比①

数据来源：European Patent Office, PATSTAT Global 2023。

从全球占比来看，1950—2020 年，欧洲数字技术专利占全球数字技术专

---

① 披露数据滞后导致 2021 年和 2022 年数据存在偏误，所以数据分析截至 2020 年。

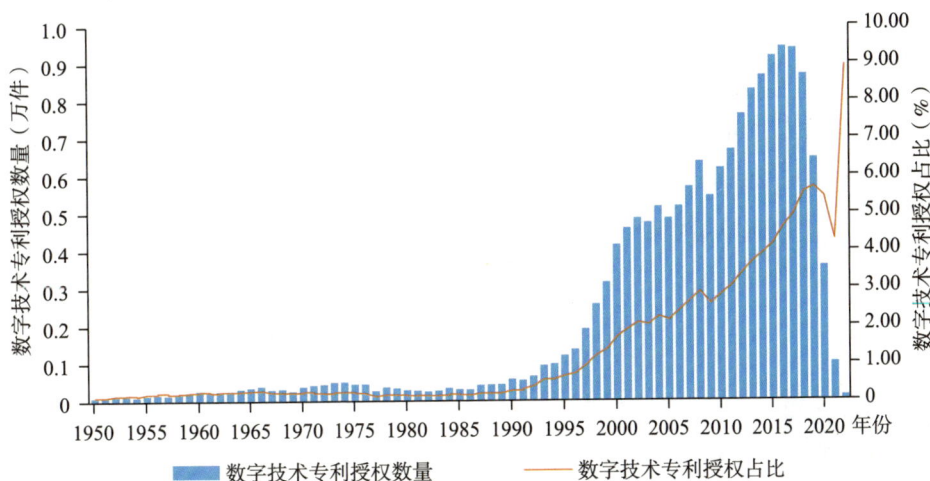

图 7-2-2　欧洲数字技术专利授权数量及占比

数据来源：European Patent Office，PATSTAT Global 2023。

利申请和授权数量的比重经历了大幅度的下降。图 7-2-3 显示，从 1950 年到 20 世纪 60 年代中期，欧洲数字技术专利申请和授权数量一度占到全球的 80% 以上，此后呈快速下降趋势，到 2020 年数字技术专利申请占比仅为 6.59%，授权占比仅为 4.23%。

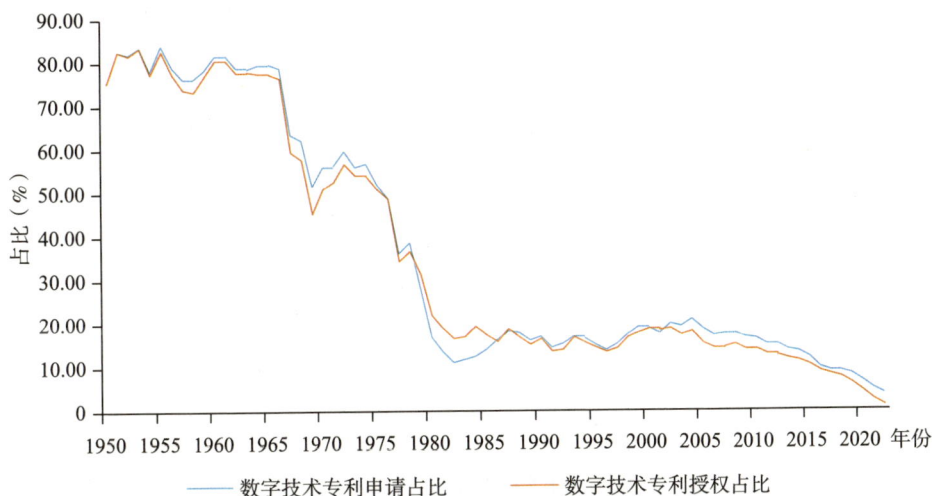

图 7-2-3　欧洲数字技术专利全球占比

数据来源：European Patent Office，PATSTAT Global 2023。

从国家分布来看，欧洲各国数字技术专利申请数量存在明显差异。图7-2-4 显示了 2020 年欧洲数字技术专利申请数量排名前 10 的国家。2020 年数字技术专利申请数量最多的是德国（0.71 万件），排在二、三、四位的分别是法国（0.25 万件）、英国（0.25 万件）和瑞典（0.24 万件），排在第 10 位的爱尔兰专利申请数量为 0.05 万件，仅仅是德国的 6.41%。

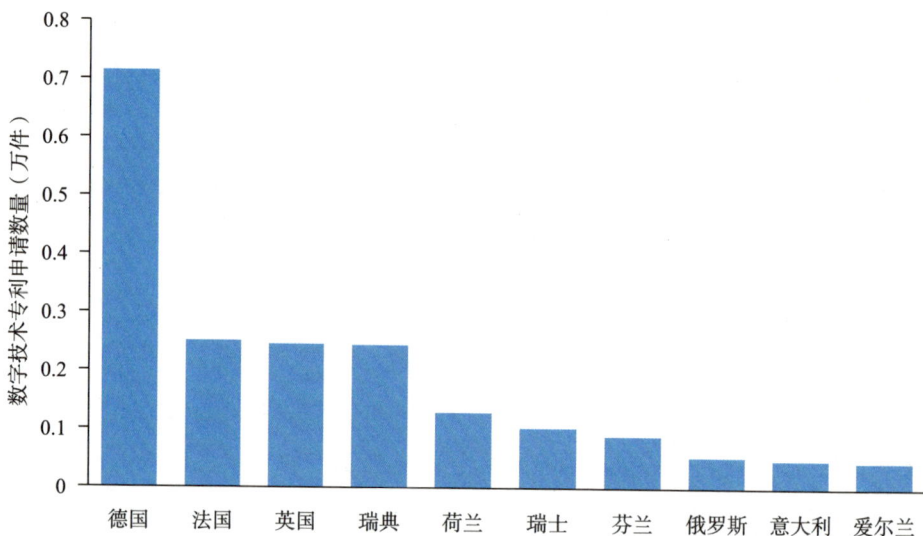

图 7-2-4　2020 年欧洲各国数字技术专利申请数量

数据来源：European Patent Office，PATSTAT Global 2023。

7.2.2　主要经济体：德国

从专利数量来看，1950—2020 年，德国数字技术专利申请和授权数量呈快速上升趋势。1950 年，德国数字技术专利申请和授权数量均为 16 件，2020年分别为 0.71 万件和 0.1 万件。

从专利结构来看，1950—2020 年，德国数字技术专利占全部专利申请和授权的比重稳步提升。如图 7-2-5 和图 7-2-6 所示，1950 年，德国数字技术专利申请和授权占比分别为 0.04% 和 0.05%。截至 2020 年，申请和授权比重分别上升到 6.53% 和 7.24%。

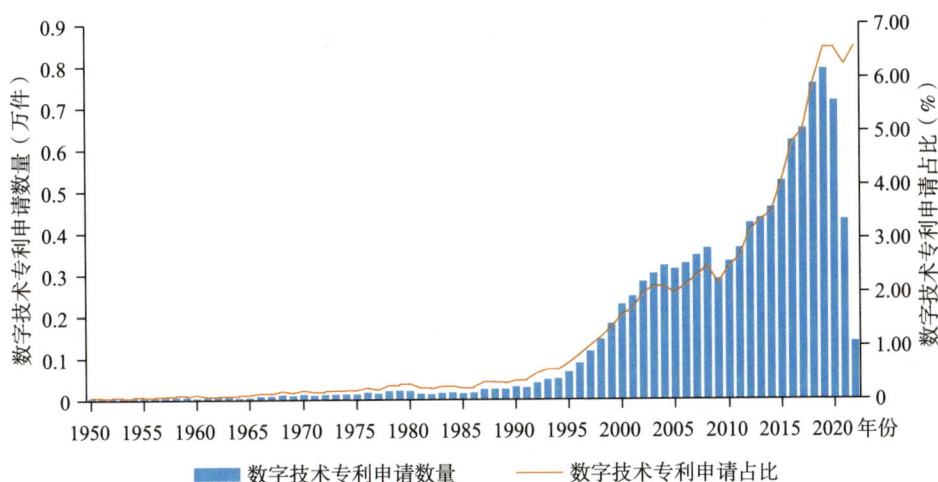

图 7-2-5　德国数字技术专利申请数量及占比

数据来源：European Patent Office，PATSTAT Global 2023。

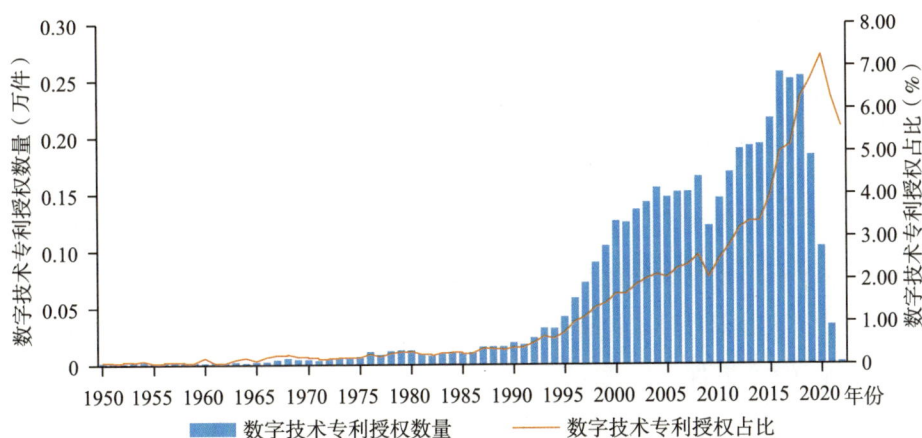

图 7-2-6　德国数字技术专利授权数量及占比

数据来源：European Patent Office，PATSTAT Global 2023。

从全球占比来看，如图 7-2-7 所示，1980 年以前，德国数字技术专利申请数量占全球数字技术专利申请数量的比重在 10%上下波动，而授权数量占比波动幅度较大。1980 年以后两者迅速下降，2020 年申请数量占比为 2.3%，授权数量占比仅为 1.23%。

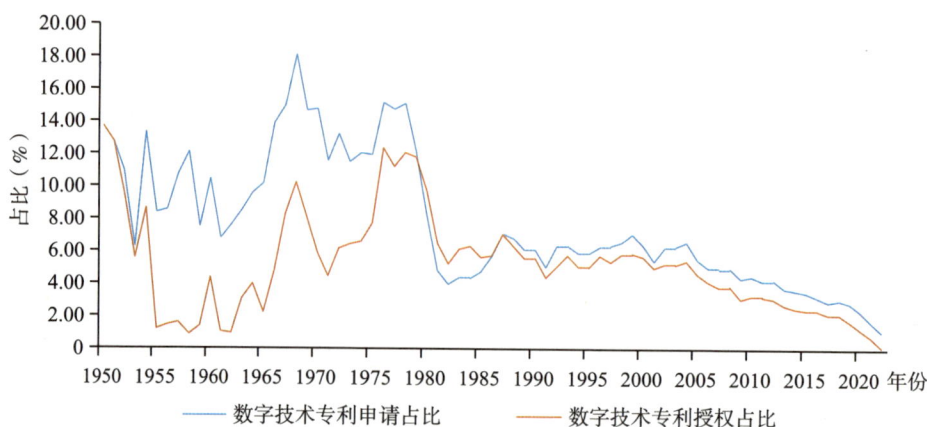

图 7-2-7　德国数字技术专利全球占比

数据来源：European Patent Office，PATSTAT Global 2023。

7.3　北美洲

7.3.1　总体趋势

从专利数量来看，如图 7-3-1 和图 7-3-2 所示，1990 年以前，北美洲数字技术专利申请和授权数量都比较少。1990 年以后，数字技术专利申请和授权数量呈快速上涨趋势。2020 年，北美洲数字技术专利申请数量为 5.9 万件，授权数量为 2.2 万件。

从国家分布来看，1950—2020 年，北美洲数字技术专利申请和授权数量主要集中在美国，其他国家（地区）占比非常小。

从专利结构来看，北美洲数字技术专利申请和授权数量占全部专利数量的比重快速上升。1950 年，数字技术专利申请和授权数量占比分别为 0.06% 和 0.07%，到 2020 年，已经上升到了 12.2% 和 19.49%。

从全球占比来看，1950—2020 年，北美洲数字技术专利占比波动较大。如图 7-3-3 所示，1950—1970 年，北美洲数字技术专利申请和授权数量占全球比重呈上升趋势。1970—1985 年，由于日本数字技术的快速发展，北美洲

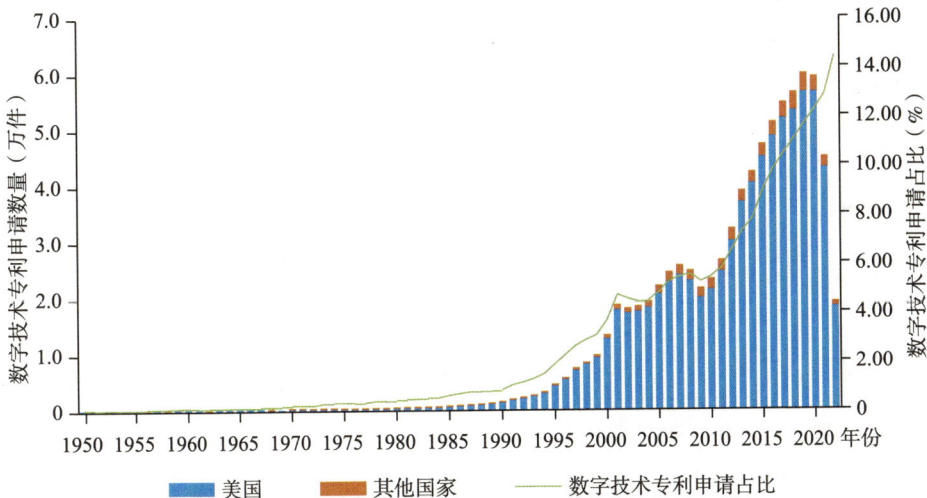

图 7-3-1　北美洲数字技术专利申请数量及占比①

数据来源：European Patent Office，PATSTAT Global 2023。

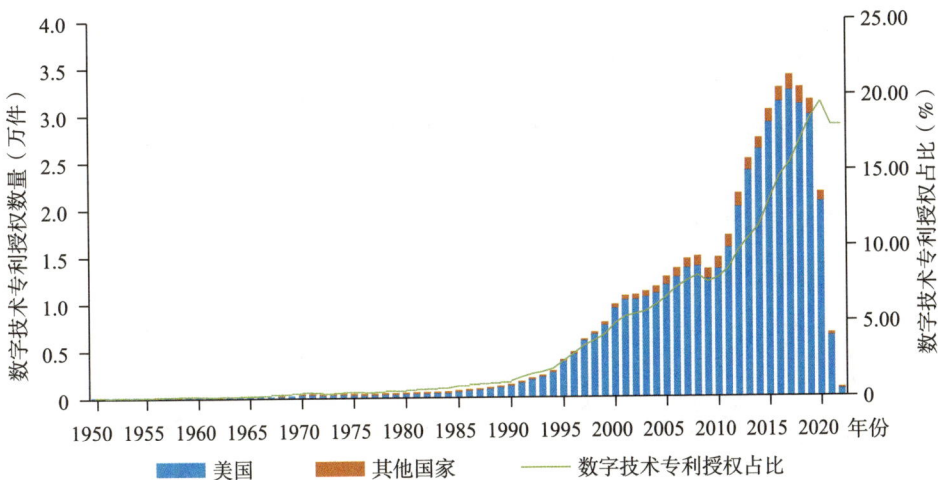

图 7-3-2　北美洲数字技术专利授权数量及占比

数据来源：European Patent Office，PATSTAT Global 2023。

占比下降。1985—2000 年，得益于互联网技术及产业的发展，北美洲数字技术专利申请和授权数量占全球比重逐渐回升。2000 年以后，中国在数字技术领域崛起，使得北美洲占比逐渐下降。

---

① 披露数据滞后导致 2021 年和 2022 年数据存在偏误，所以数据分析截至 2020 年。

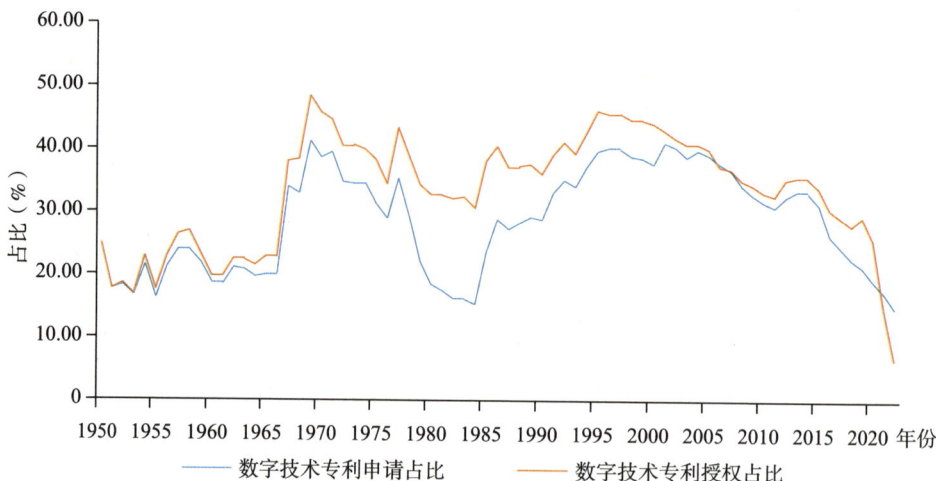

图 7-3-3　北美洲数字技术专利全球占比

数据来源：European Patent Office，PATSTAT Global 2023。

7.3.2　主要经济体：美国

从专利数量来看，1950—2020 年，美国数字技术专利数量呈现快速上升趋势。如图 7-3-4 和图 7-3-5 所示，1990 年以前，美国数字技术专利申请和

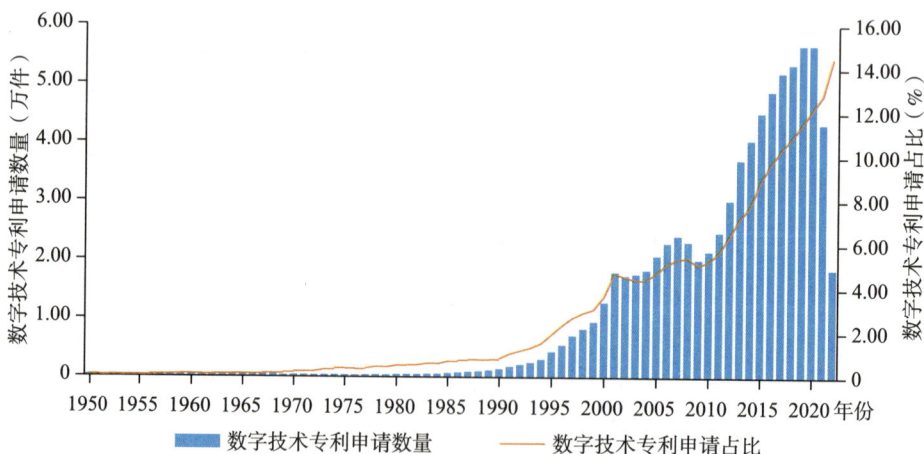

图 7-3-4　美国数字技术专利申请数量及占比

数据来源：European Patent Office，PATSTAT Global 2023。

授权数量都比较少。1990 年以后，数字技术专利申请和授权数量呈快速上升趋势。2020 年，美国数字技术专利申请数量为 5.7 万件，授权数量为 2.1 万件。

从专利结构来看，美国数字技术专利申请和授权数量占全部专利数量的比重快速上升。如图 7-3-4 和图 7-3-5 所示，1950 年，数字技术专利申请和授权数量占比均为 0.07%，到 2020 年，两者已经分别上升到 12.17% 和 19.46%。

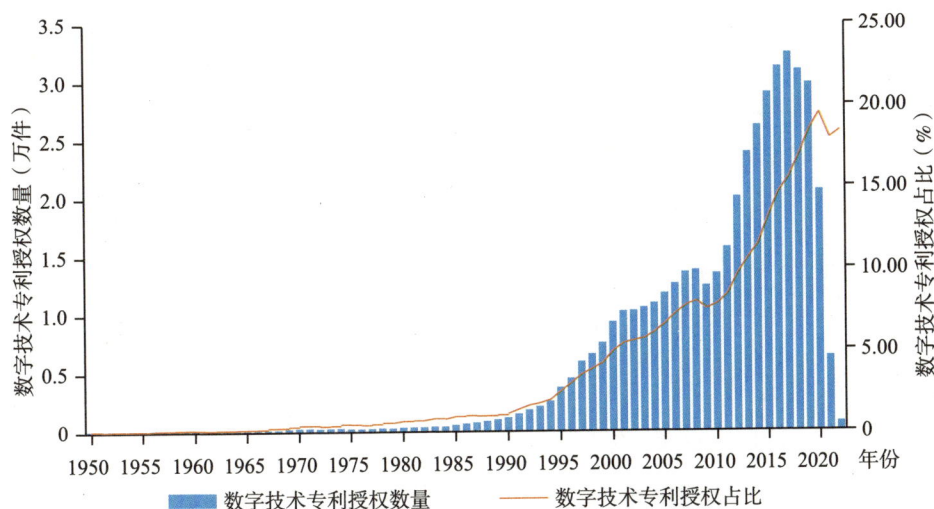

图 7-3-5　美国数字技术专利授权数量及占比

数数据来源：European Patent Office，PATSTAT Global 2023。

从全球占比来看，由于北美洲的数字技术专利绝大多数集中在美国，所以美国数字技术专利占比的波动趋势和北美洲相似。如图 7-3-6 所示，1950—1970 年，美国数字技术专利申请和授权数量占全球比重呈上升趋势。1971—1985 年，美国数字技术专利申请和授权数量占全球比重呈下降趋势。1986—2000 年，美国数字技术专利申请和授权数量占全球比重逐渐回升。2000 年以后，美国占比逐渐下降。

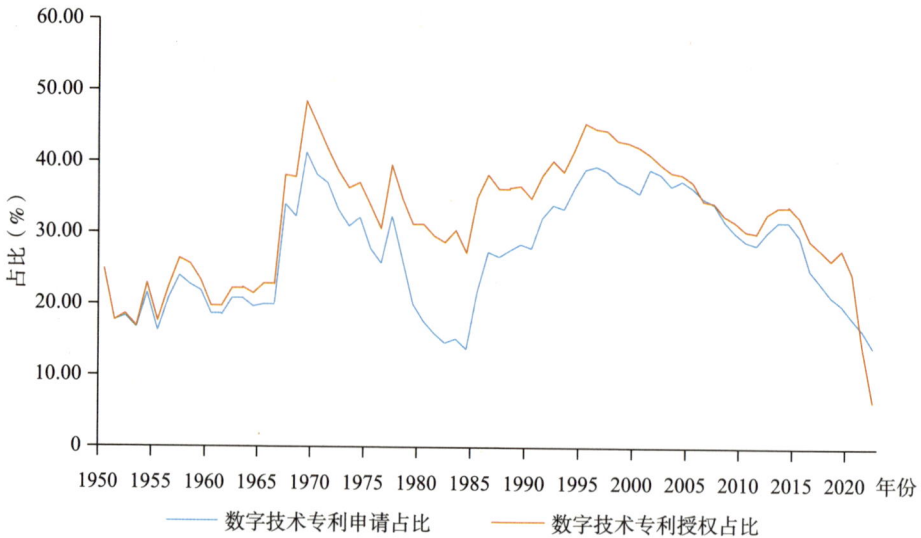

图 7-3-6　美国数字技术专利全球占比

数据来源：European Patent Office，PATSTAT Global 2023。

7.4　亚洲

7.4.1　总体趋势

从专利数量来看，1966—2020 年亚洲数字技术专利申请和授权数量整体呈快速增长趋势。如图 7-4-1 和图 7-4-2 所示，2000 年以前，数字技术专利申请和授权数量都比较少，2000 年后增长迅速。1966 年，亚洲数字技术专利申请和授权数量分别为 5 件和 8 件；2020 年，数字技术专利申请数量高达 22.8 万件，授权数量则为 5.9 万件。

从国家分布来看，亚洲数字技术专利申请和授权数量大多集中在中国、日本和韩国。2000 年以前，日本占据了亚洲数字技术专利申请和授权数量的绝大多数。2000—2010 年，韩国逐渐追上日本的步伐，专利申请和授权数量实现不断增长。2010 年以后，中国逐渐超过日本和韩国，成为亚洲数字技术专利申请和授权数量最多的国家。①

---

①　本节的中国指的是中国大陆，不包括中国台湾、中国香港、中国澳门。

从专利结构来看，数字技术专利申请和授权数量占全部专利的比重也稳步提升。1966—2020 年，专利申请占比从 0.09% 上升到 9.22%，而授权占比则从 0.46% 上升到 9.5%。

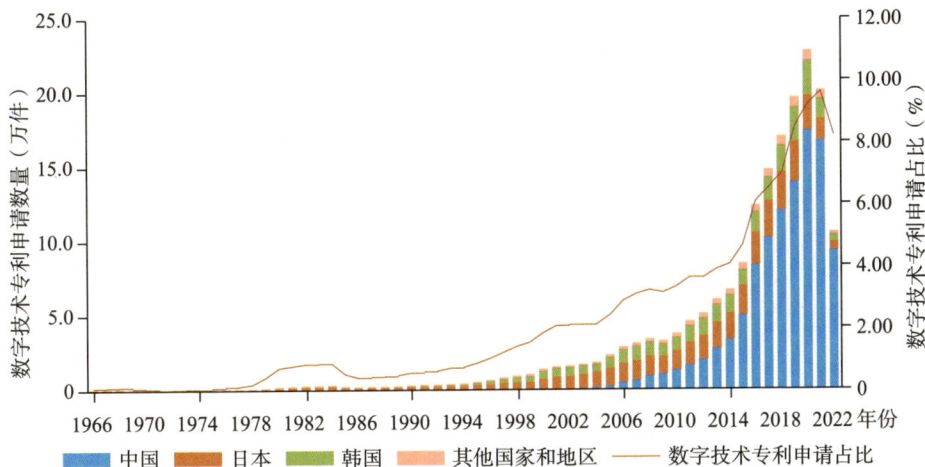

图 7-4-1　亚洲数字技术专利申请数量及占比①

数据来源：European Patent Office，PATSTAT Global 2023。

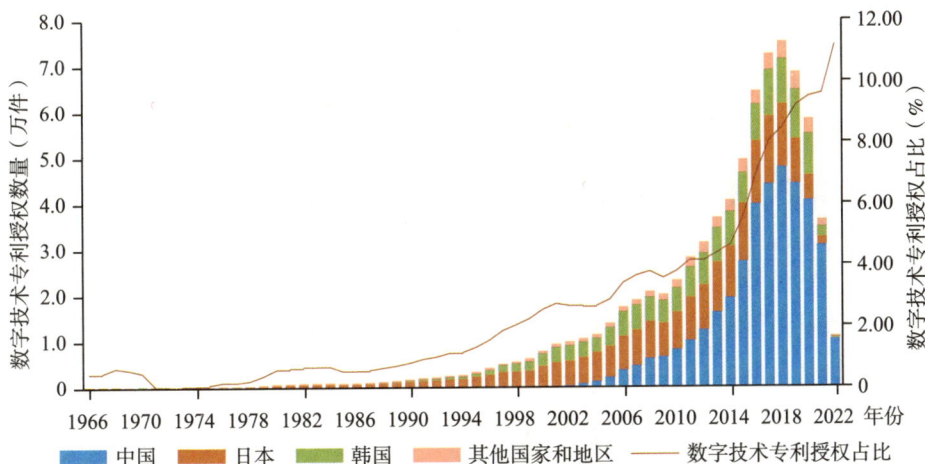

图 7-4-2　亚洲数字技术专利授权数量及占比

数据来源：European Patent Office，PATSTAT Global 2023。

---

① 披露数据滞后导致 2021 年和 2022 年数据存在偏误，所以数据分析截至 2020 年，下同。

从全球占比来看，1966—1982 年，亚洲数字技术专利申请和授权数量占全球的比重迅速上升。如图 7-4-3 所示，1982 年，专利申请和授权占比分别为 71.89% 和 49.93%，此后逐渐下降。2001 年以后，亚洲数字技术专利申请和授权数量占全球的比重开始稳步提升，截至 2020 年，申请和授权占比分别达到 73.55% 和 69.39%。1983 年以前，日本数字技术的快速发展推动了亚洲数字技术专利申请和授权数量在全球的比重，2001 年以后则主要是由中国推动。

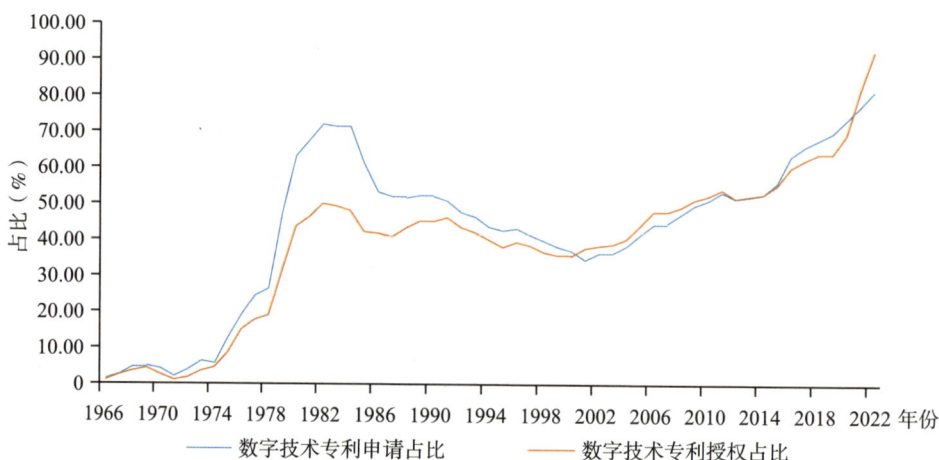

图 7-4-3　亚洲数字技术专利全球占比

数据来源：European Patent Office，PATSTAT Global 2023。

7.4.2　主要经济体：中国、日本、韩国

1. 中国

从专利数量来看，中国专利申请和授权数量经历了快速增长的阶段。如图 7-4-4 和图 7-4-5 所示，1985 年中国开始申请数字技术专利，2005 年以前，数字技术专利申请和授权数量都非常少。2005 年以后，中国数字技术专利申请和授权数量迅速增加，2020 年数字技术专利申请数量为 17.4 万件、授权数量为 4.1 万件。

从专利结构来看，数字技术专利申请和授权数量占全部专利的比重也快速提升。由图 7-4-4 和图 7-4-5 可知，1985 年中国数字技术专利申请占全部

专利申请的 0.11%，专利授权占全部专利授权数量的 0.17%，2020 年两者占比分别为 10.1% 和 9.96%。

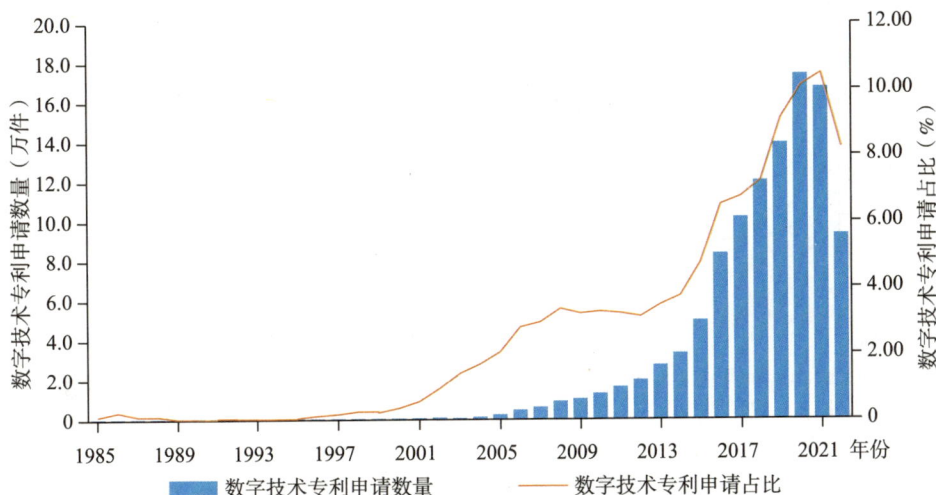

图 7-4-4 中国数字技术专利申请数量及占比

数据来源：European Patent Office，PATSTAT Global 2023。

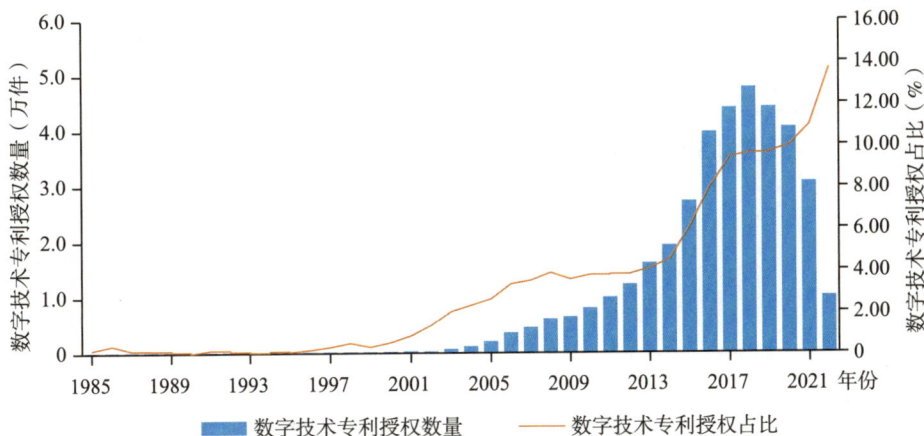

图 7-4-5 中国数字技术专利授权数量及占比

数据来源：European Patent Office，PATSTAT Global 2023。

从全球占比来看，1985—2022 年，中国数字技术专利数量占全球比重迅速上升。如图 7-4-6 所示，2001 年之前中国数字技术专利申请和授权数量占全球比重极低，2001 年后占比不断提升。到 2020 年，中国占全球数字技术专利申请数量的比重为 56.23%，占全球数字技术专利授权数量的 48.24%。

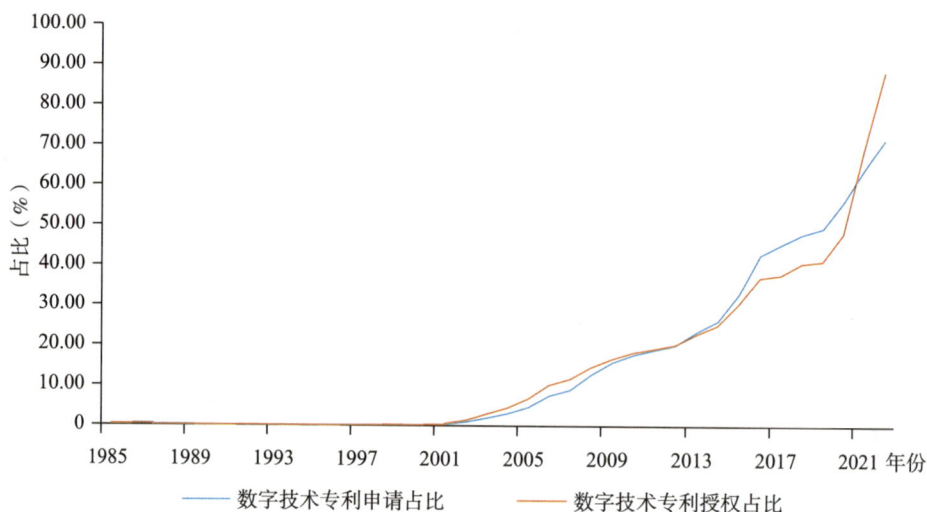

图 7-4-6　中国数字技术专利全球占比

数据来源：European Patent Office，PATSTAT Global 2023。

2. 日本

从专利数量来看，1966—2022 年，日本数字技术专利申请和授权数量快速增加。图 7-4-7 和图 7-4-8 显示，1966 年，数字技术专利申请数量仅为 8 件、授权数量仅为 5 件；2020 年，申请和授权数量分别为 2.4 万件和 0.5 万件。

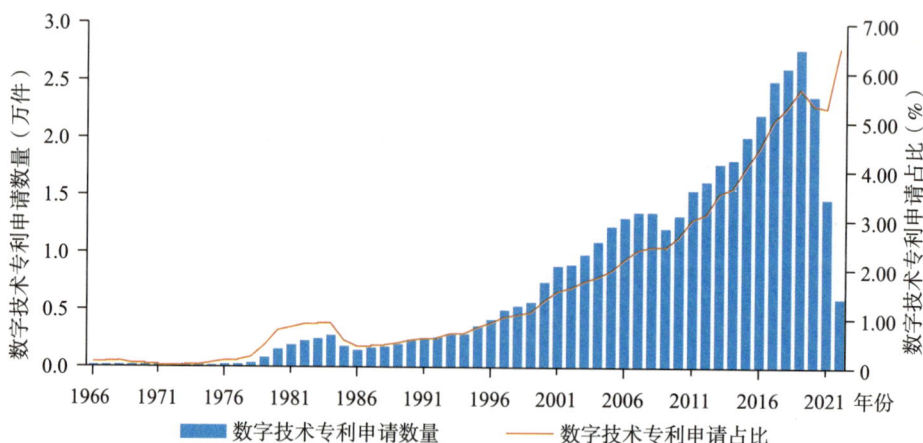

图 7-4-7　日本数字技术专利申请数量及占比

数据来源：European Patent Office，PATSTAT Global 2023。

从专利结构来看，日本数字技术专利申请和授权数量占全部专利申请和授权数量的比重都呈上升趋势。1966 年，数字技术专利申请和授权数量占比仅为 0.09% 和 0.56%，2020 年两者分别上升到了 5.34% 和 7.04%。

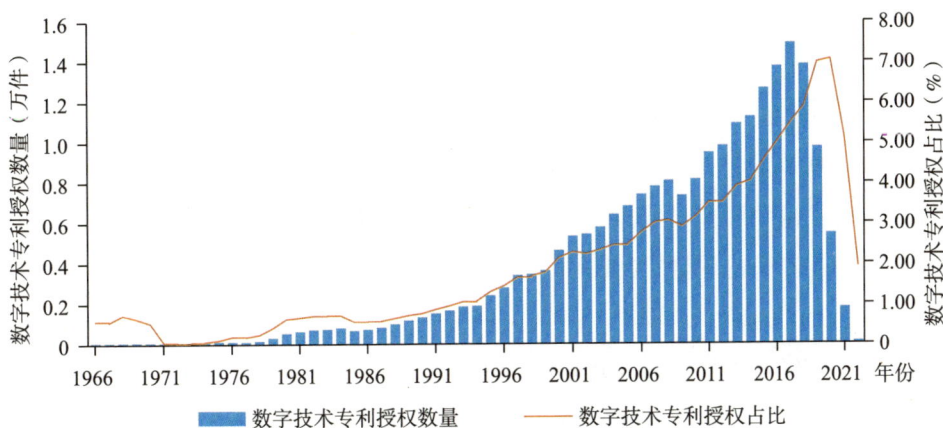

图 7-4-8 日本数字技术专利授权数量及占比

数据来源：European Patent Office，PATSTAT Global 2023。

从全球占比来看，日本经历了波动明显的两个阶段。如图 7-4-9 所示，

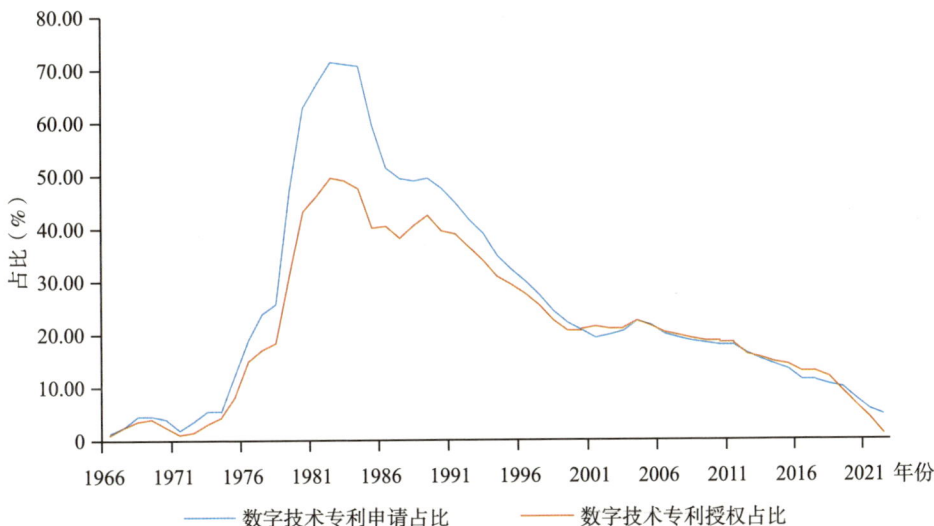

图 7-4-9 日本数字技术专利全球占比

数据来源：European Patent Office，PATSTAT Global 2023。

1966—1982 年，日本数字技术专利申请和授权数量占全球比重迅速攀升，1982 年两者占比分别高达 71.45% 和 49.52%。这主要得益于机器人技术和产业的发展，1980—1986 年，日本数字技术专利申请数量占全球比重一度超过50%。1982—2020 年，日本数字技术专利占比呈下降趋势，2020 年仅占全球数字技术专利申请和授权数量的 7.63% 和 6.49%。

3. 韩国

从专利数量来看，如图 7-4-10 和图 7-4-11 所示，1990 年以前，韩国数字技术专利申请和授权数量都非常少，1990 年以后，两者开始快速增加，并呈现出波动上升的趋势。2020 年，韩国数字技术专利申请和授权数量分别为2.3 万件和 0.9 万件。

从专利结构来看，韩国数字技术专利申请和授权数量占全部专利申请和授权数量的比重均呈现出波动上升的趋势。1977—2020 年，两者分别从0.09% 和 0.1% 上升到 9.91% 和 9.06%。

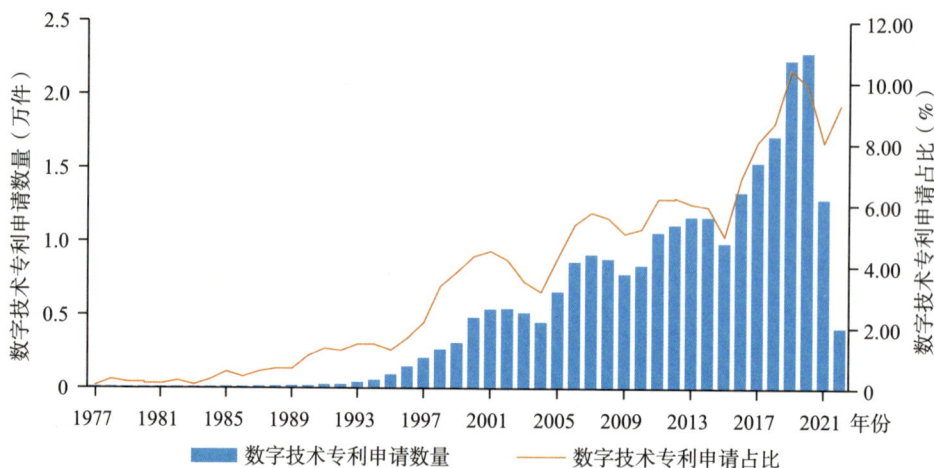

图 7-4-10　韩国数字技术专利申请数量及占比

数据来源：European Patent Office, PATSTAT Global 2023。

从全球占比来看，如图 7-4-12 所示，2000 年以前，韩国数字技术专利申请和授权数量占全球数字技术专利的比重快速上升。到 2000 年，韩国数字技术专利申请数量占比为 13.54%，授权数量占比为 11.76%。2000 年以后，两者呈波动下降的趋势，到 2020 年分别下降到 7.38% 和 10.6%。

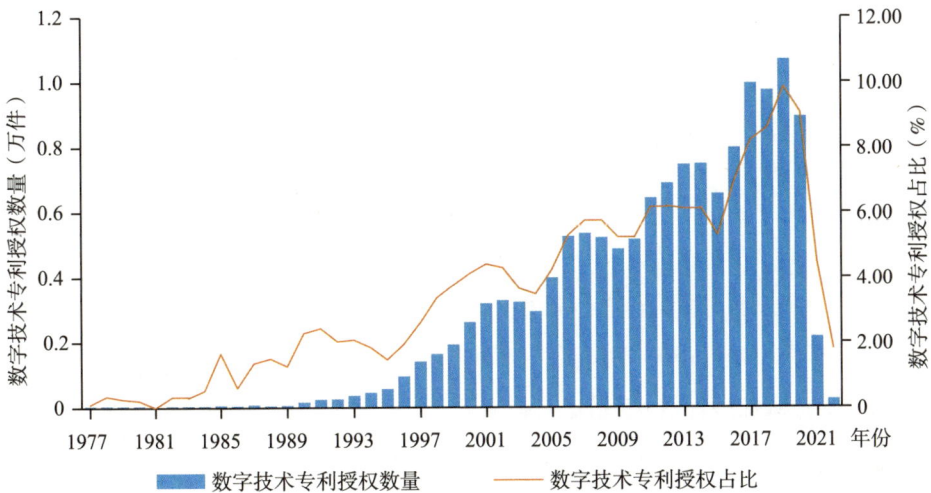

图 7-4-11　韩国数字技术专利授权数量及占比

数据来源：European Patent Office，PATSTAT Global 2023。

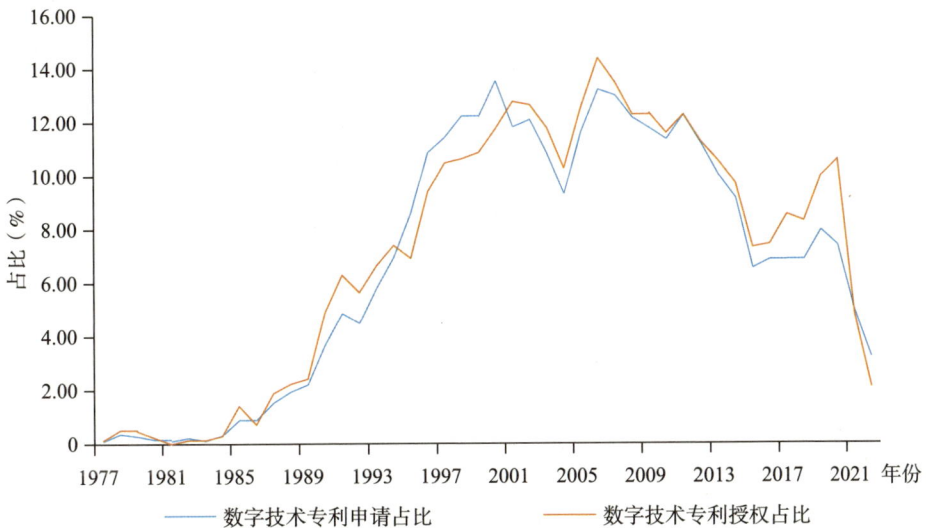

图 7-4-12　韩国数字技术专利数量全球占比

数据来源：European Patent Office，PATSTAT Global 2023。

（刘灿雷、王晓航）

149

第8章 创新合作

　　全球创新合作在数字时代日益引领着科技与经济的发展潮流，而数字技术专利的涌现更是这一趋势的生动写照。在前文的基础上，本章将专利范围进一步细化至数字技术专利领域，深入研究数字技术专利领域内的全球长期趋势，重点呈现总体趋势、合作类型、合作规模，以及各区域分布的特征事实。

　　本章主要分为全球和地区两个部分。在第一部分，即8.1节和8.2节中，本章聚焦于数字技术专利在全球及各大洲的演变特征。首先，本章展示了全球数字技术专利合作数量的变化情况以及其迅速增长的发展趋势。其次，本章深入研究数字技术专利创新合作的合作类型以及发明人合作规模的演变，揭示出数字技术专利创新合作类型的多元化和规模化趋势。最后，本章呈现了数字技术专利在全球各大洲的分布特征。通过呈现总体分布、主要经济体比较、合作类型、合作规模以及区域间合作关联的特征事实，更为丰富和立体地刻画出数字技术专利创新合作在全球创新网络中的分布格局。

　　在第二部分，即8.3节至8.5节中，本章进一步探究数字技术专利创新在欧洲、北美洲和亚洲三个关键区域的合作趋势。分别关注欧洲的总体趋势以及代表性国家德国、北美洲的总体趋势和代表性国家美国、亚洲的总体趋势和代表性国家中日韩三国数字技术专利创新合作情况，更为深入地揭示出了各区域数字技术专利合作的差异和共性。

8.1　全球长期趋势

8.1.1　总体趋势

数字技术的迅猛发展在过去几十年中推动了全球创新与经济增长。从信息技术到人工智能、云计算、物联网，数字技术的不断演进催生了新的商业模式和生活方式，也催生了数字技术领域内的专利申请潮流，数字技术专利的快速增长反映了该领域创新活动的密集程度，为数字技术的推动和保护提供了实质性支持。同时，在数字技术领域内合作申请专利的趋势也日益明显，这种合作模式不仅加速了技术创新的步伐，还通过共享知识和资源，推动了数字技术领域的集体进步。

从总体趋势来看，数字技术领域的合作专利数量整体呈现出上升趋势，且增幅在 1990 年后明显扩大。图 8-1-1 和图 8-1-2 分别展示了全球范围内合作数字技术专利申请和授权总量、增长率与全球占比。1900 年至 1969 年间，合作数字技术专利发展尚处于早期阶段，专利总量较低，增长率波动大；1970 年之后，虽然合作数字技术专利总量仍处于低位，但是增长率水平逐渐

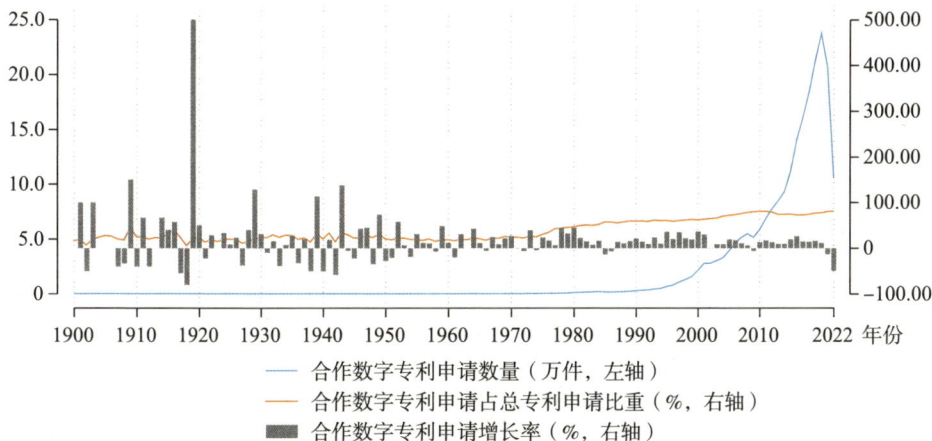

图 8-1-1　全球合作数字技术专利申请数量变化趋势

数据来源：European Patent Office, PATSTAT Global 2023。

稳定在正区间，为 1990 年以后专利水平的腾飞奠定了基础。进入 21 世纪后，受益于现代通信技术的更新与传播，数字技术领域内合作数字技术专利的申请和授权数量都迅速增加，呈稳定的正增长状态。与此同时，合作数字技术专利占总数字技术专利数量的比重也增至 90% 左右。可以看出，伴随着技术革新的推进和全球化浪潮的席卷，数字技术领域内专利数字技术合作的趋势在全球范围内愈加明显。

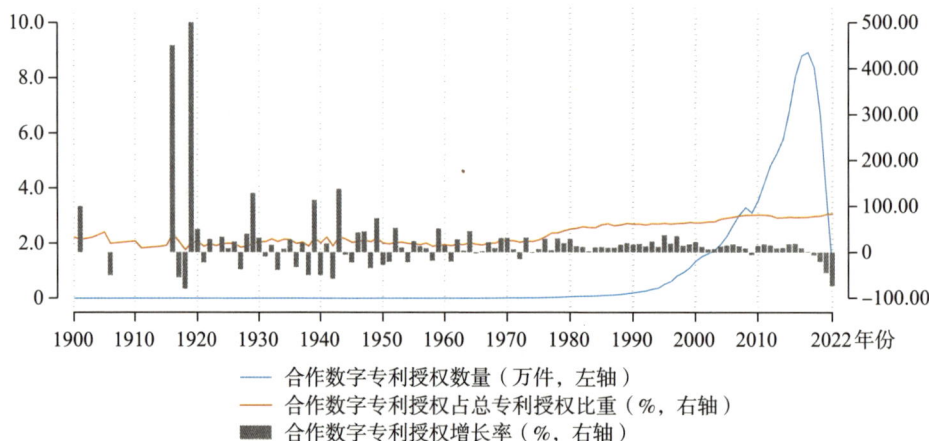

图 8-1-2　全球合作数字技术专利授权数量变化趋势

数据来源：European Patent Office，PATSTAT Global 2023。

8.1.2　合作类型

从专利合作类型的视角来看，国内合作已成为数字技术专利的主要合作形式，同时国际合作占比也在不断扩大。图 8-1-3 和图 8-1-4 分别展示了将数字技术领域内专利分为国际合作、国内合作和非合作三种类型后，各类型的申请和授权数量占合作数字技术专利申请和授权总量的比例。从图中可以看出，申请数量和授权数量的变化趋势类似，1900—1929 年，国内合作类型占有一定比重，自 1930 年开始，数字技术专利的合作比例迅速下跌，该状况一直持续到 20 世纪 50 年代。1950—1959 年，数字技术专利国内合作仍旧占比很低，但已逐渐展现出恢复的趋势。进入 60 年代后，受益于国际秩序的逐渐恢复和科学技术的发展与传播，数字技术专利的合作比重开始稳定上升。其中，国际合作的形式也开始出现，并逐渐扩大比重。截至 2020 年，数字技术专利的合作比例已超过 80%，相较于非合作而言，合作已经成为数字技术领域内专利的重要申请和发明形式。[①]

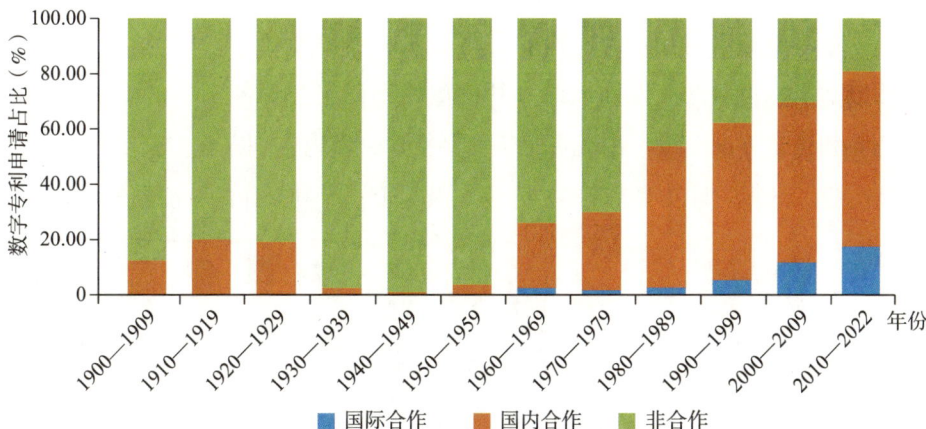

图 8-1-3　区分合作类型的全球合作数字技术专利申请趋势

数据来源：European Patent Office，PATSTAT Global 2023。

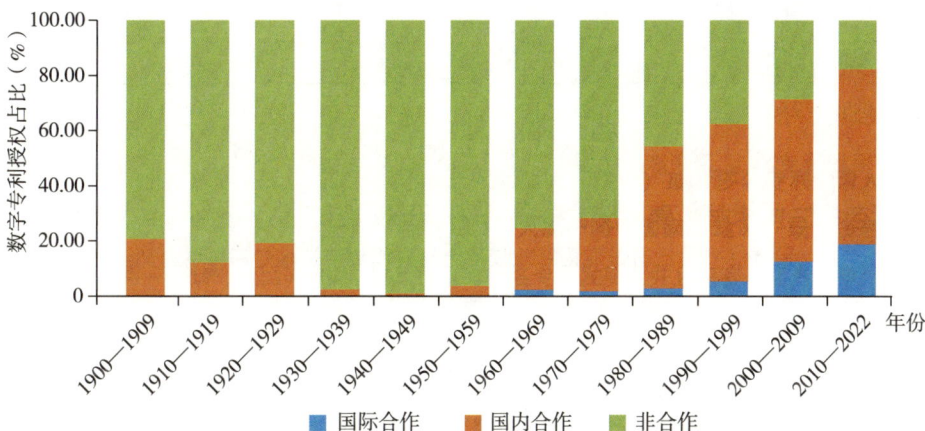

图 8-1-4　区分合作类型的全球合作数字技术专利授权趋势

数据来源：European Patent Office，PATSTAT Global 2023。

---

① 披露数据滞后导致 2021 年与 2022 年数据存在偏误，所以分析数据截至 2020 年。

8.1.3　合作规模

从合作发明人的数量来看，数字技术领域内专利合作普遍存在，且多人合作的趋势逐渐扩大。图 8-1-5 和图 8-1-6 分别展示了数字技术领域内申请和授权时发明人不同数量的专利占专利总量的比重。如图 8-1-5 和图 8-1-6 所示，不论是从申请还是授权的角度来看，从 1900 年至今，单个发明人的比重逐渐下滑，包含两名发明人的专利比重趋于稳定，而包含三名及以上发明人的专利比重逐渐上升。由此可见，数字技术领域内专利存在多个发明人合作的情况变得普遍，且发明人个数趋于三名及以上，专利合作的特征趋于明显。

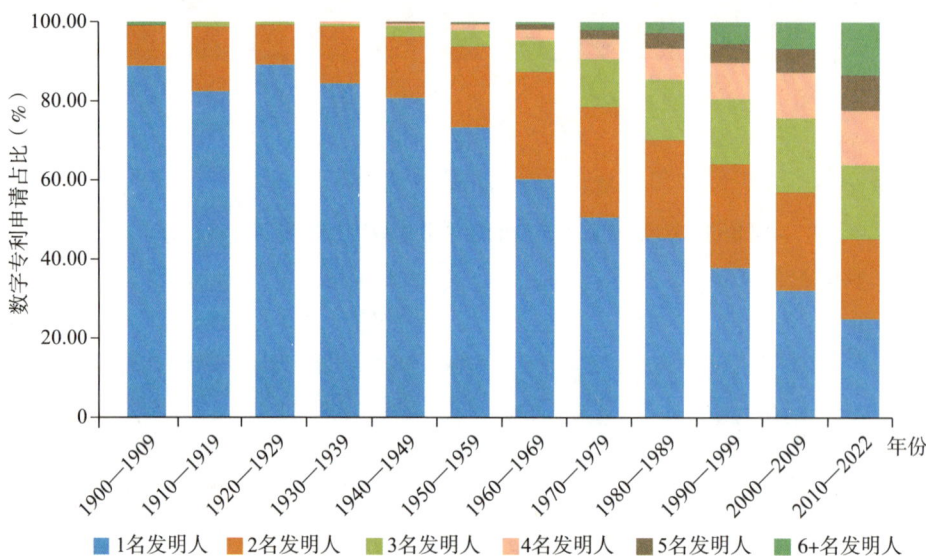

图 8-1-5　区分发明团队规模的全球合作数字技术专利申请趋势

数据来源：European Patent Office，PATSTAT Global 2023。

8.2　全球各区域分布

8.2.1　总体分布

从全球各区域的分布来看，数字技术创新中心展现出由北美洲和欧洲向

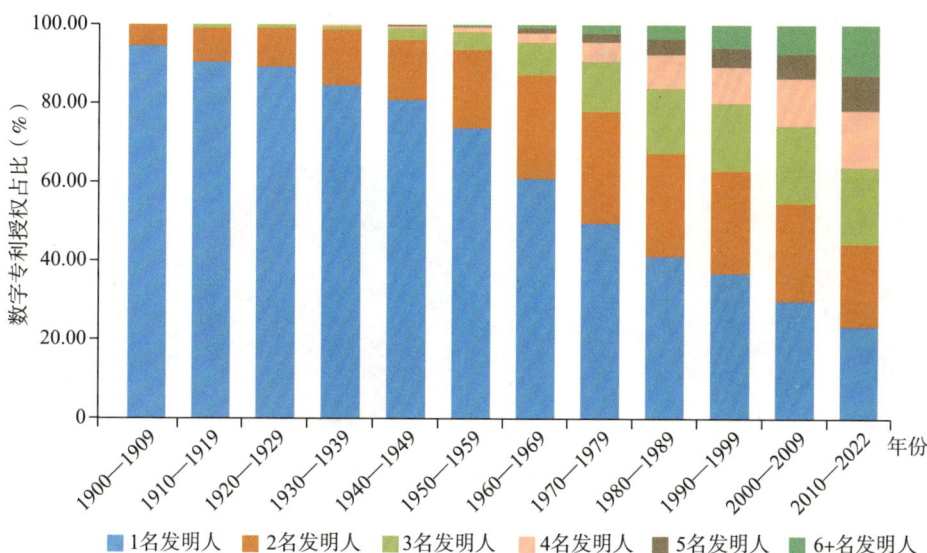

图 8-1-6 区分发明团队规模的全球合作数字技术专利授权趋势

数据来源：European Patent Office，PATSTAT Global 2023。

亚洲转移的趋势。图 8-2-1 和图 8-2-2 分别展示了 2010 年和 2020 年六大洲合作数字技术专利的申请和授权占专利申请和授权总量的比重。两张图共同展现了以下特征：一是从相对视角来看，亚洲、北美洲和欧洲三个大洲合计占比超 90%，占据了合作数字技术专利的绝大部分比重，其余三洲占比较小；二是从变化趋势来看，亚洲合作专利数量从 2010 年至 2020 年占比显著增长，

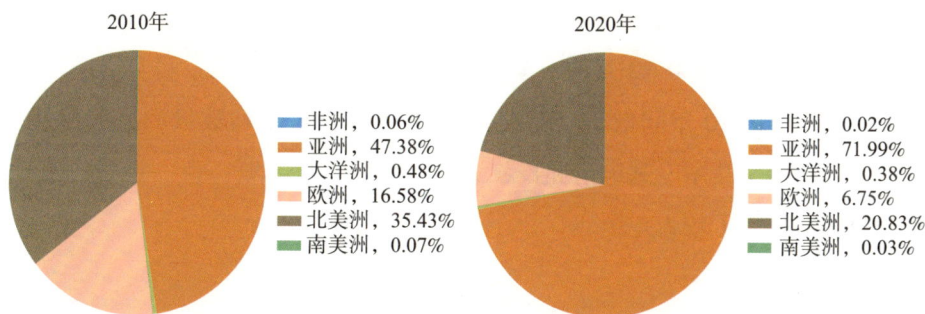

图 8-2-1 全球合作数字技术专利申请数量的地区分布

数据来源：European Patent Office，PATSTAT Global 2023。

北美洲和欧洲所占比例都出现萎缩情况，说明在数字技术领域内，合作专利重点区域有从北美洲和欧洲向亚洲转移的趋势。

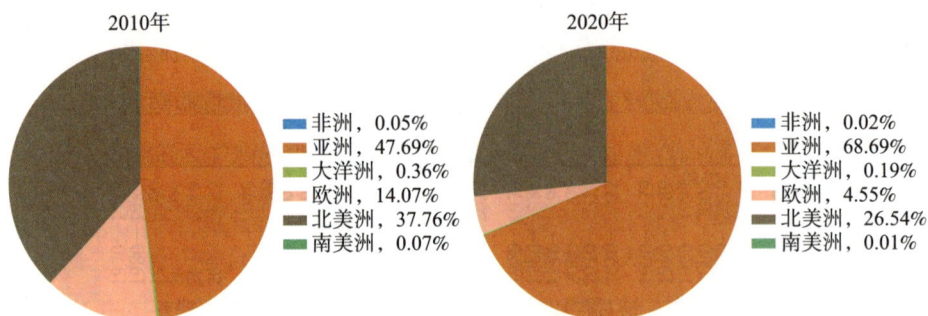

2010年

- 非洲，0.05%
- 亚洲，47.69%
- 大洋洲，0.36%
- 欧洲，14.07%
- 北美洲，37.76%
- 南美洲，0.07%

2020年

- 非洲，0.02%
- 亚洲，68.69%
- 大洋洲，0.19%
- 欧洲，4.55%
- 北美洲，26.54%
- 南美洲，0.01%

图 8-2-2　全球合作数字技术专利申请授权的地区分布

数据来源：European Patent Office，PATSTAT Global 2023。

8.2.2　主要经济体比较

从主要经济体来看，多数国家（地区）数字技术合作创新规模呈现扩大趋势。图 8-2-3 和图 8-2-4 分别展示了数字技术领域内合作专利申请和授权数量位列全球前十的国家（地区）。将地理口径进一步细化至国别维度来看，可以发现多数国家（地区）专利申请数量在 2020 年都较 2010 年更多，而授权数量中日本、德国、法国、加拿大和瑞典却不增反减，在申请数量增加的前提下专利授权数量反而降低。从增长幅度来看，中国的增幅最大，2010—2020 年，合作专利申请数量从 1.16 万件增至 13.85 万件，翻了 10 倍之多；合作专利授权数量从 0.72 万件增至 3.50 万件，增幅达 386%。可见，中国在 2010—2020 年的 10 年间取得了数字技术领域内合作专利数量的巨大进步，2020 年合作数字技术专利申请和授权总量均跃升至世界第一位，并与其他国家（地区）拉开了较大差距。

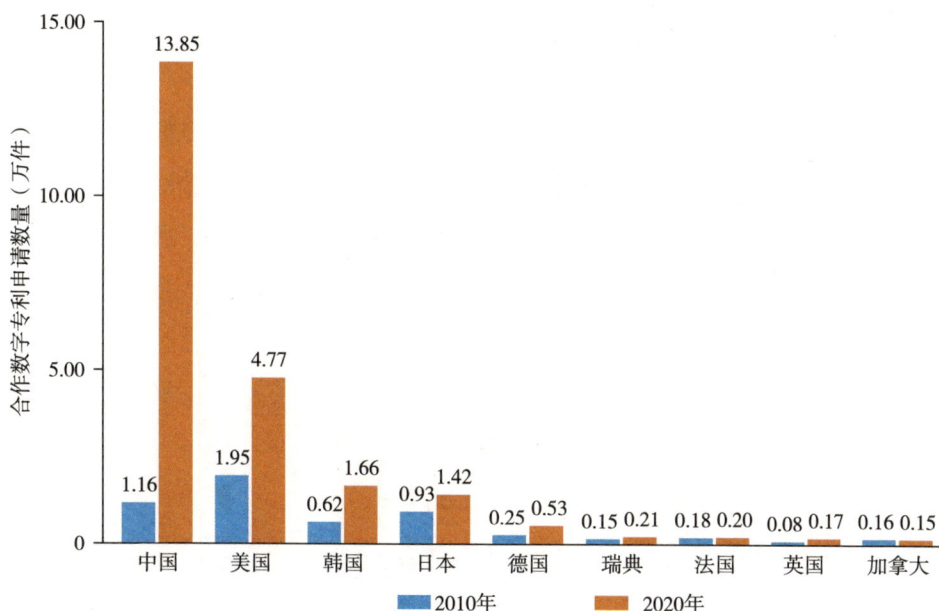

图 8-2-3　全球主要经济体合作数字技术专利申请数量

数据来源：European Patent Office，PATSTAT Global 2023。

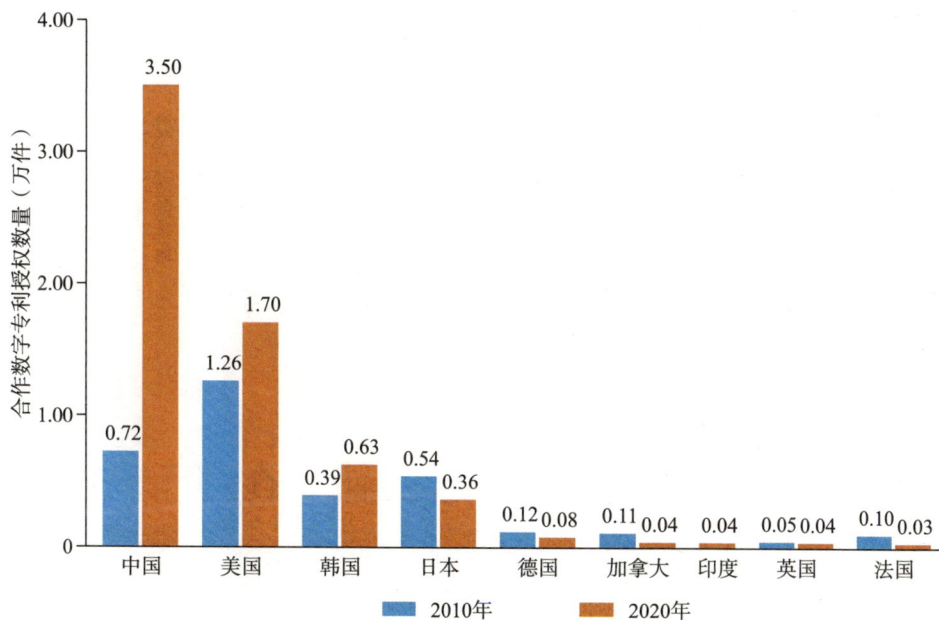

图 8-2-4　全球主要经济体合作数字技术专利授权数量

数据来源：European Patent Office，PATSTAT Global 2023。

8.2.3 合作类型

从各地区合作专利类型的分布来看，各洲更倾向于合作申请专利，且在合作专利中更倾向于国内合作，但国际合作专利的比例还在不断增大。图 8-2-5 展示了各洲洲内各合作类型专利申请数量占比总专利申请数量，图 8-2-6 展

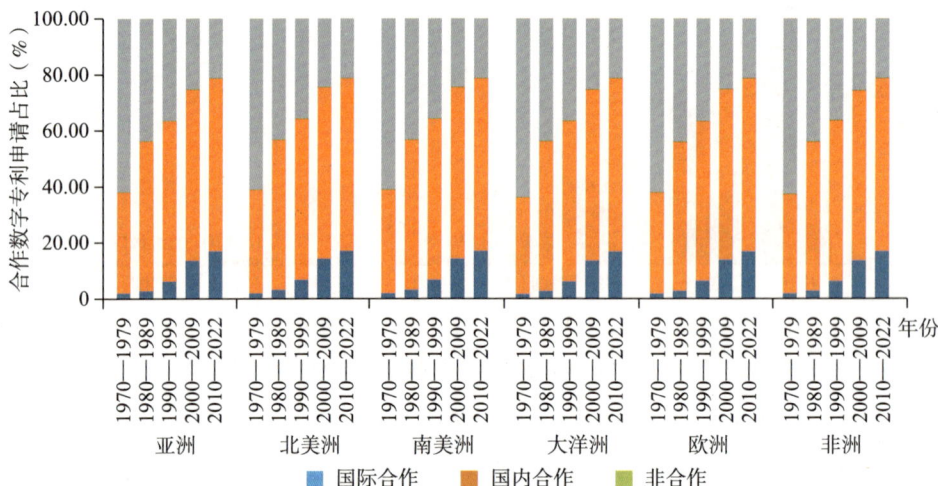

图 8-2-5　区分合作类型的不同地区合作数字技术专利申请趋势

数据来源：European Patent Office，PATSTAT Global 2023。

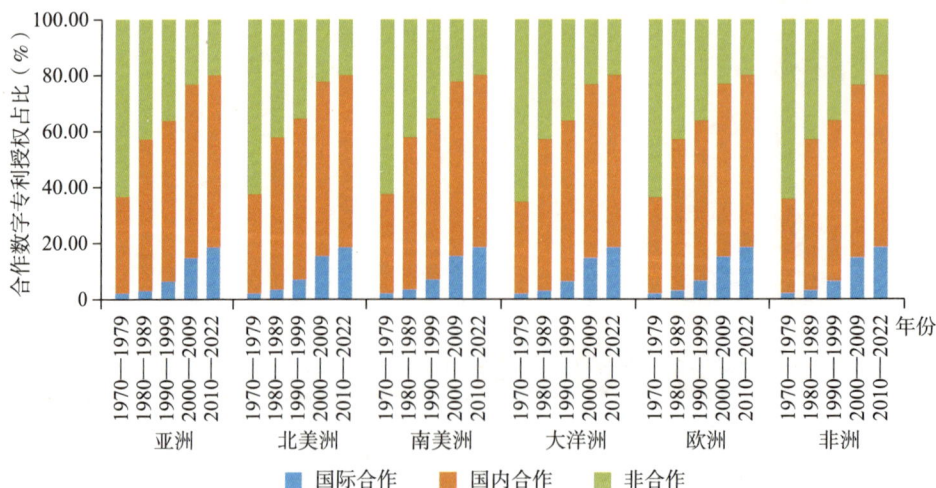

图 8-2-6　区分合作类型的不同地区合作数字技术专利授权趋势

数据来源：European Patent Office，PATSTAT Global 2023。

示各洲洲内各合作类型专利授权数量占比总专利授权数量。与全球整体情况类似，各洲合作类型专利占比相较于非合作类型专利占比持续升高，其中国内合作占比高于国际合作占比。这一趋势表明数字技术专利领域内，相对非合作类型而言，各洲更倾向于合作申请专利；而合作专利中，相对国际合作类型而言，各洲更倾向于国内合作申请专利，但国际合作专利所占比重在逐渐增大。

8.2.4　合作规模

从各地区合作专利人数的分布来看，洲内数字技术专利合作也正朝着多发明人合作类型的转变。图 8-2-7 展示了各大洲数字技术专利申请数量中不同发明人个数专利申请所占比例，图 8-2-8 展示了各大洲数字专利授权数量中不同发明人数量专利授权所占比例。具体而言，各大洲展现出的整体趋势相近，表现为单个发明人所占比例在各洲都呈现出下降趋势，多名发明人合作专利的比例则持续上升，且上升幅度与发明人数量成正比。2 名和 3 名发明人所申请和授权的合作专利比例基本保持稳定，合作专利中 4 名到 6 名发明人的比例则增加地更为明显。由此说明，与全球整体情况类似，洲内数字技

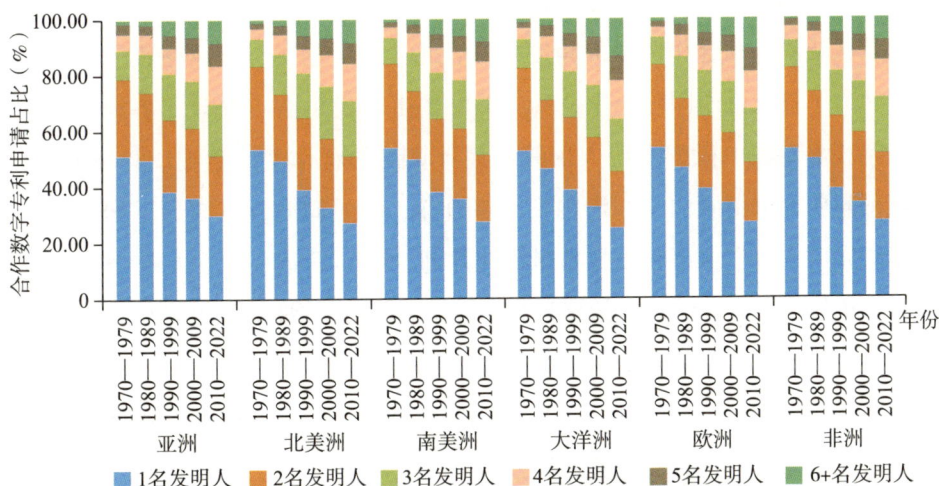

图 8-2-7　区分发明团队规模的不同地区合作数字技术专利申请趋势

数据来源：European Patent Office，PATSTAT Global 2023。

术专利合作也逐渐向多个发明人合作类型过渡，多名发明人合作专利已成为未来数字技术专利合作的新方向。

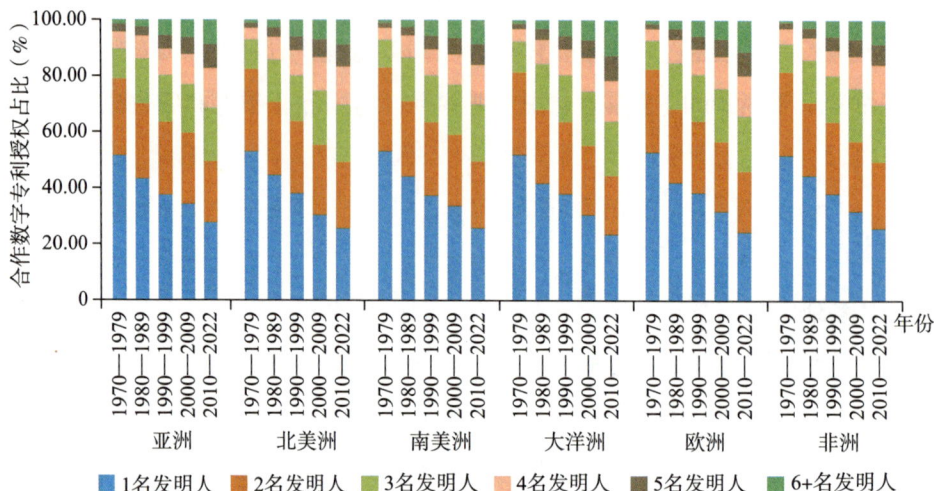

图 8-2-8 区分发明团队规模的不同地区合作数字技术专利授权趋势

数据来源：European Patent Office，PATSTAT Global 2023。

8.2.5 区域间合作关联

从区域间专利合作关联的角度来看，北美洲、亚洲与欧洲在数字技术领域内建立了较广泛的国际合作关系。表 8-2-1 和表 8-2-2 统计了各洲洲内合作数字技术专利中根据发明人国籍归属计算出的合作关联情况。整体而言，各洲的发明人都更倾向于与洲内发明者合作，但是倾向程度有所不同。亚洲与本洲发明人合作申请和授权数量占比均超 90%，而这一数字在非洲未超过80%。从各洲内部合作倾向的角度来看，非洲、南美洲和大洋洲与其他洲建立专利合作联系较少，均未超过 1%，甚至在部分洲该比例为 0。而除本洲外，各洲更倾向于与北美洲合作，其次是亚洲与欧洲，说明北美洲、亚洲与欧洲在数字技术领域内具有较强的国际影响力。

表 8-2-1　地区间合作数字技术专利申请关联（1900—2022 年）

排序	亚洲		北美洲		欧洲	
1	亚洲	91.95%	北美洲	81.14%	欧洲	83.45%
2	北美洲	5.26%	亚洲	10.52%	北美洲	11.13%
3	欧洲	2.86%	欧洲	8.71%	亚洲	5.86%
4	大洋洲	0.18%	大洋洲	0.54%	大洋洲	0.30%
5	非洲	0.04%	南美洲	0.28%	南美洲	0.19%
6	南美洲	0.02%	非洲	0.18%	非洲	0.16%
排序	南美洲		大洋洲		非洲	
1	南美洲	82.82%	大洋洲	83.23%	非洲	75.00%
2	北美洲	11.34%	北美洲	10.19%	北美洲	13.72%
3	欧洲	6.06%	欧洲	5.13%	亚洲	6.77%
4	亚洲	2.20%	亚洲	2.92%	欧洲	5.64%
5	非洲	0.11%	南美洲	0.04%	大洋洲	0.75%
6	大洋洲	0	非洲	0.04%	南美洲	0

数据来源：European Patent Office，PATSTAT Global 2023。

表 8-2-2　地区间合作数字技术专利授权关联（1900—2022 年）

排序	亚洲		北美洲		欧洲	
1	亚洲	91.67%	北美洲	81.42%	欧洲	83.79%
2	北美洲	5.69%	亚洲	10.43%	北美洲	11.35%
3	欧洲	2.76%	欧洲	8.52%	亚洲	5.26%
4	大洋洲	0.13%	大洋洲	0.54%	大洋洲	0.35%
5	非洲	0.04%	南美洲	0.24%	南美洲	0.17%
6	南美洲	0.03%	非洲	0.20%	非洲	0.16%
排序	南美洲		大洋洲		非洲	
1	南美洲	75.93%	大洋洲	79.79%	非洲	67.23%
2	北美洲	15.77%	北美洲	14.09%	北美洲	20.85%
3	欧洲	8.30%	欧洲	5.13%	亚洲	8.09%
4	亚洲	1.66%	亚洲	2.54%	欧洲	5.11%
5	大洋洲	0	非洲	0.10%	南美洲	0
6	非洲	0	南美洲	0	大洋洲	0

数据来源：European Patent Office，PATSTAT Global 2023。

8.3　欧洲

8.3.1　总体趋势

　　欧洲是工业革命的起源地，同时也是现代科技发展的重要推动地区之一。从总体趋势来看，欧洲合作数字技术专利保持着相对稳定的增长。图 8-3-1 至图 8-3-4 分别展示了欧洲在数字技术领域内合作专利申请和授权的数量、增长率与全球占比。从数量上来看，欧洲合作数字技术专利在 20 世纪 90 年代开始发展，并保持着较为稳定的增长速度。2008 年全球金融危机后，欧洲合作数字技术专利数量与增长率出现小幅下跌，而后逐年恢复。从全球占比的角度来看，欧洲合作数字技术专利占比在申请和授权趋势较为接近，表现为在 1980 年前后，由于世界范围内数字技术合作专利的发展逐渐起步，欧洲所占比重经历了一次下降，而后保持基本稳定，维持在 20% 左右。

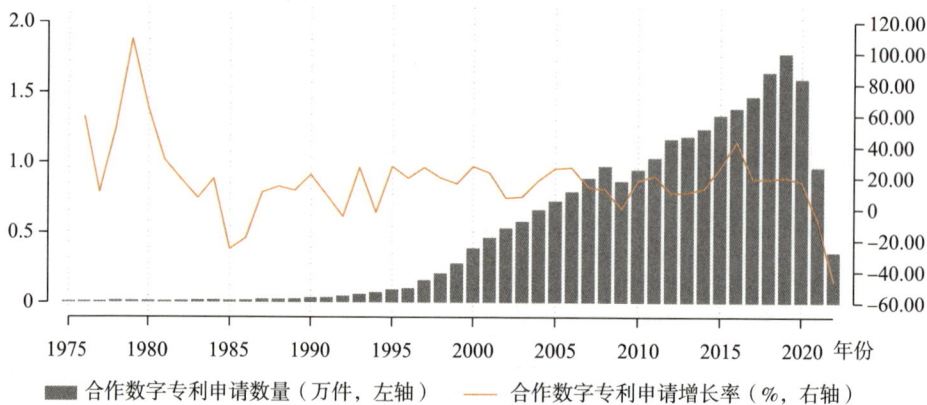

图 8-3-1　欧洲合作数字技术专利申请数量变化趋势

数据来源：European Patent Office，PATSTAT Global 2023。

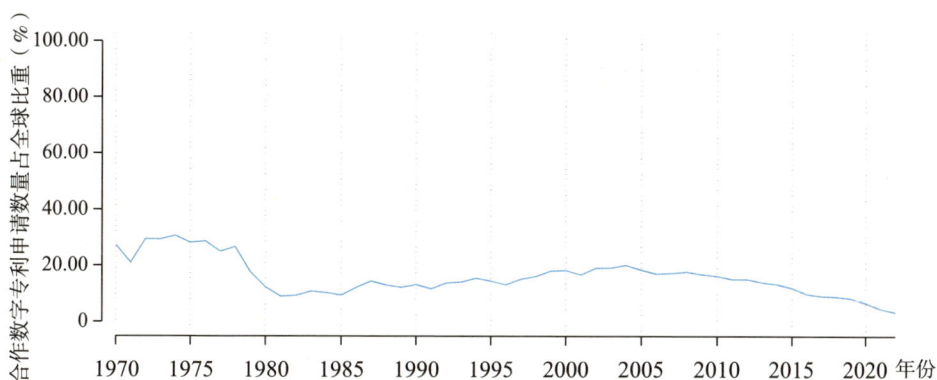

图 8-3-2　欧洲合作数字技术专利申请数量占全球比重趋势

数据来源：European Patent Office，PATSTAT Global 2023。

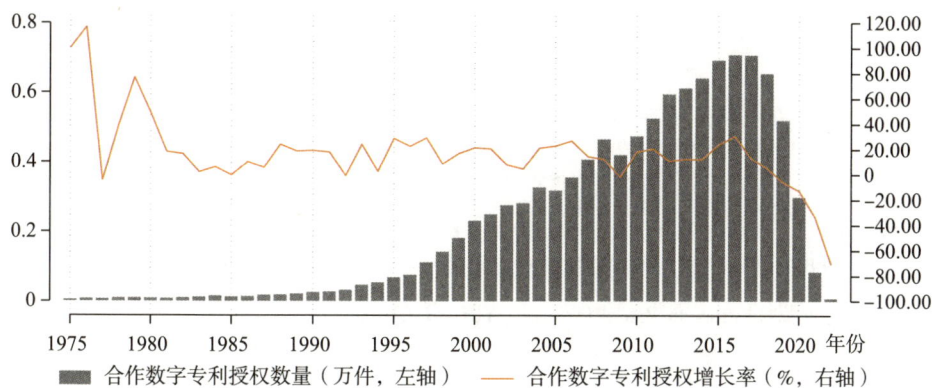

■ 合作数字专利授权数量（万件，左轴）　　── 合作数字专利授权增长率（%，右轴）

图 8-3-3　欧洲合作数字技术专利授权数量变化趋势

数据来源：European Patent Office，PATSTAT Global 2023。

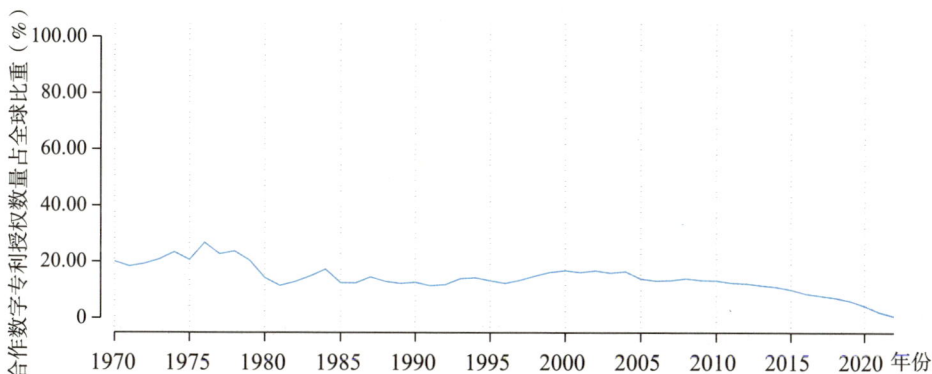

图 8-3-4　欧洲合作数字技术专利授权数量占全球比重趋势

数据来源：European Patent Office，PATSTAT Global 2023。

8.3.2 主要经济体：德国

德国是欧洲现代化工业强国之一，科技发展水平始终保持在世界前沿，图 8-3-5 和图 8-3-6 分别展示了德国从 1970 年至 2020 年在数字技术领域内合作专利申请和授权的数量、增长率与占欧洲比重趋势。

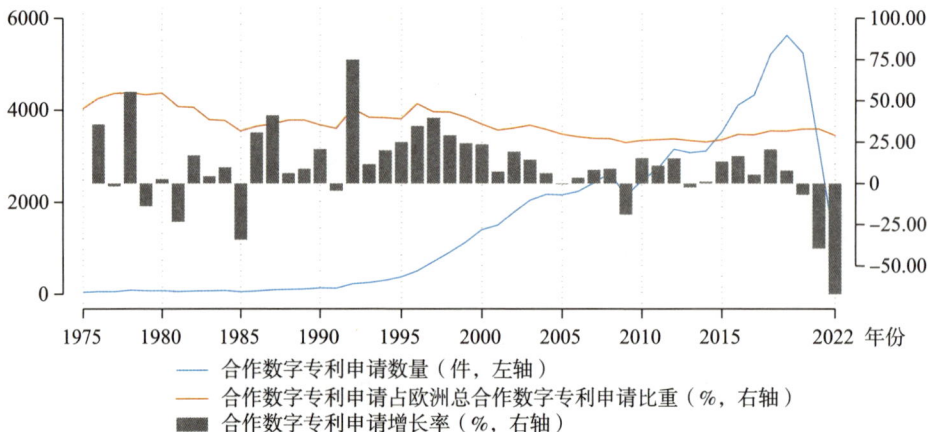

图 8-3-5　德国合作数字技术专利申请数量、增长率与占欧洲比重趋势①

数据来源：European Patent Office，PATSTAT Global 2023。

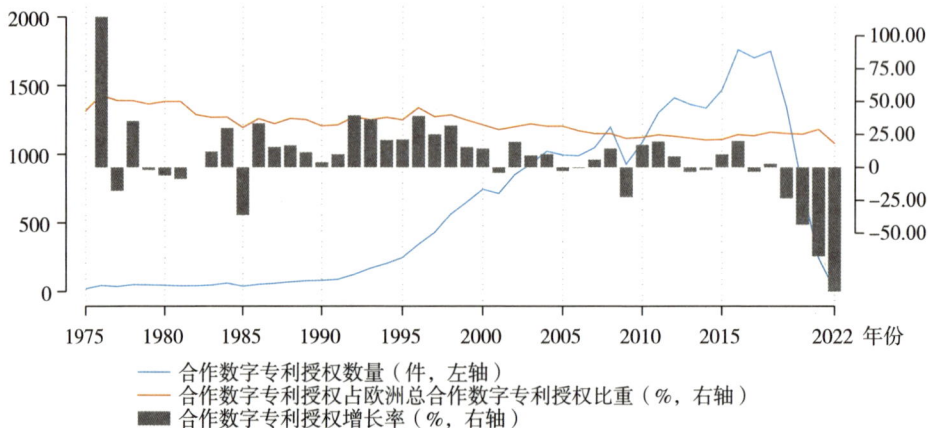

图 8-3-6　德国合作数字技术专利授权数量、增长率与占欧洲比重趋势

数据来源：European Patent Office，PATSTAT Global 2023。

---

① 披露数据滞后导致 2021 年与 2022 年数据存在偏误，所以德国数字技术专利合作部分分析截至 2020 年。

从主要经济体来看，与欧洲趋势相同，德国合作数字技术专利水平保持着上涨态势，但是增长率波动较大。2008 年全球金融危机后，德国合作数字技术专利水平受到较大影响，申请和授权数量迅速下跌，增长率自 1991 年以来首次为负，后续恢复了增长态势，但占欧洲整体比例从 1970 年的约 50% 降至 2020 年的约 30%，这一点或与欧洲整体合作数字技术专利规模扩大有关。

从专利合作关联的视角来看，德国与美国合作较多，与中国在数字技术专利申请和授权合作专利占比中的反差较大。表 8-3-1 列示了德国合作数字技术专利中发明人的国家（地区）合作关联比例。由表中数据可见，德国发明者除与本国发明者合作外，与美国、奥地利、法国三国的合作占比也保持了较高位次。值得注意的是，在合作数字技术专利申请数量比例中，德中合作占比达到 1.15%，仅次于法国，而在授权比例中，中国没有进入前 10 位，说明德中合作专利中授权比率较低。

表 8-3-1 德国合作数字技术专利发明关联（1900—2022 年）

排序	专利申请		专利授权	
1	德国	80.93%	德国	77.68%
2	美国	6.83%	美国	8.34%
3	奥地利	2.21%	奥地利	2.51%
4	法国	1.28%	法国	1.57%
5	中国	1.15%	日本	1.38%
6	荷兰	1.09%	荷兰	1.29%
7	日本	0.82%	英国	0.99%
8	英国	0.82%	瑞典	0.87%
9	印度	0.80%	印度	0.86%
10	瑞士	0.79%	瑞士	0.77%

数据来源：European Patent Office，PATSTAT Global 2023。

8.4 北美洲

8.4.1 总体趋势

北美洲包含美国与加拿大两个数字技术发展强国，因此在全球数字技术专利申请中占有重要位置。图 8-4-1 至图 8-4-4 分别展示了北美洲在数字技术领域内合作专利申请和授权的数量、增长率与全球占比的变化情况。从总体趋势来看，北美洲合作数字技术专利申请和授权趋势基本一致。从专利数量角度来看，北美洲合作数字技术专利数量呈现上升态势，2008 年全球金融危机后出现短暂下跌，但 2010 年继续恢复上涨。2010 年后，合作数字技术专利增长率一度突破 40%，回落后也维持在 20% 的水平上，增长势头依然强劲。从专利占比来看，1970 年北美洲合作数字技术专利占比超过 80%，但这一比例随后下跌，至 1985 年出现小幅抬升，随后基本稳定在 40% 上下，在全球范围内仍居于主要地位。

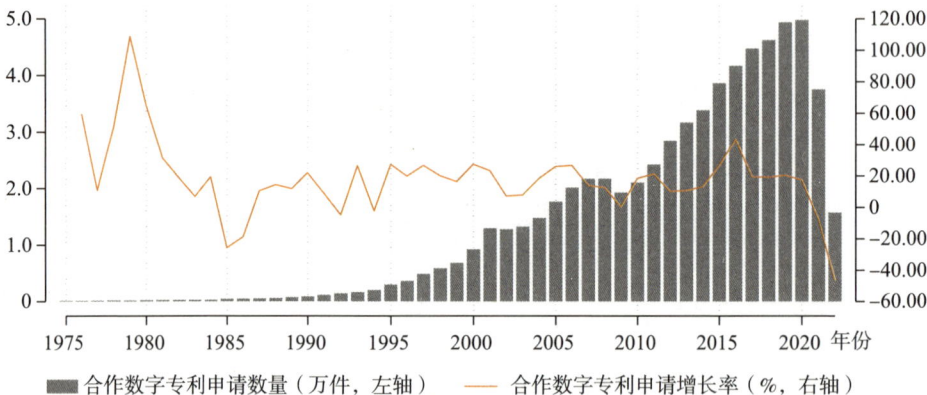

图 8-4-1　北美洲合作数字技术专利申请数量变化趋势

数据来源：European Patent Office，PATSTAT Global 2023。

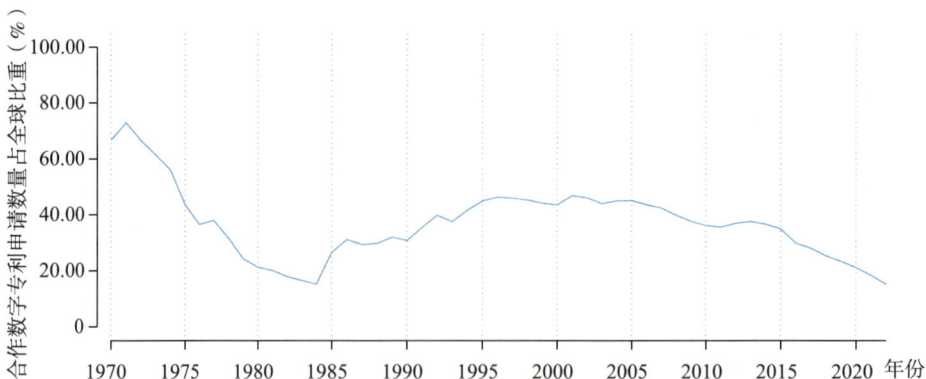

图 8-4-2　北美洲合作数字技术专利申请数量占全球比重趋势

数据来源：European Patent Office，PATSTAT Global 2023。

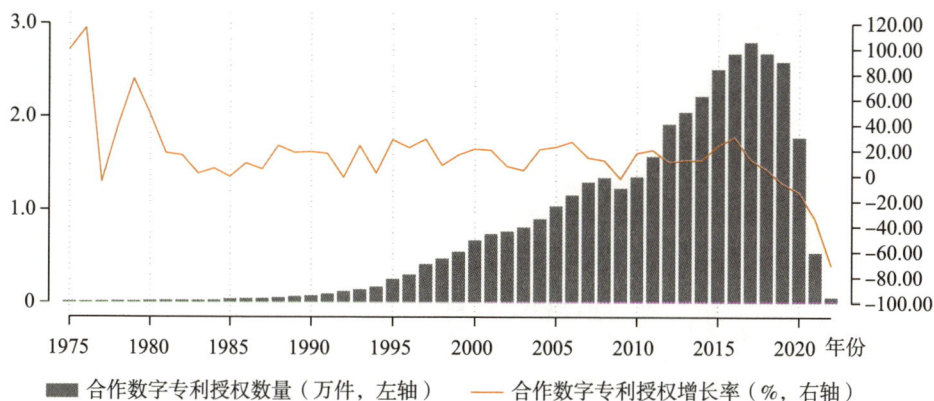

图 8-4-3　北美洲合作数字技术专利授权数量变化趋势

数据来源：European Patent Office，PATSTAT Global 2023。

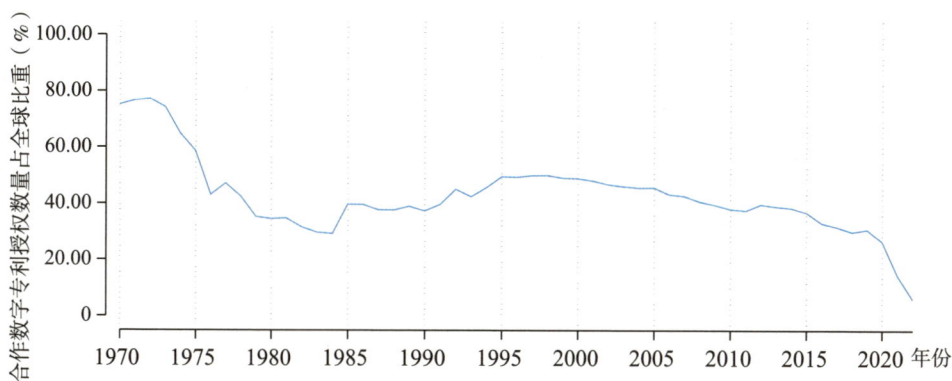

图 8-4-4　北美洲合作数字技术专利授权数量占全球比重趋势

数据来源：European Patent Office，PATSTAT Global 2023。

8.4.2　主要经济体：美国

美国在北美洲专利申请中占据主导地位，更是全球范围内的专利创新大国。图 8-4-5 和图 8-4-6 分别展示了美国从 1975 年至 2020 年在数字技术领域内合作专利申请和授权的数量、增长率与占北美洲比重。从主要经济体来看，北美洲数字技术合作创新展现出一家独大的局面。从数量上来看，美国合作数字技术专利申请和授权数量保持稳定增长，与北美洲整体趋势类似，受 2008 年全球金融危机影响，美国合作数字技术专利水平曾在 2009 年出现短暂下跌，增长率转为负值，随后迅速回升。从占比情况来看，美国合作数字技术专利水平在北美洲占据绝对主要位置，进入 21 世纪后，占比均维持在 90% 之上。

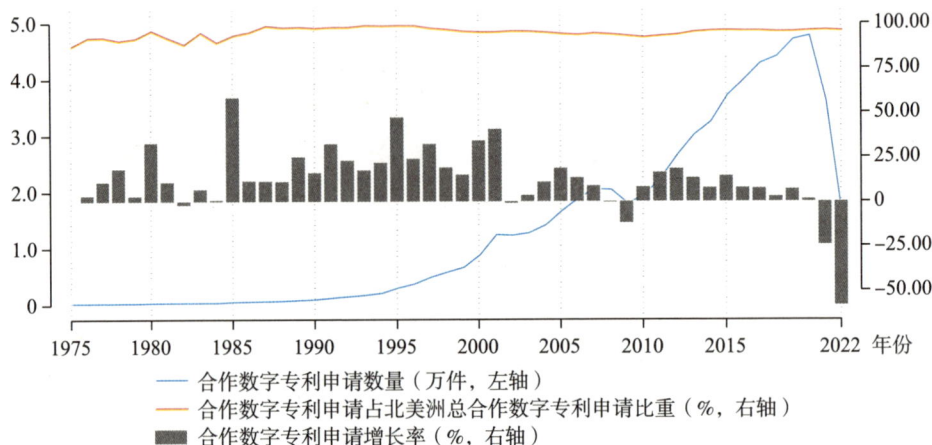

图 8-4-5　美国合作数字技术专利申请数量、增长率与占北美洲比重趋势①

数据来源：European Patent Office, PATSTAT Global 2023。

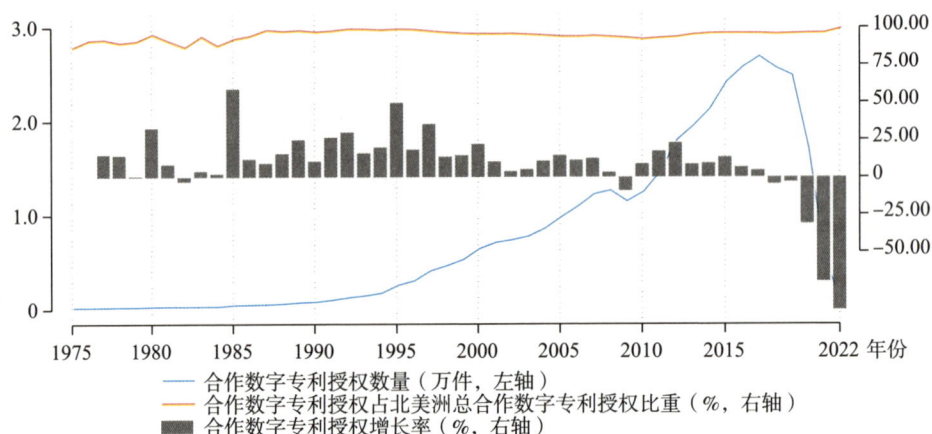

图 8-4-6　美国合作数字技术专利申请数量、增长率与占北美洲比重趋势

数据来源：European Patent Office, PATSTAT Global 2023。

从专利合作关联的角度来看，美国有着相对较高的国际合作倾向，且与

---

① 披露数据滞后导致 2021 年与 2022 年数据存在偏误，所以美国数字技术专利合作部分分析截至 2020 年。

中国、印度、加拿大三国有着较为密切的合作。表 8-4-1 展示了美国合作数字技术专利中的发明人关联情况。从表中可以看出，美国发明者虽然更倾向于与本国发明者合作（78.54%、78.41%），但这一比例较于其余主要专利大国如中国（90.32%、86.27%）、日本（88.46%、90.06%）和韩国（91.68%、92.07%）而言较低，可见美国发明者对于国际合作的倾向程度较高。从国别角度来看，美国发明者更倾向于印度、中国和英国三国合作。值得注意的是，美国发明者虽然和英国发明者在合作数字技术专利申请上所占比重不高，但在授权比重上却达到了 2.52%。

表 8-4-1　美国合作专利申请关联（1900—2022 年）

排序	专利申请		专利授权	
1	美国	78.54%	美国	78.41%
2	印度	4.05%	印度	4.22%
3	中国	3.27%	中国	2.86%
4	英国	2.69%	加拿大	2.59%
5	加拿大	2.57%	英国	2.52%
6	德国	2.01%	德国	1.95%
7	日本	1.58%	日本	1.72%
8	以色列	1.58%	以色列	1.60%
9	法国	1.08%	法国	1.19%
10	瑞士	0.62%	瑞士	0.65%

数据来源：European Patent Office，PATSTAT Global 2023。

8.5　亚洲

8.5.1　总体趋势

亚洲在全球创新合作中占据着越来越重要的位置。图 8-5-1 至图 8-5-4 分别展示了亚洲在数字技术领域内合作专利申请和授权的数量、增长率与全球占比的变化情况。从数量上来看，亚洲在数字技术领域内合作专利申请数量和授权数量变化趋势较为一致。具体表现为保持增长率小幅波动、较为匀速的增长。

从占全球比重的角度来看，尽管绝对数量一直保持着增长趋势，亚洲合作数字技术专利申请数量和授权数量占全球合作数字技术专利申请数量和授权数量的比重在 1980—2000 年经历了一段下滑，2000 年后，亚洲合作数字技术专利申请和授权数量占比稳定上升，至 2022 年在全球所占比重均已超过 80%。可见，亚洲在数字技术专利合作领域居于全球范围内的主导地位。

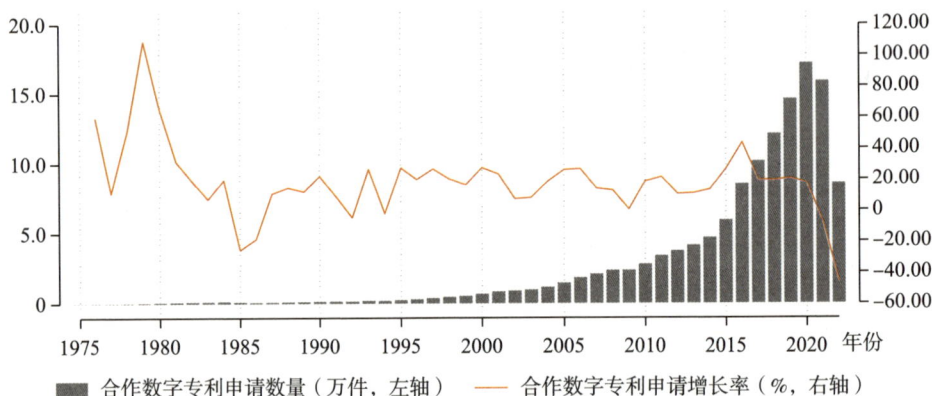

图 8-5-1　亚洲合作数字技术专利申请数量变化趋势

数据来源：European Patent Office，PATSTAT Global 2023。

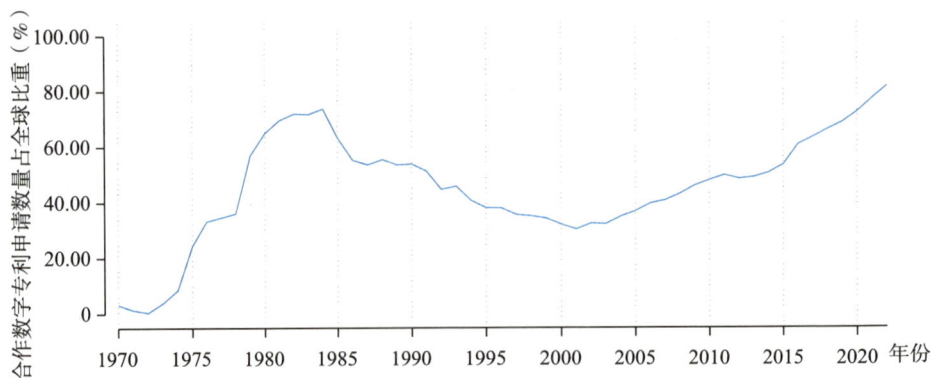

图 8-5-2　亚洲合作数字技术专利申请数量占全球比重趋势

数据来源：European Patent Office，PATSTAT Global 2023。

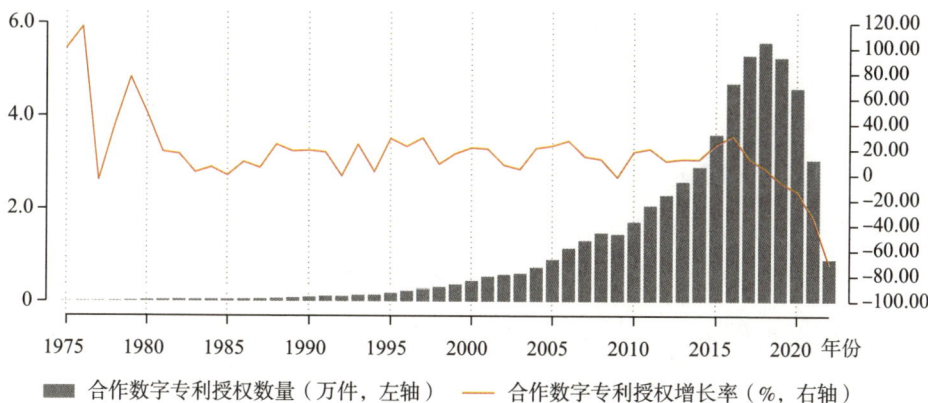

图 8-5-3 亚洲合作数字技术专利授权数量变化趋势

数据来源：European Patent Office，PATSTAT Global 2023。

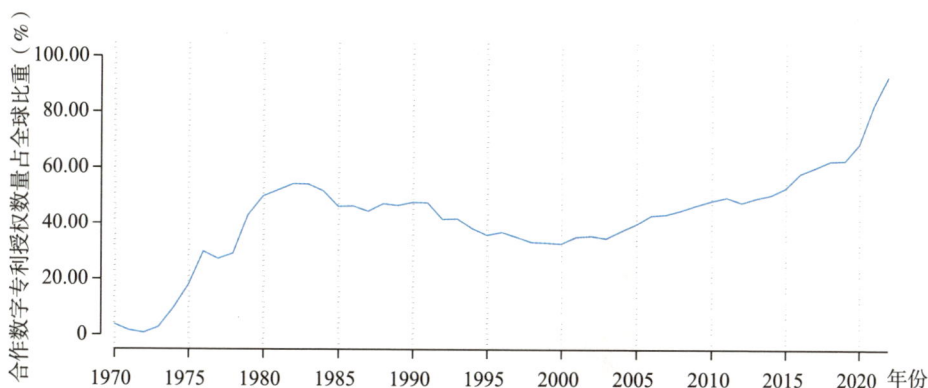

图 8-5-4 亚洲合作数字技术专利授权数量占全球比重趋势

数据来源：European Patent Office，PATSTAT Global 2023。

8.5.2 主要经济体：中国、日本、韩国

从主要经济体合作专利的数量来看，中国、日本和韩国三国是世界范围内的发明强国与专利大国，其中中国在合作数字技术专利上有显著进步。[①] 图 8-5-5 和图 8-5-6 分别呈现了亚洲主要经济体中国、日本和韩国 2010 年和 2020 年合作数字技术专利申请数量和授权数量的情况。从时间角度来看，多

---

① 本节的中国指中国大陆，不包括中国台湾、中国香港和中国澳门。

数经济体在 2020 年的专利数量都较 2010 年有了增加。而日本的合作数字技术专利授权数量却出现了下降，从 2010 年的 0.54 万件下降至 2020 年的 0.36 万件，降幅达 33%。中国的专利数量增长最为明显，合作数字技术专利申请数量从 1.04 万件增至 2020 年的 13.56 万件，授权数量从 2010 年的 0.64 万件增至 2020 年的 3.33 万件，增幅分别为 1200% 与 420%。

　　从经济体角度来看，2010 年各经济体之间的差距不大，中日韩三个经济体的差距在 0.5 万件以内。到了 2020 年各经济体之间专利数量的水平出现悬殊，中国的合作数字技术专利申请和授权数量已经超过了日韩申请和授权数量的总和。在科技领域创新上，得益于自主创新和改革开放相结合的政策，中国积极融入全球创新网络，深化国际创新合作，合作创新能力得到显著提升，与亚洲其余经济体合作数字技术专利水平间的优势差距逐渐拉大。

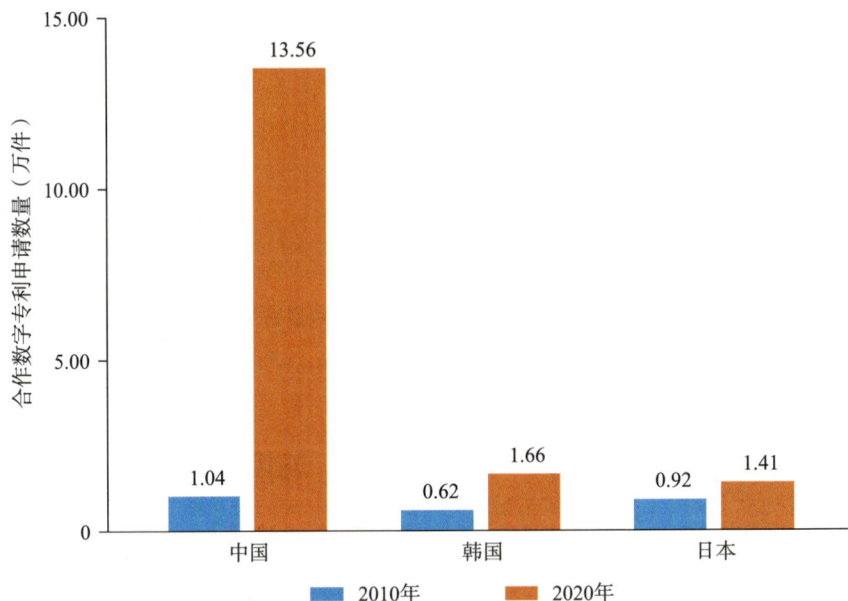

图 8-5-5　亚洲主要经济体合作数字技术专利申请数量

数据来源：European Patent Office，PATSTAT Global 2023。

　　从主要经济体合作专利的分布来看，中国合作数字技术专利在亚洲占比

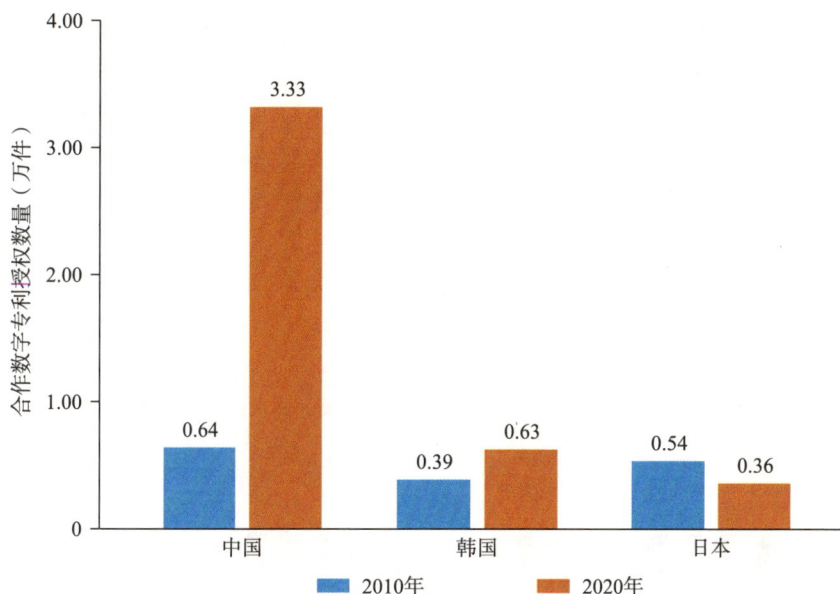

图 8-5-6　亚洲主要经济体合作数字技术专利授权数量

数据来源：European Patent Office，PATSTAT Global 2023。

显著上升，日本占比明显下降，韩国占比则在波动中趋于稳定。亚洲主要经济体合作数字技术专利申请和授权比重分布如图 8-5-7 和图 8-5-8 所示。从国别与地区的角度来看，亚洲各经济体数字技术合作专利申请和授权数量占亚洲整体比重变化趋势有以下几个特点：一是韩国在小幅波动中呈现下降趋势；二是日本与中国趋势相对从 2000 年至 2020 年，中国合作数字技术专利数量占亚洲比例不断增加，与之相对的是日本这一比例的明显下降。2000 年，日本合作数字技术专利申请和授权占比在 60% 以上，而 2020 年，中国的合作数字技术专利申请和授权占比均已超过 70%，领先优势明显，已成为亚洲的数字技术合作创新中心。

从专利合作关联的视角来看，亚洲主要经济体都更倾向与本国发明者合作，在国际合作中，美国扮演着重要的合作伙伴角色。表 8-5-1 和表 8-5-2 分别列示了亚洲经济体合作数字技术专利中申请和授权的国籍关联情况。由

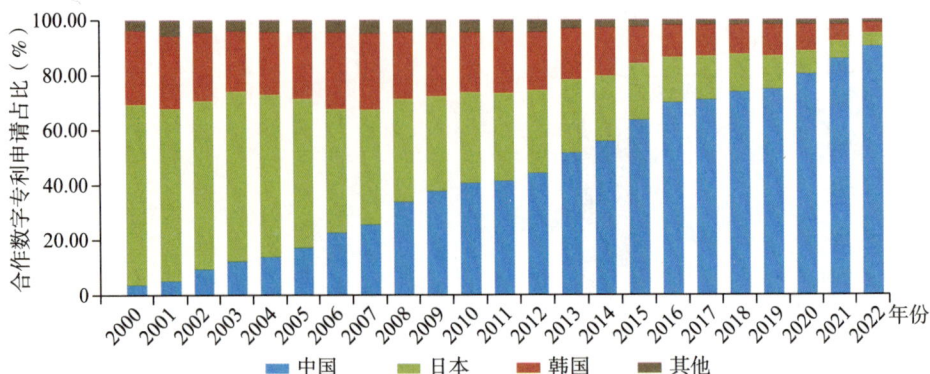

图 8-5-7 亚洲主要经济体合作数字技术专利申请数量分布①

数据来源：European Patent Office，PATSTAT Global 2023。

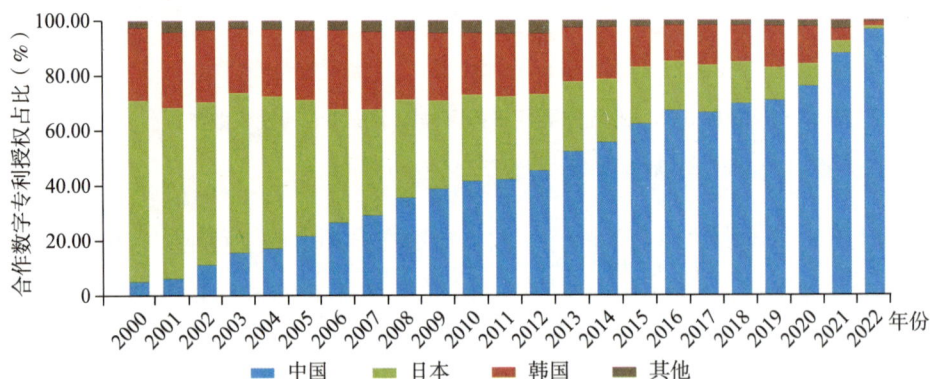

图 8-5-8 亚洲主要经济体合作数字技术专利授权数量分布

数据来源：European Patent Office，PATSTAT Global 2023。

表中可见，中国、日本、韩国的发明者更倾向于与本国（或地区）发明者合作专利，合作比例均在80%以上。

除与本国（或地区）合作外，亚洲各国（或地区）与美国都产生了较为普遍的合作联系，中国、日本、韩国与美国发明者合作占比都仅次于本国。除美国外，中国也与亚洲各国（或地区）展开合作，合作专利比重在各国（地区）都居于前列。综合来看，在数字技术领域内，亚洲主

① 披露数据滞后导致 2021 年与 2022 年数据存在偏误，所以亚洲主要经济体合作数字技术专利部分分析截至 2020 年。

要经济体与亚洲、欧洲、北美洲的部分国家（地区）都建立了专利合作关系，展现出了较强的跨洲合作特征，其中，美国是亚洲数字技术专利发展的重要合作伙伴。

表 8-5-1 1900—2022 年亚洲主要经济体合作数字技术专利申请关联

排序	中国		日本		韩国	
1	中国	90.32%	日本	88.46%	韩国	91.68%
2	美国	3.73%	美国	4.39%	美国	3.39%
3	加拿大	1.85%	中国	2.87%	印度	1.52%
4	德国	1.14%	英国	1.58%	中国	1.37%
5	瑞典	0.69%	德国	0.95%	英国	0.69%
6	澳大利亚	0.41%	法国	0.53%	荷兰	0.28%
7	日本	0.25%	瑞典	0.50%	俄罗斯	0.24%
8	英国	0.25%	印度	0.24%	日本	0.23%
9	法国	0.22%	新加坡	0.20%	法国	0.21%
10			韩国	0.19%	加拿大	0.14%

数据来源：European Patent Office，PATSTAT Global 2023。

表 8-5-2 1900—2022 年亚洲主要经济体合作数字技术专利授权关联

排序	中国		日本		韩国	
1	中国	86.27%	日本	90.06%	韩国	92.07%
2	美国	5.28%	美国	4.59%	美国	3.21%
3	加拿大	2.82%	中国	1.48%	印度	1.24%
4	德国	1.19%	英国	1.36%	中国	1.22%
5	瑞典	1.06%	德国	0.88%	英国	0.73%
6	日本	0.45%	法国	0.52%	荷兰	0.34%
7	法国	0.32%	瑞典	0.37%	日本	0.30%
8	英国	0.28%	韩国	0.25%	俄罗斯	0.28%
9	芬兰	0.26%	印度	0.24%	法国	0.19%
10			新加坡	0.20%	越南	0.13%

数据来源：European Patent Office，PATSTAT Global 2023。

（刘灿雷、李希晨）

第 9 章　创新引用

当今世界，数字技术已成为推动全球经济和社会发展的关键驱动力。本章专注于数字技术领域内的全球专利引用网络，深入探讨了主要经济体在 2000—2010 年和 2011—2020 年这两个关键时期的专利引用表现，以此揭示数字技术创新的全球影响力和发展趋势。

首先，本章从美国、中国、日本、德国和韩国等数字技术领域的主要参与者视角出发，分析这些国家在全球数字技术创新引用网络中的地位及其随时间的演变。[①] 通过对这些国家专利引用数据的深入分析，我们将揭示它们在数字技术创新引用网络中的地位以及彼此间的竞争与合作关系。其次，本章将视野拓展至欧洲和亚洲内部，探讨亚欧国家（地区）在数字技术创新领域的崛起，以及这种崛起对欧洲和亚洲数字技术创新引用网络格局的影响。

9.1　主要经济体比较

从数字技术创新引用网络地位角度来看，美国在 2000—2010 年和 2011—2020 年两个时期内都保持着绝对领先地位。如图 9-1-1、图 9-1-2 所示，在 2000—2010 年，美国的份额高达 43.48%，而到了 2011—2020 年，尽管份额有所减少，但其仍然保持主导地位（37.96%）。美国无疑是数字技术的领导

---

① 本章的中国指的是中国大陆，不包括中国台湾、中国香港、中国澳门。

者，处于数字技术创新引用网络的核心位置，与世界上几乎所有主要经济体都有技术交流和合作，而其数字技术专利被引用数量远超其他经济体。但是，这并不意味着其他经济体在这一阶段没有发展。中国在 2000—2010 年份额仅为 0.26%，但在 2011—2020 年显著提升至 2.86%，同时与美国、日本等国有明显的技术扩散行为，这一增长反映了中国在数字技术领域的迅速崛起。德国、日本和韩国也在这两个时期显示了稳定的科技创新能力，其中德国的份额从 4.04% 小幅增长到 4.47%，在网络图中显示为连接线条的微小变化，日本从 17.27% 减少到 13.62%，韩国则从 2.34% 增加到 7.01%，显示了其科技实力的增长。

从引用强度角度看，美国作为全球数字技术的领军者，其专利的被引用强度高于其他经济体，这不仅反映了其在全球范围内的技术领导地位，也表明了其科技成果的广泛影响力。与此同时，中国的引用强度增长表明了其科技进步的速度，而德国、日本和韩国的表现则各有升降，但整体上都显示了这些国家在数字技术领域的稳健发展。

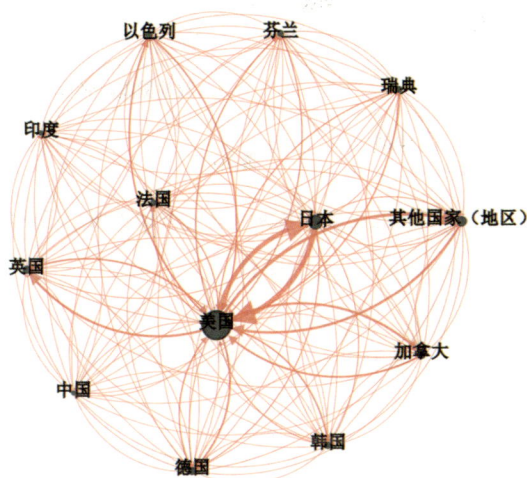

图 9-1-1　2000—2010 年数字技术主要经济体创新引用网络结构图

数据来源：European Patent Office，PATSTAT Global 2023。

注：创新引用网络结构图根据专利引用数据计算出的度中心性绘制而成，节点越大表明其在创新引用网络中的地位越重要，线条越粗表明两个经济体之间的专利引用强度越大。

由此可知，美国不仅在 2000—2010 年确立了其领导地位，在随后的十年中尽管其占比有所下降，但仍继续保持这一地位。中国数字技术创新的显著增长和技术交流的扩大，标志着其在全球数字技术舞台上的崛起。同时，德国、日本和韩国的稳步发展与其在创新引用网络中的稳固地位相符，反映了它们作为科技创新重要参与者的角色。整体而言，这些趋势和动态不仅映射了各主要经济体在数字技术领域的竞争和合作状态，也预示了未来全球科技创新生态的潜在变化方向。

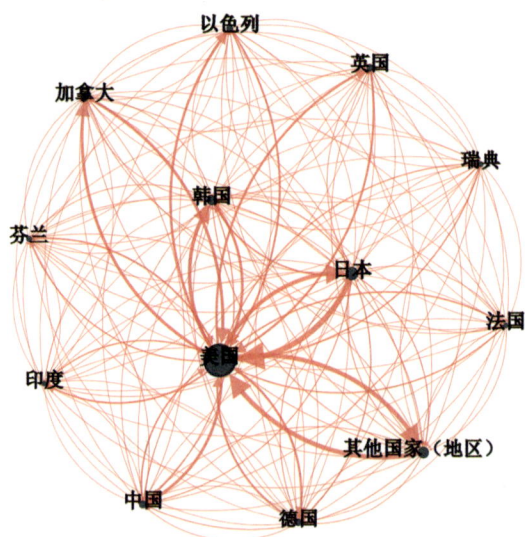

图 9-1-2 2011—2020 年数字技术主要经济体创新引用网络结构图

数据来源：European Patent Office，PATSTAT Global 2023。

注：创新引用网络结构图根据专利引用数据计算出的度中心性绘制而成，节点越大表明其在创新引用网络中的地位越重要，线条越粗表明两个经济体之间的专利引用强度越大。

9.2 欧洲

从数字技术创新引用网络地位角度来看，如图 9-2-1、图 9-2-2 所示，可以观察到德国在 2000—2020 年一直位于网络的核心位置。在 2000—2010 年，德国的数字技术专利引用份额为 19.26%，进入 2011—2020 年，这一比例增加到 24.39%，这一增长反映了德国数字技术创新实力的持续扩张。相比之下，法国的数字技术专利引用份额在这两个时期分别为 9.32% 和 9.90%，虽然份额有所增加，但相较于德国，法国的增长幅度较小。英国的份额则相对稳定，从 14.90% 略增至 15.14%，显示了其在数字技术领域的持续影响力。

从引用强度角度来看，德国专利被引用强度的增长反映了其科技成果在欧洲的广泛影响。法国和英国的引用强度虽然没有德国显著，但这两个国家的数字技术成果在专利引用网络中的稳定存在，表明了它们在该领域的重要性。

在综合考虑这些数据和网络分析时，德国、法国和英国作为欧洲数字技术的重要国家，在过去两个十年中不仅巩固了自身的地位，而且在欧洲数字技术创新引用网络中扮演了至关重要的角色。

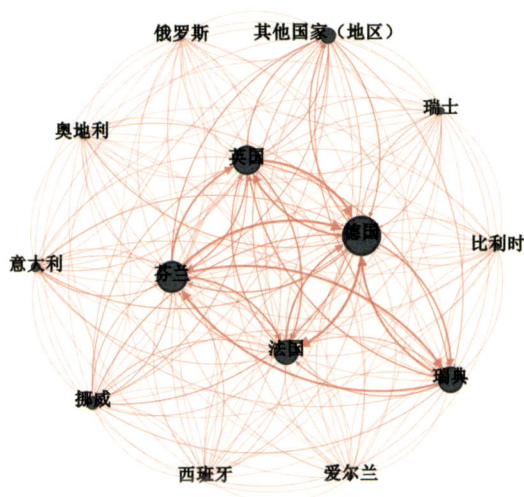

图 9-2-1　2000—2010 年欧洲数字技术专利主要经济体创新引用网络结构图

数据来源：European Patent Office，PATSTAT Global 2023。

注：创新引用网络结构图根据专利引用数据计算出的度中心性绘制而成，节点越大表明其在创新引用网络中的地位越重要，线条越粗表明两个经济体之间的专利引用强度越大。

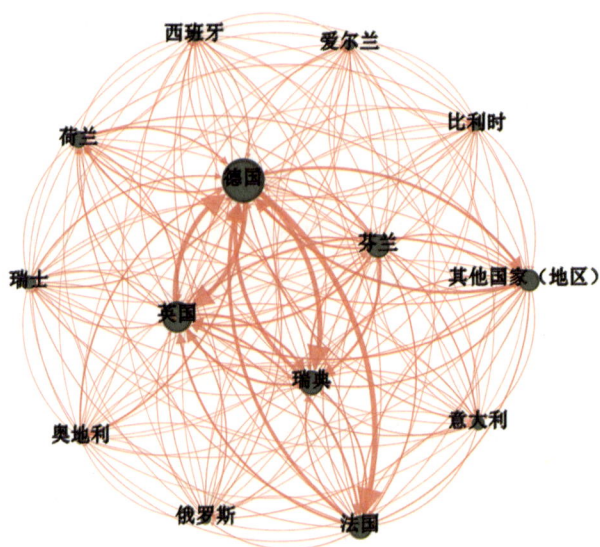

图 9-2-2　2011—2020 年欧洲数字技术专利主要经济体创新引用网络结构图

数据来源：European Patent Office，PATSTAT Global 2023。

注：创新引用网络结构图根据专利引用数据计算出的度中心性绘制而成，节点越大表明其在创新引用网络中的地位越重要，线条越粗表明两个经济体之间的专利引用强度越大。

9.3　亚洲

　　从数字技术创新引用网络地位角度来看，如图 9-3-1 所示，日本在 2000—2020 年的数字技术创新表现较为突出。在 2000—2010 年，日本的专利引用份额为 47.59%，在 2011—2020 年虽有所减少，但仍保持在 33.28%，显示出其技术创新在亚洲乃至全球的重要影响力。相比之下，中国数字技术创新的增长速度令人注目，从 2000—2010 年的 4.35% 跃升至 2011—2020 年的 12.09%，这一显著提升反映了中国在数字技术领域的迅猛发展和日益扩大的国际影响力。韩国也显示了相似的增长趋势，其份额从 24.40% 增加到 32.31%，进一步巩固了其作为技术强国的地位。与此同时，横向比较表明，尽管日本在这两个时期均为亚洲"领头羊"，但中国和韩国的增长速度表现得更为明显，特别是中国在 2011—2020 年的快速上升，可能指向其在数字技术方面的战略投资和创新政策的成效。纵向比较则显示，虽然日本所占份额有所下降，但依然是亚洲数字技术创新的关键节点。

从引用强度角度来看，日本在 2000—2010 年的高份额体现了其科技创新的广泛影响力和成熟度。进入 2011—2020 年，尽管份额有所下降，但日本在技术创新方面的深厚基础仍然确保了其在全球创新引用网络中的重要地位。中国数字技术创新的显著增长不仅反映了其在国内外市场上的技术产品的渗透，也反映了其科技研发能力的提升。韩国则以稳定的态势增长，展现了其科技产出的持续强度和质量。

总的来看，日本、中国和韩国在数字技术创新引用网络中的地位和引用强度，反映了亚洲数字技术引用网络的整体状况。日本作为传统的技术强国，其影响力虽略有减弱，但其地位仍然牢固。而中国和韩国的迅速崛起，显示了亚洲新兴经济体在亚洲数字技术创新引用网络中的活跃度和增长潜力。

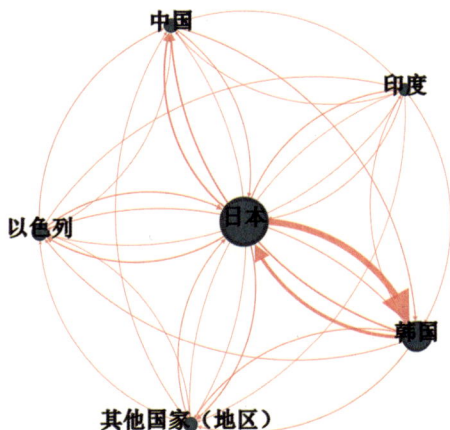

图 9-3-1　2000—2010 年亚洲数字技术专利主要经济体创新引用网络结构图

数据来源：European Patent Office，PATSTAT Global 2023。

注：创新引用网络结构图根据专利引用数据计算出的度中心性绘制而成，节点越大表明其在创新引用网络中的地位越重要，线条越粗表明两个经济体之间的专利引用强度越大。

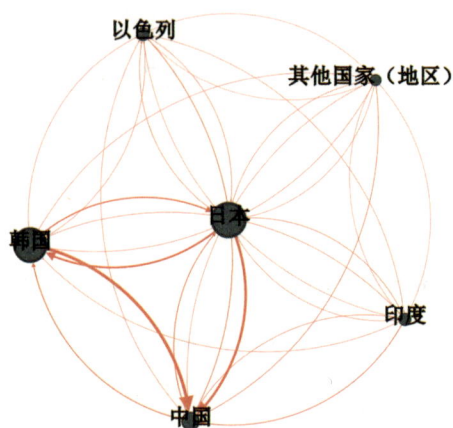

图 9-3-2　2011—2020 年亚洲数字技术专利主要经济体创新引用网络结构图

数据来源：European Patent Office，PATSTAT Global 2023。

注：创新引用网络结构图根据专利引用数据计算出的度中心性绘制而成，节点越大表明其在创新引用网络中的地位越重要，线条越粗表明两个经济体之间的专利引用强度越大。

（刘灿雷、冯敬宇）

附　录

本书参考世界知识产权组织发布的《世界知识产权报告（2022）》，首先，确定数字技术领域详细的国际专利分类（IPC）和联合专利分类（CPC），确定部分数字技术专利；其次，根据粗略的IPC/CPC分类号以及数字技术领域关键词的组合，以此确定数字技术领域的检索策略。

（1）人工智能

步骤1：根据IPC/CPC分类号确定数字技术专利。IPC/CPC分类号如下：

A61B 5/7264	G06F 16/5846
A61B 5/7267	G06F 16/5854
A63F 13/67	G06F 16/5862
B23K 31/006	G06F 16/683
B25J 9/161	G06F 16/685
B29C 2945/76979	G06F 16/783%
B29C 66/965	G06F 16/7834
B29C 66/966	G06F 16/784%
B60G 2600/1876	G06F 16/785%
B60G 2600/1878	G06F 16/786
B60G 2600/1879	G06F 16/7864
B60T 2210/122	G06F 2207/4824
B60T 8/174	G06K 7/1482

B62D 15/0285

B65H 2557/38

F02D 41/1405

F03D 7/046

F05B 2270/707

F05B 2270/709

F16H 2061/0081

F16H 2061/0084

G01N 2201/1296

G01N 29/4481

G01N 33/0034

G01R 31/2846

G01R 31/2848

G01S 7/417

G05B 13/027

G05B 13/0275

G05B 13/028

G05B 13/0285

G05B 13/029

G05B 13/0295

G05B 2219/21002

G05B 2219/25255

G05B 2219/32193

G05B 2219/32335

G05B 2219/33002

G05B 2219/33013

G05B 2219/33014

G05B 2219/33021

G06K 9/6269

G06K 9/6277

G06K 9/6278

G06K 9/6285

G06N 20%

G06N 3/004

G06N 3/006

G06N 3/008

G06N 3/02

G06N 3/04%

G06N 3/06%

G06N 3/08%

G06N 3/10%

G06T 2207/20081

G06T 2207/20084

G06T 3/4046

G06T 9/002

G08B 29/186

G10H 2250/151

G10H 2250/311

G10K 2210/3024

G10K 2210/3038

G10L 15/16

G10L 15/18%

G10L 15/1%

G10L 17/18

G10L 25/30

G10L 25/33

G05B 2219/33024

G05B 2219/33025

G05B 2219/33027

G05B 2219/33029

G05B 2219/33033

G05B 2219/33035

G05B 2219/33039

G05B 2219/33041

G05B 2219/33044

G05B 2219/34066

G05B 2219/39284

G05B 2219/39286

G05B 2219/39292

G05B 2219/39385

G05B 23/024%

G05B 23/0251

G05B 23/0254

G05B 23/0281

G05D 1/0088

G06F 11/1476

G06F 11/2257

G06F 11/2263

G06F 16/243

G06F 16/3329

G06F 16/583

G06F 16/5838

G11B 20/10518

G16B 40/20

G16B 40/30

G16C 20/70

H01J 2237/30427

H01M 8/04992

H02H 1/0092

H02P 21/0014

H02P 23/0018

H03H 2017/0208

H03H 2222/04

H04L 2012/5686

H04L 2025/03464

H04L 2025/03554

H04L 25/0254

H04L 25/03165

H04L 41/16

H04L 45/08

H04N 21/466%

H04Q 2213/054

H04Q 2213/13343

H04Q 2213/343

H04R 25/507

Y10S 128/924

Y10S 128/925

Y10S 706%

步骤 2：根据 IPC/CPC 和关键词确定数字技术专利。IPC/CPC 和关键词如下：

G01R 31/367	G06F 19%
G06F%	G06K 9%
G06F 16/245%	G06K 9/00973
G06F 16/3334	G06K 9/46%
G06F 16/3335	G06K 9/60%
G06F 16/3337	G06N%
G06F 16/35%	G06T%
G06F 16/36%	G10L 15%
G06F 16/374	G10L 17%
G06F 16/435	G10L 21%
G06F 16/436	G10L 25%
G06F 16/437	G16B 40%
G06F 17/16	G16H 50%
G06F 17/2%	

neural network	inductive * logic * program *
* supervis * .? learn *	inference * learn *
* supervised * .? train *	inference * train *
adaboost	Instance.? based learning
adaptive learning	intelligent agent
adaptive.? boost *	intelligent classifier
adversar * network *	intel−ligent geometric computing
ANN	intelligent infrastruc−ture
artific * intellig *	intelligent machines
auto.? encod *	intelligent software agent
autonom * comput *	K−means

autono-mous learning

back.? propagation *

bayes * .? network *

Bayesian learning

Bayesian model

blind signal separa-tion

boosting algorithm

bootstrap aggregat *

brown-boost

chat.? bot *

classification algorithm

classification tree

cluster analysis

CNN

cognitiv * comput *

cognitive automation

cognitive modelling

collaborat * filter *

colli-sion avoidance

computation * intellig *

computer vision

conceptual clustering

connectionis [mt]

convnet [s]?

convolutional network

decision model *

decision tree *

deep forest

K-nearest neighbo [u]? r

latent dirichlet allocation *

latent semantic analys *

latent.? variable *

layered control system

learning {1, 3} algorithm *

learning.? automata *

learning * . model *

linear regres-sion

link * predict *

logi * regression

logic learning machine

logitboost

long.? short.? term memory

LPboost

LSTM

machine intelligen *

machine.? learn *

madaboost

Markov * decision process

memetic algo-rithm *

meta learning

multi agent system *

multi task learning

multi.? agent system *

multi.? layer perceptron *

multi * label * classif *

multi * .? objective * algorithm *

deep.? belief net *

deep.? learning *

dictionary learning

differential * .? evol * algorithm *

dimensional * .? reduc *

emotion recognition

ensemble learn *

evolution * algorithm *

evolution * comput *

expert system *

extreme.? learning.? machine

factori [sz] ation machin *

feature learning

fuzzy environment *

fuzzy logic

fuzzy set

fuzzy system

fuzzy.? c

fuzzy.? logic *

gaussian mixture model

gaussian process *

genera-tive adversarial net *

genetic program *

genetic * algo-rithm *

gradient boosting

gradient model boosting

gradient tree boos *

Hebbian learning

multi * .? objective * optim *

multinomial nave Bayes

natural language understanding

natural.? language * generat *

natural.? language * process *

nearest neighbour algorithm

neural.? turing

predictive mode

probabilist {1, 2} algorithm *

probabilistic graphical model

random.? forest *

random * gradient *

rank-boost

regression tree

reinforc * learn *

relational learning

rule.? based learning

self organising map

self.? learning *

self.? organising map

self.? organising structure

similarity learning

simultaneous localisation mapping

single.? linkage clustering

sparse represent *

stacked.? generali? ation

statistical relational learning

stochastic gradient descent

hidden markov model

hierarchical cluster *

high.? dimensional * data

high.? dimensional * feature *

high.? dimensional * input *

high.? dimensional * model *

high.? dimensional *

space *

high.? dimensional * system *

hyperplane

indepen-dent component analysis

support.? vector machine *

support.? vector regress *

SVM

temporal difference learning

totalboost

training algorithm

transfer.? learn *

trust region policy optimization

variational inference

xgboost.

（2）自动化

步骤 1：根据 IPC/CPC 分类号确定数字技术专利。IPC/CPC 分类号如下：

A61B 34/32

A63B 2047/022

A63H 27/00

B25J 9/0003

B60C 25/185

B60K 2370/175

B60L 2260/32

B60T 2201/02%

B60W 2030%

B60W 2040%

B60W 2050%

B60W 2400%

B60W 2420%

B60W 2422%

B60W 2510%

B62D 15/026

B62D 15/0265

B62D 6%

B63B 2035/007

B63G 2008/002

B63G 2008/004

B64C 2201%

B64G 1/24%

B64G2001/247

E02F 3%

E02F 3/3645

E02F 3/434

E02F 3/437

E02F 3/439

E02F 5%

B60W 2520%	E02F 9%
B60W 2530%	E02F 9/2041
B60W 2540%	E21B 44%
B60W 2552%	G01C 21%
B60W 2554%	G01C 22%
B60W 2555%	G05D 1%
B60W 2556%	G05D 1/0061
B60W 2710/00	G05D 1/0088
B60W 2720/00	G05D 13%
B60W 275%	G05D 2201/0207
B60W 2900/00	G05D 2201/0212
B60W 30%	G05D 3%
B60W 40%	G06K 9/00624
B60W 50%	G06K 9/0079%
B60W 60%	G06K 9/0080%
B61L 27%	G06K 9/0081%
B61L 27/04	G06K 9/0082%
B62D 15%	G08G%
B62D 15/0255	

步骤2：根据 IPC/CPC 和关键词确定数字技术专利。IPC/CPC 和关键词如下：

A63H 27/00	G05D 1%
B62D 15%	G05D 13%
B64G 1/24%	G05D 3%
E02F 3%	G06K 9/00624
E02F 5%	G06K 9/0079%
E02F 9%	G06K 9/0080%
G01C 21%	G06K 9/0081%

G01C 22%   G06K 9/0082%

G08G%

self adapted cruise   self steering

self control   UAV

self guided   unmanned aerial vehicle

self guiding

（3）大数据

步骤 1：根据 IPC/CPC 分类号确定数字技术专利。IPC/CPC 分类号如下：

B60W 2556/05   G06F 3%

G06F%   G06F 30%

G06F 16/2465   G06F 9/5072

G06F 16%   G06Q%

G06F 16/283   G16B 50%

G06F 17/3%   G06F 2216/03

步骤 2：根据 IPC/CPC 和关键词确定数字技术专利。IPC/CPC 和关键词如下：

G06F%   G06F 30%

G06F 16%   G06Q%

G06F 3%   G16B 50%

Accumulo   HANA

Aster   hp veritca

big dat *   huge data *

Cassandra   informatic *

crowd sourc *   kafka

data fusion   large data *

data mine *   MapReduce

data warehous *   Marklogic

data mining *   massive data *

Datameer   massively parallel database

DataStax   massively parallel process *

distributed database   massive-ly parallel software

distributed process *   nosql

distributed quer *   open dat *

distributed server   Platfora

elasticsearch   Splunk

enormous data *   Vertica

FICO Blaze   Yarn

Hadoop

（4）云计算

根据 IPC/CPC 和关键词：确定数字技术专利。IPC/CPC 和关键词如下：

G06F%

* as-a-service   data portability

Aneka   distrubuted comput *

cloud app *   grid comput *

cloud architectur *   hybrid cloud［s］?

cloud based   Hyper-V

cloud based computing   hypervisor *

cloud comput *   InterCloud

cloud data *   multi.? core

cloud infrastructure   mult-itenan *

cloud networking   parallel comput *

cloud process *   parallel process *

cloud securit *   parallel software

cloud serv *   private cloud

cloud software   public cloud

cloud solu-tion *   service [.]? orient *

cloud storage   utility comput *

cloud system *   utility orient *

cloud technolog *   virtualization

cluster comput *   VMware

concurrent comput *   web service *

（5）物联网

步骤 1：根据 IPC/CPC 分类号确定数字技术专利。IPC/CPC 分类号如下：

G16Y%   H04W 72/08%

H04L 29/06%   H04W 72/10

H04L 29/08%   H04W 84/18

H04W 4/70   H04W 84/20

H04W 72/04%   H04W 84/22

H04W 72/06%

步骤 2：根据 IPC/CPC 和关键词确定数字技术专利。IPC/CPC 和关键词
如下：

H04B 7/26%   H04W4

H04L 12/28%

ambient intelligence   perva-sive comput *

connected * device *   smart device *

device * network *   smart dust

digital life   smart grid *

IIoT   smart home *

industrial internet   smart meter *

internet of everything *   smart sensor *

internet of thing *   smarter planet

IoT	ubicomp
M2M	ubiquitous computing
machine-to-machine	virtual plant *
network * device *	web of thing *

（6）机器人

步骤1：根据IPC/CPC分类号确定数字技术专利。IPC/CPC分类号如下：

A47L 2201/00	G01S 13/881
A61B 2034/30%	G05B 2219/39
A61B 34/30	G05B 2219/40%
A61B 34/30	G05B 2219/43119
A61B 34/37	G05B 2219/45058
A61F 2002/4632	G05B 2219/45059
A61F 2002/704	G05B 2219/45061
A61H 2201/1659	G05B 2219/45062
A61N 5/1083	G05B 2219/45064
A63H 11%	G05B 2219/45065
B01J 2219/00691	G05B 2219/45066
B07C 2501/0063	G05B 2219/45068
B25J 19/0029	G05B 2219/45073
B25J 19/0033	G05B 2219/45074
B25J 19/0037	G05B 2219/45079
B25J 19/0041	G05B 2219/45081
B25J 9/065	G05B 2219/45082
B29C 2945/76317	G05B 2219/45083
B29C 66/863	G05B 2219/45084
B32B 2038/1891	G05B 2219/45085
B60C 25/0587	G05B 2219/45086
B64G 2004/005	G05B 2219/45087

B65F 2230/14	G05B 2219/45088
B65H 2555/31	G05B 2219/45089
B67D 2007/0403	G05B 2219/45091
B67D 2007/0405	G05B 2219/45092
B67D 2007/0407	G05D 2201/0217
B67D 2007/0409	H01H 2231/04
B67D 2007/041%	H04Q 1/147
B67D 2007/042%	Y10S 320/34
B67D 2007/043%	Y10S 700/90
F16H 2061/0071	Y10S 901%

步骤 2：根据 IPC/CPC 和关键词确定数字技术专利。IPC/CPC 和关键词如下：

A63F 13/803	B29C 70/38
B23K 11/314	B62D 57%
B23K 26/0884	H01L 21%
cobot	robot
mechatronic *	robotics